HARALD STEMBERG

Die Charta der wirtschaftlichen Rechte und Pflichten der Staaten

Schriften zum Völkerrecht

Band 77

Die Charta der wirtschaftlichen Rechte und Pflichten der Staaten

Tendenzen und Wandel der völkerrechtlichen Ordnung wirtschaftlicher Beziehungen zwischen den Staaten

Von

Dr. Harald Stemberg

DUNCKER & HUMBLOT / BERLIN

CIP-Kurztitelaufnahme der Deutschen Bibliothek

Stemberg, Harald:

Die Charta der wirtschaftlichen Rechte und Pflichten der Staaten: Tendenzen u. Wandel d. völkerrechtl. Ordnung wirtschaftl. Beziehungen zwischen d. Staaten / von Harald Stemberg. — Berlin: Duncker und Humblot, 1983.
(Schriften zum Völkerrecht; Bd. 77)
ISBN 3-428-05288-9
NE: GT

Gedruckt 1983 bei Buchdruckerei A. Sayffaerth - E. L. Krohn, Berlin 61
Printed in Germany

ISBN 3 428 05288 9

Meinen Eltern

Vorwort

Als im November 1974 auf einem Symposion des Instituts für internationales Recht an der Universität Kiel einer der Vorträge unter die Frage gestellt wurde, ob im Rahmen der Vereinten Nationen eine Entwicklung zur „kollektiven wirtschaftlichen Sicherheit“ zu verzeichnen sei, geriet die damals noch als Entwurf vorliegende Charta der wirtschaftlichen Rechte und Pflichten der Staaten sehr schnell in das Zentrum der Diskussion. Das sehr reservierte Urteil des Vortragenden begegnete vereinzelt Thesen, die an der Zielvorstellung des Charta-Entwurfs orientiert waren, den „ersten Schritt zur Kodifizierung und Ausgestaltung der Materie“ zu tun. Heute — acht Jahre nach Verabschiedung der Charta durch die Generalversammlung der Vereinten Nationen — ist es an der Zeit zu fragen, ob und inwieweit sie die völkerrechtliche Ordnung der zwischenstaatlichen wirtschaftlichen Beziehungen beeinflußt hat. In welchen Regelungsbereichen hat die Charta Völkergewohnheitsrecht bestätigt und gefestigt, in welchen Bereichen hat sie über die Brücke des „soft law“ völkerrechtliche Entwicklungstendenzen ausgelöst und mit welchen Gestaltungsansprüchen ist sie im diametralen Gegensatz zum geltenden Völkerrecht geblieben? Rechtsfeststellung, Rechtsevolution, Rechtsrevolution — das sind die Maßstäbe, an denen die Charta und die ersten hoffnungsbesetzten Beurteilungen heute zu messen sind. Die kenntnisreiche und sorgfältige Analyse Harald Stembergs, ausgerichtet an jenen Maßstäben, bestätigt das reservierte Urteil jener, die aus der Verabschiedung der Charta keine signifikante Änderung der Weltwirtschaftsordnung deduzieren mochten. So ist der völkergewohnheitsrechtliche Status ausländischen Eigentums durch die Charta eher erschüttert denn gefestigt worden. Das in der Charta mehrfach fixierte Gleichheitsprinzip ist Programmsatz geblieben. Die Verrechtlichung eines generellen Kooperationsprinzips ist bislang nicht gelungen. Die These von der besonderen Völkerrechtssubjektivität der Entwicklungsländer, mittels eines schon methodisch zweifelhaften Ansatzes hier und dort im Schrifttum vertreten, ist durch den Einfluß der Charta nicht erhärtet worden. — Mit diesen und anderen Ergebnissen erbringt die Schrift Harald Stembergs den Befund, daß die Charta der wirtschaftlichen Rechte und Pflichten der Staaten bislang keinen bedeutsamen Beitrag zur völkerrechtlichen Ausgestaltung einer neuen Weltwirtschaftsordnung gebracht hat. Diese Monographie, entstanden aus einem Forschungsprojekt des Instituts für Entwicklungsforschung und Entwicklungspolitik der Ruhr-Universität Bochum, hat der weiteren völkerrechtswissenschaftlichen Diskussion über ein neues „Entwicklungsvölkerrecht" einen Festpunkt gesetzt, dessen Beachtung jeder künftigen Erörterung geboten ist.

Bochum, im November 1982

Prof. Dr. *Knut Ipsen*

Inhaltsverzeichnis

Einführung 19

A. Die Vorarbeiten 22

B. Das Prinzip der Souveränität 26

I. Die Vorarbeiten ... 26

1. Die Beratungen zu Art. 2 para. 1 ... 26
2. Die Beratungen zu Art. 1 ... 29
3. Die Beratungen zu Art. 2 para. 2 lit. a und b ... 30
4. Die Beratungen zu Art. 4 und 26 Satz 2 ... 34
5. Die Beratungen zu Art. 5 ... 36
6. Die Beratungen zu Art. 32 ... 38
7. Die Beratungen zu Art. 3 ... 40

II. Das Prinzip der Souveränität in Schrifttum und Praxis ... 42

1. Der Begriff der Souveränität ... 42
2. Die rechtlichen Grundlagen ... 43
   a) Die Stellungnahmen im Schrifttum ... 43
   b) Die Praxis ... 45
   c) Ergebnis ... 45
3. Absolute oder relative Souveränität ... 45
   a) Die Stellungnahmen im Schrifttum ... 46
   b) Die Praxis ... 47
   c) Ergebnis ... 47
4. Permanente Souveränität ... 47
   a) Der Begriff der permanenten Souveränität ... 47
   b) Literatur und Praxis ... 48
   c) Ergebnis ... 49

5. Veräußerlichkeit der Souveränität 49
a) Die Auffassungen in der Literatur 49
b) Die Praxis 51
c) Ergebnis 51
6. Die Ausübung der Souveränität nach innen 52
a) Die Gestaltung der inneren Ordnung 52
b) Die Regelung ausländischer Investitionen 53
aa) Der Grundsatz 53
bb) Investitionsgesetzgebungen 53
cc) Eingriffsrechte und Völkerrecht 55
dd) Ergebnis 56
ee) Multinationale Unternehmen 56
α) Definition des multinationalen Unternehmens 57
β) Die rechtliche Problematik 57
γ) Ergebnis 58
ff) Vorzugsbehandlungen 58
c) Ergebnis 60
7. Die Ausübung der Souveränität nach außen 60
a) Allgemeines 60
b) Gestaltung der wirtschaftlichen Beziehungen 61
c) Erzeugerzusammenschlüsse 62
aa) Praxis 62
bb) Die Zulässigkeit von Erzeugerzusammenschlüssen 62
cc) Die Zulässigkeit von Gegenmaßnahmen 63
dd) Ergebnis 63
d) Ressourcen und Handelspolitik 64
8. Der Schutz der Souveränität 64
a) Der Begriff der Intervention 64
aa) Der weite Interventionsbegriff im Schrifttum 64
bb) Der Interventionsbegriff der Praxis 65
cc) Zwischenergebnis 66
b) Das Schutzgut des Interventionsverbotes 66
c) Das Mittel der Intervention 66
aa) Ausscheiden der Diplomatie 66
bb) Militärische Gewalt 67
cc) Wirtschaftlicher Zwang 67
α) Boykott- und Embargomaßnahmen 67
β) Wirtschafts- und Entwicklungshilfe 69
γ) Zwischenergebnis 69
d) Ergebnis 70

9. Die Grenzen der Ausübung der Souveränität 70
a) Vertragliche Regelungen 70
b) Nachbarrecht und grenzüberschreitende Ressourcen 71
c) Ergebnis 72

III. Gesamtergebnis 72

C. Die Rechtsstellung des ausländischen Eigentums im Völkerrecht 74

I. Die Vorarbeiten in der Arbeitsgruppe und die Stellungnahmen im Zweiten Ausschuß 74

II. Der Inhalt der Bestimmung 82

III. Das Eigentum in Schrifttum und Praxis 84

1. Allgemeines 84

2. Der Begriff der Nationalisierung 86

3. Das Recht auf Nationalisierung 87

4. Nationalisierungsvoraussetzungen 88
a) „legality“ und Entschädigungszahlung 88
b) „public utility“ 89
c) „due process of law“ 91
d) Diskriminierungsverbot 92
e) Zwischenergebnis 94

5. Entschädigungspflicht 94
a) Die Stellungnahmen im Schrifttum 94
b) Die Entschädigungspflicht in der Praxis 97
c) Zwischenergebnis 99
d) Umfang der Entschädigungspflicht 99
e) Ergebnis 100

6. Die Entschädigungsmodalitäten 101
a) Allgemeines 101
b) „prompt“ 101
c) „adequate“ 102
aa) In der Literatur benutzte Maßstäbe 102
bb) In der Praxis gebräuchliche Bewertungen 103
c) „effective“ 104

d) Die Entschädigungspraxis ... 104
aa) Der Entschädigungsstandard vor 1945 ... 104
bb) Zwischenergebnis ... 107
cc) Der Entschädigungsstandard nach 1945 ... 107
α) Abkommen über Globalentschädigung ... 107
β) Freundschafts-, Handels- und Schiffahrtsverträge ... 109
dd) Schlußfolgerungen ... 110

7. Völkergewohnheitsrecht aus Verträgen? ... 112
a) Das Festlandsockel-Urteil des IGH ... 112
b) Die Interessenlage der Staaten ... 112
c) Die Lehre Günthers ... 114
d) Eigener Lösungsversuch ... 114
aa) Auslegung des Festlandsockel-Urteils ... 114
bb) Das Reziprozitätselement im Völkerrecht ... 115
cc) Kriterien für eine allgemein anwendbare Klausel ... 117
dd) Die allgemein anwendbare Klausel in den Globalentschädigungsabkommen ... 117
ee) Zwischenergebnis ... 118
e) Die opinio iuris ... 118
aa) Allgemeines ... 119
bb) Die Theorie des „manifest intent" ... 119
cc) Die Rolle des Vertragsschlusses für die Rechtsüberzeugung ... 120
dd) Die Abkommen über Globalentschädigung und opinio iuris 120
ee) Zwischenergebnis ... 122
ff) Der Nachweis einer bestehenden opinio iuris ... 122
f) Ergebnis ... 124

8. Verfahrensrecht ... 124
a) Die Stellungnahmen im Schrifttum ... 124
b) Die Praxis ... 125
c) Ergebnis ... 127

IV. Gesamtergebnis ... 127

D. Das Prinzip der Gleichheit 128

I. Die Vorarbeiten ... 129
1. Die Beratungen zu Art. 18 und 19 ... 129
2. Die Beratungen zu Art. 20 ... 131
3. Die Beratungen zu Art. 26 Satz 1 ... 132
4. Die Beratungen zu Art. 10 ... 132

II. Das Prinzip der Staatengleichheit in Schrifttum und Praxis 133

1. Die rechtlichen Grundlagen 133

2. Der Inhalt des Gleichheitsgebotes 133

3. Ausformungen der Gleichheit 135

4. Die Stellungnahmen im Schrifttum 136

5. Die Praxis 137

a) Die passive Gleichheit — Existenz eines Diskriminierungsverbotes? 137

aa) Historischer Abriß 137

bb) Das General Agreement on Tariffs and Trade (GATT) .. 138

cc) Handelspolitik der sozialistischen Staaten 139

dd) Handelspolitik der Entwicklungsländer 139

ee) Präferenzsysteme 140

ff) Assoziationsabkommen 142

gg) Rechtliche Bewertung 143

hh) Zwischenergebnis 144

b) Aktive Gleichheit 144

aa) Historischer Abriß 144

bb) Einzelfälle 145

cc) Rechtliche Bewertung 146

dd) Zwischenergebnis 147

III. Gesamtergebnis 148

E. Das Prinzip der Zusammenarbeit 149

I. Die Vorarbeiten 150

1. Die Beratungen zu Art. 8 150

2. Die Beratungen zu Art. 9 151

3. Die Beratungen zu Art. 12 151

4. Die Beratungen zu Art. 17 152

5. Die Beratungen zu Art. 24 153

II. Das Prinzip der Zusammenarbeit in Schrifttum und Praxis 154

1. Der Begriff der Zusammenarbeit 154

2. Die Stellungnahmen im Schrifttum 155

3. Die Staatenpraxis 156

III. Gesamtergebnis 157

F. Prinzipien der Entwicklungsfinanzierung 159

I. Die Gewährung finanzieller Hilfen 159

(A) Die Pflicht zur Hilfe 159

1. Die Vorarbeiten in der Arbeitsgruppe und die Stellungnahmen im Zweiten Ausschuß 160
   a) Die Beratungen zu Art. 11 160
   b) Die Beratungen zu Art. 16 para. 1 160
   c) Die Beratungen zu Art. 22 161
2. Der Anspruch auf Entwicklungshilfe im Schrifttum 162
3. Die Staatenpraxis 165
4. Zwischenergebnis 168
5. Die multilaterale Finanzhilfe 168
6. Ergebnis 169

(B) Die Herkunft der Mittel 170

1. Die Vorarbeiten in der Arbeitsgruppe und die Stellungnahmen im Zweiten Ausschuß 170
   a) Die Beratungen zu Art. 6 Satz 1 170
   b) Die Beratungen zu Art. 15 170
   c) Die Beratungen zu Art. 28 173
2. Die Staatenpraxis 173
   a) Rohstoffabkommen 174
   b) Abrüstung und Entwicklungshilfe 175
   c) Indexierung 176
3. Ergebnis 177

II. Der internationale Handel 177

1. Die Vorarbeiten in der Arbeitsgruppe und die Stellungnahmen im Zweiten Ausschuß 178
   a) Die Beratungen zu Art. 14 178
   b) Die Beratungen zu Art. 21 179
   c) Die Beratungen zu Art. 23 179
   d) Die Beratungen zu Art. 27 180
2. Stellungnahmen in der Literatur und die Staatenpraxis 181
   a) Die Liberalisierung des Welthandels 181
   b) Der Handel zwischen den Entwicklungsländern 183
   c) Der unsichtbare Handel 185
3. Ergebnis 187

III. Der Technologietransfer ... 187
1. Die Beratungen zu Art. 13 ... 187
2. Die Staatenpraxis ... 189
3. Die rechtliche Bewertung ... 192
4. Ergebnis ... 193

G. Das Prinzip der internationalen Solidarität 194

I. Die Vorarbeiten ... 194
1. Die Beratungen zu Art. 6 Satz 2 ... 194
2. Die Beratungen zu Art. 7 ... 196
3. Die Beratungen zu Art. 25 ... 197

II. Das Prinzip der Solidarität in Schrifttum und Praxis ... 198
1. Der Inhalt der Solidarität ... 198
2. Die Stellungnahmen im Schrifttum ... 198
3. Die Staatenpraxis ... 200
a) Allgemeines ... 200
b) Die Praxis der Entwicklungsländer ... 201
c) Gerechte Entwicklung der Weltwirtschaft? ... 202
d) Die Praxis westlicher Staaten ... 203
e) Fürsorge für besonders benachteiligte Staaten ... 204
4. Zwischenergebnis ... 205

III. Gesamtergebnis ... 205

H. Entwicklungsländer als besondere Völkerrechtssubjekte? 206

I. Die Stellungnahmen im Schrifttum ... 206

II. Ergebnis ... 209

I. Tendenzen und Wandel der völkerrechtlichen Ordnung wirtschaftlicher Beziehungen zwischen den Staaten 210

Zusammenfassung 214

Anhang

Ergebnisse der Einzelabstimmung im Zweiten Ausschuß 217

Literaturverzeichnis 218

Abkürzungsverzeichnis

AdG	=	Archiv der Gegenwart
AFDI	=	Annuaire francais de droit international
AJCL	=	American Journal of Comparative Law
AJIL	=	American Journal of International Law
AnnIDI	=	Annuaire de l'Institut de Droit International
AP	=	Außenpolitik
ASEAN	=	Association of South East Asian Nations
ASIL Proc.	=	Proceedings of the American Society of International Law
AVR	=	Archiv des Völkerrechts
BDGV	=	Berichte der Deutschen Gesellschaft für Völkerrecht
BGBl	=	Bundesgesetzblatt
Blätter f. dt. u. int. Pol.	=	Blätter für deutsche und internationale Politik
BT-Drucks.	=	Drucksache des Deutschen Bundestages
BWZ	=	Bundesministerium für wirtschaftliche Zusammenarbeit
BYIL	=	British Yearbook of International Law
CACM	=	Central American Common Market
CLJ	=	The Cambridge Law Journal
CMLR	=	Common Market Law Review
ColJTL	=	Columbia Journal of Transnational Law
ColLR	=	Columbia Law Review
DA	=	Deutschland-Archiv
DenverJILP	=	Denver Journal of International Law and Policy
EA	=	Europa-Archiv
EACCM	=	East African Community and Common Market
ECOSOC	=	Economic and Social Council
ECOWAS	=	Economic Community of West African State
FordhamLR	=	Fordham Law Review
FW	=	Friedenswarte
GATT	=	General Agreement on Tariffs and Trade
GRUR	=	Gewerblicher Rechtsschutz und Urheberrecht — Internationaler Teil
GYIL	=	German Yearbook of International Law
HarvILJ	=	Harvard International Law Journal
HarvLR	=	Harvard Law Review
IBRD	=	International Bank for Reconstruction and Development
ICJ Rep.	=	International Court of Justice Reports
ICLQ	=	International and Comparative Law Quarterly
IDA	=	International Development Association
IFC	=	International Finance Corporation
IGH	=	Internationaler Gerichtshof
IJIL	=	Indian Journal of International Law
ILM	=	International Legal Materials

ILO	=	International Labour Organization
ILR	=	International Law Reports
IMF	=	International Monetary Fund
Int. Aff.	=	International Affairs
Int. Lawyer	=	The International Lawyer
JCMS	=	Journal of Common Market Studies
JDI	=	Journal du Droit international
JIAff	=	Journal of International Affairs
JILE	=	The Journal of Internal Law and Economics
JIR	=	Jahrbuch für Internationales Recht
JW	=	Juristische Wochenschrift
JWTL	=	Journal of World Trade Law
JZ	=	Juristenzeitung
LAFTA	=	Latin American Free Trade Association
NILR	=	Netherlands International Law Review
NJW	=	Neue Juristische Wochenschrift
NYIL	=	Netherlands Yearbook of International Law
OAS	=	Organization of American States
OECD	=	Organization for Economic Cooperation
OPEC	=	Organization of Petroleum Exporting Countries
ÖZöR	=	Österreichische Zeitschrift für öffentliches Recht
ÖZW	=	Österreichische Zeitschrift für Wirtschaftsrecht
RabelsZ	=	Rabels Zeitschrift für ausländisches und internationales Privatrecht
RdC	=	Recueil des Cours (der Akademie für internationales Recht, Den Haag)
RDI	=	Revue de Droit International
Rev. belge	=	Revue belge de droit international
Rev. esp.	=	Revista Espanola de Derecho internacional
Rev. int. dr. comparé	=	Revue internationale de droit comparé
RGDIP	=	Revue générale de droit international public
RIW/AWD	=	Recht der internationalen Wirtschaft — Außenwirtschaftsdienst des Betriebsberaters
SchwJIR	=	Schweizerisches Jahrbuch für internationales Recht
SIPRI	=	Stockholm International Peace Research Institute
StIGH	=	Ständiger Internationaler Gerichtshof
SYIL	=	Soviet Yearbook of International Law
TexILJ	=	Texas International Law Journal
UNCTAD	=	UN Conference on Trade and Development
UNRIAA	=	UN Report of International Arbitral Awards
UNYB	=	Yearbook of the UN
VandLR	=	Vanderbild Law Review
VirgJIL	=	Virginia Journal of International Law
VirgLR	=	Virginian Law Review
VN	=	Vereinte Nationen
VRÜ	=	Verfassung und Recht in Übersee
YaleLJ	=	Yale Law Journal
YBWA	=	The Year Book of World Affairs
ZaöRV	=	Zeitschrift für ausländisches öffentliches Recht und Völkerrecht

Einführung

Die 29. Generalversammlung der Vereinten Nationen beschloß als Resolution 3281 am 12. 12. 1974 die „Charta der wirtschaftlichen Rechte und Pflichten der Staaten“[1]. Die Charta soll, wie es in der Präambel heißt, der Wahrung des Weltfriedens und der internationalen Sicherheit, der Entwicklung freundschaftlicher Beziehungen zwischen den Völkern und der Herbeiführung einer internationalen Zusammenarbeit zur Lösung weltweiter Probleme im wirtschaftlichen und sozialen Bereich dienen. Damit soll die Charta nach dem Willen ihrer Befürworter eine neue, gerechte Ordnung der Weltwirtschaft schaffen.

Im Rahmen der Vorarbeiten, die einer eingehenden Diskussion wenig Raum ließen, wandte sich die Mehrzahl der marktwirtschaftlich orientierten Staaten mit immer größerem Nachdruck gegen die dirigistische Tendenz der zu entwerfenden Charta. Vermieden werden sollte nach ihrem Dafürhalten vor allem eine Fixierung der wirtschaftlichen Rechte und Pflichten der Staaten, um den Staaten die Möglichkeit, angemessen auf die sich wandelnden wirtschaftlichen Gegebenheiten zu reagieren, nicht völlig zu nehmen.

Aus diesem Konflikt und aus den weit gespannten Vorstellungen der Staaten der Dritten Welt heraus entstand ein Dokument, das in sich nicht frei ist von Widersprüchen und das Bestimmungen unterschiedlichen Charakters enthält. Neben der bloßen Verdeutlichung bereits anerkannter völkerrechtlicher Prinzipien sind auch Regelungen statuiert, die — wollte man sie als geltendes Völkerrecht anerkennen — das zur Zeit geltende Völkerrecht radikal umgestalteten. Es soll daher im einzelnen untersucht werden, in welchen Punkten die Charta mit dem geltenden Recht übereinstimmt, inwieweit sie eine Evolutionstendenz aufweist und in welcher Hinsicht sie mit dem geltenden Recht nicht übereinstimmt und damit eine Revolutionstendenz innehat.

Angesichts der in der Charta enthaltenen Stoffülle und der — soweit ersichtlich — fehlenden empirischen Untersuchung des tatsächlich praktizierten Wirtschaftsvölkerrechts stellte sich für die vorliegende Arbeit ein methodisches Problem: Die allgemeine Praxis als objektives Element des Völkergewohnheitsrechts[2] konnte nicht durchgängig anhand

[1] Abgedr. in UN-Yearbook 1975, S. 403 ff.

der einschlägigen, oftmals zeitlich auch kaum aktuellen Repertorien festgestellt werden, wie es methodisch einwandfrei gewesen wäre. Zur Feststellung der Praxis mußte daher in einem wohl unüblichen Umfange auf wissenschaftliche Veröffentlichungen zurückgegriffen werden. Dies schließt eine verhältnismäßig starke Berücksichtigung der Stellungnahmen im bisherigen Schrifttum ein.

Ein solcher methodischer Ansatz erscheint aber hinnehmbar. Denn einerseits sind bei der Feststellung völkerrechtlicher Normen Lehrmeinungen durchaus zu berücksichtigen, andererseits stützen sich die herangezogenen Lehrmeinungen oftmals auf die Staatenpraxis. Unter diesem Aspekt sind sowohl die Diskussion des Schrifttums als auch die Zugrundelegung der im Schrifttum genannten Praxis, sofern sie nicht den einschlägigen Dokumentationen zu entnehmen war, gerechtfertigt. Wenn dabei die Diskussion des Schrifttums vor die Untersuchung der Praxis gestellt ist, so bedeutet dies nicht, daß das Hilfsmittel Literatur der Praxis wertungsmäßig gleichgestellt wäre. Dieser Aufbau beruht vielmehr auf der Überlegung, daß erst die aus der Theorie folgende Definition des jeweiligen Gegenstandes der Untersuchung die für diese Untersuchung notwendige Eingrenzung und Grundlegung bieten kann. In diesem Zusammenhang ist auch darauf hinzuweisen, daß die internationale Judikatur im Bereich der wirtschaftlichen Beziehungen äußerst spärlich ist und zum Nachweis neueren Gewohnheitsrechts entsprechend geringe Hilfe bietet.

Hinsichtlich der inhaltlichen Aussage der einzelnen Artikel stellte sich ein weiteres Problem. Verschiedene Artikel treffen mehrere inhaltliche Aussagen. Wäre auf alle diese Aussagen in ihrem jeweiligen Zusammenhang eingegangen worden, wären die Artikel in einer kaum vertretbaren Weise auseinandergerissen worden. Es war daher angebracht, die betreffenden Artikel insofern unter einem bestimmten Obersatz abzuhandeln, wie dies unter Zugrundelegung des sich aus der Entstehungsgeschichte der einzelnen Artikel ergebenden Schwerpunktes rechtfertigte. Dabei ließ es sich allerdings nicht in jedem Falle völlig vermeiden, den Inhalt eines Artikels mehr oder weniger pauschal als Programm- oder Gewohnheitsrechtssatz zu qualifizieren. Angesichts der Komplexität der Charta ein vielleicht geringer Tribut!

Einen breiten Raum in der vorliegenden Untersuchung nehmen die Äußerungen der Staatenvertreter während der Vorarbeiten ein. Denn die Vorarbeiten sind nicht nur für die inhaltlichen Aussagen der einzelnen Artikel bedeutsam, sondern geben auch und vor allem wert-

---

[2] Art. 39 Abs. 1 lit. b des IGH-Statuts: „international custom, as evidence of general practice accepted as law". Zu den Elementen des Völkergewohnheitsrechts A. Verdross / B. Simma, Universelles Völkerrecht Theorie und Praxis, S. 279 ff.

volle Hinweise auf die Rechtsüberzeugung der einzelnen Staaten. Allerdings ist daraus nicht der Schluß zu ziehen, die Vorarbeiten böten die einzig zuverlässige Erkenntnisquelle für Rechtsüberzeugungen. Die Gegenüberstellung etwa der tatsächlich praktizierten Zahlung einer Enteignungsentschädigung mit der Regelung des Art. 2 para. 2 lit. c zeigt deutlich, daß nicht immer Rechtsüberzeugungen, sondern auch Wunschvorstellungen geäußert wurden. Deren Aufzeigen zählt aber gleichfalls zum Anliegen der Arbeit, um nicht nur Wandel und Tendenzen der weltwirtschaftlichen Beziehungen aufzuzeigen, sondern auch deren künftigen, durch die Charta vielleicht vorgezeichneten Weg zu beurteilen.

A. Die Vorarbeiten

Die Ausarbeitung[1] der Charta der wirtschaftlichen Rechte und Pflichten geht zurück auf einen Vorschlag des mexikanischen Präsidenten Luis Echeverria während der dritten Welthandelskonferenz 1972. Echeverria griff damit verschiedene frühere Initiativen der Entwicklungsländer[2] wieder auf und verlieh seinem Vorstoß vor dem „forum économique“[3] der UNCTAD ein erheblich größeres Gewicht als es den vorherigen Initiativen zukam.

Denn die United Nations Conference on Trade and Development (UNCTAD), die im Dezember 1964 von der Generalversammlung der UNO als ständiges Organ eingerichtet wurde, bietet seither den Entwicklungsländern einen herausragenden Platz, ihre Forderungen vorzutragen. Da der UNCTAD vor allem die Aufgabe zugewiesen ist, die Einnahmen der Entwicklungsländer durch Förderung des internationalen Handels abzusichern helfen, ist die Welthandelskonferenz für die Entwicklungsländer zugleich das wichtigste Instrument, mit dessen Hilfe sich die wirtschaftspolitischen Forderungen in — wenn auch unverbindliche — Empfehlungen umsetzen lassen.

Dieser Rolle der UNCTAD entsprechend wurden die wesentlichen Vorarbeiten auch in ihrem Rahmen geleistet. Die Konferenz griff den Gedanken Echeverrias auf und konkretisierte ihn in der Resolution 45 (III) vom 18. 5. 1972[4]. Diese Entschließung betont, daß eine gerechte Ordnung erst dann möglich sei, wenn die Rechte aller Staaten, vor allem die der Entwicklungsländer, durch eine Charta ausreichend

---

[1] Zum ganzen S. A. Tiewul, The United Nations Charter of Economic Rights and Duties of States, JILE 1975, S. 649 ff.; Ch. Tomuschat, Die Charta der wirtschaftl. Rechte und Pflichten, ZaöRV 1976, S. 444 ff.; D. Yiannopoulos, Premiers efforts pour une Charte des droits et des devoirs économiques des Etats, Rev. belge 1974, S. 508 ff.; J. Castaneda, La Charte des droits et devoirs économiques des Etats, AFDI 1974, S. 42 ff.; ders., A/C.2/SR.1638 paras. 1 ff.; Garcia Robles, A/C.2/SR.1639 paras. 1 ff.

[2] Dazu M. Virally, La charte des droits et devoirs économiques des Etats, AFDI 1974, S. 60 f.

[3] D. Carreau, Le nouvel ordre économique international, JDI 1977, S. 595; dazu und zum folgenden Nguyen Quoc Dinh / P. Daillier / A. Pellet, Droit International Public, S. 765; vgl. auch die gemeinsame Erklärung der 77 Entwicklungsländer zum Abschluß der UNCTAD I, abgedr. in Auswärtiges Amt (Hrsg.), Dritte Welt, S. 121 ff.

[4] Abgedr. in A. P. Mutharika, The International Law of Development — Basic Documents, Bd. 2, S. 890 ff.

geschützt seien. Denn angesichts der bestehenden Situation der Entwicklungsländer bestehe für die internationalen Wirtschaftsbeziehungen die Notwendigkeit allgemein anerkannter Normen, die auf das Prinzip der Selbstbestimmung der Völker und die freie Verfügbarkeit über die wirtschaftlichen Ressourcen zurückzuführen seien. Ferner war Bezug genommen auf die 1967 von den Entwicklungsländern beschlossene Charta von Algier[5] und das darauf aufbauende Aktionsprogramm von Lima 1971[6]; beide Dokumente enthalten die Vorstellungen der Entwicklungsländer von einer gerechten Weltwirtschaftsordnung. Die Entschließung sah weiter die Errichtung einer Arbeitsgruppe vor, die ursprünglich aus 31 Mitgliedern bestand, später im Interesse einer ausgewogeneren Verteilung auf 40 Staaten[7] erweitert wurde. Diese Gruppe erhielt den Auftrag, eine Charta der wirtschaftlichen Rechte und Pflichten der Staaten zu erarbeiten.

Die erste Sitzung der Arbeitsgruppe fand im Februar 1973 in Genf statt. In seiner Eröffnungsrede forderte der Vorsitzende Castaneda[8], daß die zu entwerfende Charta nicht nur bestehendes Recht festschreiben solle, sondern auch der Weiterentwicklung des internationalen Rechts dienen müsse. Bereits diese Forderung führte zu den ersten Kontroversen zwischen den marktwirtschaftlich orientierten Staaten, den sozialistischen Staaten und Entwicklungsländern. Mehr noch war die Frage umstritten, ob die künftige Charta ein rechtlich bindendes Instrument oder nur eine Empfehlung der Generalversammlung sein solle[9]. Trotz dieser Kontroversen konnte jedoch auch die Sacharbeit aufgenommen werden. Die einzelnen Staatenvertreter nannten insgesamt etwa 20 Punkte für eine Aufnahme in den Text, wobei bis auf die westlichen Staaten alle übrigen Staatengruppen eigene Entwürfe bzw. Arbeitspapiere vorlegten[10]. Die verschiedenen Entwürfe konnten zu einer gemeinsamen Entwurfsskizze verschiedener Staaten zusammengefaßt werden und bildeten damit eine erste Arbeitsgrundlage. Eine von der Arbeitsgruppe eingesetzte Untergruppe legte als Ergebnis ihrer Diskussionen am Ende der Sitzungsperiode einen Text als

---

[5] Ibid., Bd. 4, S. 2415 ff.

[6] Ibid., S. 2431 ff.

[7] Marktwirtschaftliche Staaten: Australien, Belgien, BR Deutschland, Dänemark, Frankreich, Italien, Japan, Kanada, Niederlande, Spanien, USA, Vereinigtes Königreich. Sozialistische Staaten: Bulgarien, CSSR, Jugoslawien, Polen, Rumänien, UdSSR, Ungarn. — Entwicklungsländer: Ägypten, Bolivien, Brasilien, Chile, China, Elfenbeinküste, Guatemala, Indien, Indonesien, Irak, Jamaika, Kenia, Marokko, Mexico, Nigeria, Pakistan, Peru, Philippinen, Sri Lanka, Zaire, Zambia (nach TD/B/AC, 12/2, S. 66).

[8] (Mexiko) TD/B/AC, 12/1, para. 13.

[9] Siehe ibid., paras. 18 f.

[10] Ibid., paras. 33 ff.

draft outline vor, der den Mitgliedstaaten der Welthandelskonferenz zur Stellungnahme zuging[11].

Die eingegangenen Stellungnahmen[12] überwies zu Beginn der zweiten Sitzungsperiode im Juli 1973 die Arbeitsgruppe an zwei Unterausschüsse. Dabei wurden die Präambel und Abschnitt 1 im ersten Ausschuß, der operative Teil des Entwurfs im zweiten Ausschuß bzw. deren drafting groups behandelt[13]. Während der Verhandlungen nahmen weitere Staaten Stellung zu den skizzierten Entwürfen einzelner Bestimmungen. Die westlichen Staaten gaben dabei ihre „defensive Haltung"[14] zwar mehr und mehr auf, ließen ein gemeinsames Konzept jedoch vermissen.

Angesichts des bis dahin erreichten, relativ dürftigen Ergebnisses[15] hatte die Generalversammlung im Dezember 1973 mit Resolution 3082 (XXVIII) beschlossen, das Mandat der Arbeitsgruppe für zwei weitere Sitzungsperioden zu verlängern. Die Arbeitsgruppe setzte daher ihre Arbeit im Februar 1973 mit der dritten Sitzungsperiode fort. Den erneut eingerichteten Unterausschüssen und der Arbeitsgruppe gelang es, nicht nur die eigentliche Sachdiskussion voranzutreiben, sondern auch die bisherigen Stellungnahmen in verschiedene Alternativentwürfe zu den einzelnen Bestimmungen einzubringen.

Im Ergebnis konnte über verschiedene Bestimmungen[16] Einvernehmen erzielt werden; bei den übrigen wurden die bestehenden Sachunterschiede deutlich herausgearbeitet. Dabei waren besonders die Bestimmungen des späteren Art. 2 noch heftig umstritten[17].

Die vierte Sitzungsperiode fand bereits im Juni 1974 in Mexico City statt. Ein Untersuchungsausschuß unter dem Vorsitz des philippinischen Delegierten Brillantes setzte vier weitere Verhandlungsgruppen[18] ein, die sich mit bestimmten Paragraphen des Entwurfes befaßten. Diese Bemühungen führten zur Übereinstimmung bei einer Reihe von Bestimmungen; zu elf der insgesamt 28 vorgesehenen Paragraphen konnten die Gegensätze jedoch auch weiterhin nicht ausgeräumt werden.

---

11 TD/B/AC. 12/2, S. 2.

12 Vgl. TD/B/AC. 12/2/Add. 1, S. 2 ff.

13 Vgl. die Berichte in TD/B/AC. 12/2, S. 4 ff. und TB/B/AC. 12/2, S. 20 ff.

14 Tomuschat, Charta, S. 447.

15 Wie auch der Vorsitzende der Arbeitsgruppe, Castaneda, zugab, A/C. 2/SR. 1638 para. 2.

16 Im operativen Teil die Artt. 1, 9, 23 und 25; TD/B/AC. 12/3, S. 8.

17 Bis zu acht Alternativentwürfe, TD/B/AC. 12/3, S. 15 ff.

18 Unter Muliro (Kenia), Brillantes (Philippinen), Teese (Australien) und Castaneda (Mexiko).

Der UNCTAD-Rat befaßte sich vom 3. bis 12. September 1974 mit der Vorlage der Arbeitsgruppe[19]. Informelle Gespräche des Vorsitzenden der Arbeitsgruppe, Castaneda, konnten zwar zu etlichen Punkten in der Präambel eine Übereinstimmung noch herbeiführen[20]. Da weitere Bemühungen nicht zu Kompromissen für den operativen Teil führten, beschlossen die Entwicklungsländer am 22. Oktober 1974, rechtzeitig zu den Beratungen im Zweiten Ausschuß den Entwurf einer Charta vorzulegen. Soweit Streitigkeiten nicht hatten ausgeräumt werden können, wählten die Entwicklungsländer dabei die von ihnen in die bisherigen Beratungen eingebrachten Formulierungen[21]. In dieser Form wurde dem Zweiten Ausschuß am 27. November 1974 der Entwurf der Charta[22] zur Beratung vorgelegt.

Im Verlauf der Ausschußberatungen standen die Entwicklungsländer nach entsprechenden Konsultationen verschiedene Änderungen zu[23]. Diese Änderungen betrafen jedoch eher Randfragen und ließen die wesentlichen Streitfragen in ihrem Kern unberührt[24]. Im übrigen hatten die marktwirtschaftlich orientierten Staaten eine Reihe von Anträgen eingebracht, die entweder Änderungen oder Streichungen betrafen[25], ohne daß einer der Anträge jedoch eine Mehrheit gefunden hätte.

Die Stellungnahmen im Zweiten Ausschuß machten noch einmal die unterschiedlichen Standpunkte deutlich. Besonders die Enteignungsregelung, die Bestimmung über Erzeugerzusammenschlüsse, und die Behandlung von Abrüstungsfragen standen im Mittelpunkt der Kontroversen.

In der Generalversammlung, die am 12. Dezember 1974 über den Entwurf beschloß, fand eine Einzeldiskussion nicht mehr statt. Dennoch begegneten vor allem die Bestimmungen der Art. 2 und 15 noch einmal der deutlichen Kritik durch Vertreter westlicher Staaten. Unbeschadet der fortdauernden Auseinandersetzungen wurde die Charta mit 120 Stimmen bei sechs Gegenstimmen[26] und zehn Enthaltungen[27] angenommen.

[19] Report of the Trade and Development Board, 12 September 1973 — 13 September 1974, A/9615/Rev. 1, paras. 183 ff.

[20] Ibid., para. 187 and Ann. IV.

[21] So deutlich Garcia Robles (Mexiko), A/C.2/SR. 1639 para. 10.

[22] A/C.2/L. 1386, abgedr. in Doc. A/9946, S. 1 ff.

[23] A/C.2/L. 1386/Corr. 6, ibid., S. 7 f.

[24] So auch Tomuschat, Charta, S. 452.

[25] Vgl. die Übersicht in Doc. A/9946, S. 5 ff.

[26] Belgien, Bundesrepublik Deutschland, Dänemark, Luxemburg, USA, Vereinigtes Königreich; Doc. A/9946, S. 26.

[27] Frankreich, Irland, Israel, Italien, Japan, Kanada, Niederlande, Norwegen, Österreich, Spanien; Doc. A/9946, S. 22.

B. Das Prinzip der Souveränität

I. Die Vorarbeiten

Breiten Raum in den Diskussionen sowohl der Arbeitsgruppe als auch des Zweiten Ausschusses nahmen Fragen der Souveränität ein. Die Kontroversen waren vor allem auf die unterschiedlichen Souveränitätsvorstellungen zurückzuführen. Aus den konträren Verständnissen der Souveränität einerseits als einem absoluten, andererseits als einem relativierten Recht leiteten sich zahlreiche Grundfragen ab, ohne daß die Beratungen zu einer breiten Annäherung hatten führen können, auch wenn in Einzelfragen Kompromisse oder Einvernehmen erzielt wurden.

1. Die Beratungen zu Art. 2 para. 1

Zu diesen Einzelfragen zählte zunächst der Gedanke des Art. 2 para. 1, daß jeder Staat die permanente Souveränität über seine natürlichen Ressourcen habe; dieser Gedanke war in den Verhandlungen nicht bestritten. Die Vorschläge aller Staaten, die während der zweiten Sitzungsperiode der Arbeitsgruppe vorlagen, gingen von diesem Grundsatz aus, unterstellten die Ausübung des Rechtes jedoch unterschiedlichen Einschränkungen. Nach den Vorstellungen westlicher Staaten[1] sollte die Ausübung an die einschlägigen Normen des Völkerrechts gebunden werden. Die Schweiz wies dabei ausdrücklich darauf hin, daß ein Bezug auf die Prinzipien des internationalen Rechts die vorgesehene Regelung in Übereinstimmung mit den Menschenrechtspakten von 1966 brächte.

Eine solche Bezugnahme sahen die Vorschläge der sozialistischen Staaten[2] sowie die der Entwicklungsländer[3] bis auf die Ausnahmen Singapurs[4] und Argentiniens[5], die sich der westlichen Auffassung anschlossen, nicht vor[6]. Allerdings ließ Rumänien noch insofern einen

[1] Bundesrepublik Deutschland, TD/B/AC. 12/2/Add. 1, S. 54; Spanien, ibid., S. 38; Schweiz, ibid., S. 43; USA, ibid., S. 48; Vereinigtes Königreich, ibid., S. 56.

[2] China, ibid., S. 55; Jugoslawien, ibid., S. 56.

[3] Chile, ibid., S. 54; Philippinen, ibid., S. 55; Peru, ibid., S. 56; Mexiko, ibid., S. 57.

[4] Ibid., S. 33.

[5] Ibid., S. 2.

Bezug auf die Prinzipien des internationalen Rechts erkennen, als nach seinem Vorschlag eine gegen das zu formulierende Recht gerichtete Aktion als Verstoß gegen die Prinzipien der Vereinten Nationen und des internationalen Rechts zu betrachten sei. Nicht ganz so deutlich, aber mit demselben Ergebnis, fielen die Vorschläge der Entwicklungsländer sowie der übrigen sozialistischen Staaten aus. Nahezu übereinstimmend wurde die Ausübung dieses Rechtes nämlich allein der wirtschaftlichen Entwicklung und dem Wohlergehen des Volkes unterstellt.

Aber selbst derartige Einschränkungen lehnte Syrien mit der Begründung ab, daß das Recht auf freie und unbedingte Verfügung über die natürlichen Ressourcen keinerlei Beschränkungen erfahren sollte[7].

Diese Auffassung fand auf der dritten Sitzungsperiode der Arbeitsgruppe ihren Niederschlag in einer von Irak, Jugoslawien u. a. eingebrachten Alternative[8], der sich auch Argentinien trotz eines eigenen Alternativvorschlages[9] nicht verschloß. Dagegen gingen der Vorschlag der UdSSR[10] sowie der Vorschlag der Philippinen und Kanadas[11] weiterhin von einer solchen Einschränkung aus. Auch die Vorschläge der Staaten der Europäischen Gemeinschaft[12] und der USA[13] enthielten weiterhin diese Einschränkung bzw. verdeutlichten sie, wichen jedoch von einer Bindung an das internationale Recht nicht ab. Darüber hinaus sah der Vorschlag der EG-Staaten vor, daß die Ausübung des Rechtes auch den Notwendigkeiten und der Interdependenz aller Volkswirtschaften sowie einem ausgeglichenen Wachstum der Weltwirtschaft Rechnung tragen solle. Dieser Entwurf zeigte in doppelter Hinsicht Kompromißbereitschaft. Zum einen kam der Vorbehalt der nationalen Entwicklung den Vorstellungen der Entwicklungsländer entgegen; zum anderen wäre der Hinweis auf die Notwendigkeit eines ausgeglichenen Wachstums der Weltwirtschaft kompromißfähig und damit in beiderseitigem Interesse gewesen, wenn die Entwicklungsländer nicht an ihrem starren Standpunkt der absoluten Souveränität festgehalten hätten.

Diese letztlich unvereinbaren Auffassungen kamen erneut auf der vierten Sitzungsperiode zum Ausdruck. Die vorliegenden vier Alter-

---

6 Siehe zur Erklärung zusammenfassend J. Castaneda, La Charte des droits et devoirs économiques des Etats, AFDI 1974, S. 54.

7 TD/B/AC. 12/2/Add. 1, S. 54.

8 Alternative 1, TD/B/AC. 12/3, S. 15.

9 Alternative 3, ibid.

10 Alternative 5, ibid., S. 16.

11 Alternative 8, ibid.

12 Alternative 4, ibid., S. 15 f.

13 Alternative 6, ibid., S. 16.

nativen zu Artikel 2 anerkannten in ihren jeweiligen Paragraphen 1 zwar das Recht auf ständige Souveränität. Die seitens der Entwicklungsländer eingebrachte Alternative[14] bezeichnete die ständige Souveränität aber zugleich als volle Souveränität, was nach der Entstehung dieser Regelung nur bedeuten kann, daß ein Staat ungeachtet seiner völkerrechtlichen Verpflichtungen seine souveränen Rechte ausübt.

Die EG-Staaten wiederholten[15] ihre bekannten Standpunkte und brachten im Zweiten Ausschuß gemeinsam mit anderen westlichen Staaten einen Änderungsantrag[16] ein, der weitere Kompromißbereitschaft erkennen ließ, indem auf den Vorbehalt der Interdependenz und des ausgeglichenen Wirtschaftswachstums verzichtet wurde. Nach der Ablehnung dieses Antrages[17] durch die Mehrheit der Entwicklungsländer und der sozialistischen Staaten wiederholten Vertreter von Entwicklungsländern ihren Standpunkt noch einmal im Zweiten Ausschuß. Der iranische Delegierte[18] führte aus, daß Art. 2 das grundlegende Prinzip der vollen und ständigen Souveränität eines Landes über seine Ressourcen bekräftigte.

Ähnlich äußerten sich die Delegierten Paraguays[19] und Tansanias[20], die beide die Ansicht vertraten, daß das Prinzip der Staatensouveränität über Ressourcen, wie es in Art. 2 para. 1 anerkannt sei, nicht bezweifelt werden könne.

Der Delegierte Paraguays[21] bekräftigte in einer Stellungnahme vor der Generalversammlung diesen Standpunkt. Gleichzeitig präzisierte er den Entwurf dahin, daß die Ausübung der Souveränität auch den Besitz, den Gebrauch und die Verfügung über die natürlichen und wirtschaftlichen Ressourcen eines Landes umfasse.

Gegen diese Auffassung hatte der kanadische Delegierte[22] den inneren Widerspruch des Art. 2 para. 1 angeführt. Er verwies darauf, daß diese Bestimmung die ständige Souveränität eines Staates nicht nur über dessen Naturreichtümer, sondern auch über alle seine Reichtümer und wirtschaftlichen Betätigungen[23] behaupte, ohne daß eine

---

[14] Alternative 1, ibid., S. 7.

[15] In Alternative 4, ibid., S. 10.

[16] A/C.2/L. 1404, abgedr. in Doc. A/9946, S. 6.

[17] Stimmenverhältnis 87/19/11, Doc. A/9946, S. 10.

[18] (Shemirani) A/C.2/SR. 1650 para. 33.

[19] (Godoy) A/C.2/SR. 1647 para. 27.

[20] (Abbas) A/C.2/SR. 1650 para. 25.

[21] (Gonzales Arias) A/PV. 2315, S. 16.

[22] (Berlis) A/C.2/SR. 1649 para. 43; ebenso der kanadische Delegierte (Hays) in der Generalversammlung, A/PV. 2315, S. 56; I. Seidl-Hohenveldern, Völkerrecht, Rz. 1186 f. macht ebenfalls darauf aufmerksam.

territoriale Begrenzung dieser Vorstellung enthalten sei. Die Bestimmung könne daher auch so ausgelegt werden, daß ein Staat, der einen Teil seines Reichtums etwa durch Auslandsinvestitionen transferiere, darüber die volle ständige Souveränität behalte[24].

Art. 2 para. 1 statuiert damit nach Entstehung und Wortlaut die Forderung nach absoluter Souveränität und damit die Forderung nach der unbegrenzten und ständigen Verfügbarkeit über alle Ressourcen.

2. Die Beratungen zu Art. 1

Anders als bei dem soeben aufgezeigten Fragenkreis war die Unveräußerlichkeit des Rechts zur inneren Selbstgestaltung nicht umstritten. Denn über die Bestimmung des Art. 1 konnte bereits während der dritten Sitzungsperiode Einvernehmen erzielt werden. Die während der zweiten Sitzungsperiode vorliegenden Entwürfe stimmten, unabhängig von der Zuordnung zu bestimmten Ländergruppen, teilweise wörtlich überein[25].

Auffällig ist allerdings, daß der Vorschlag der USA das Recht zur Wahl des politischen Systems ausklammerte, da nach Auffassung der USA die Charta lediglich Fragen wirtschaftlicher Art regeln sollte[26].

Über die Unveräußerlichkeit des niedergelegten Rechts, deren Fixierung von den Philippinen und Jugoslawien vorgeschlagen worden war[27], konnten sich die Delegationen schnell einigen. Da bis auf den spanischen Entwurf[28] alle weiteren Vorschläge das Verbot eines gleichwie gearteten äußeren Druckes enthielten, warf auch diese Bestimmung hier keine Schwierigkeit auf[29].

Mit dem weitgehend unproblematischen Abschluß der Beratungen zu Art. 1 war gleichzeitig bekräftigt, daß jeder Staat das Recht zur inneren Selbstgestaltung hat.

[23] Auf die Schwierigkeit, diese Begriffe zu definieren, wies der australische Delegierte (Sturkey) im Zweiten Ausschuß hin, A/C.2/SR. 1650 para. 15; nach bisheriger Auffassung erstreckte sich die Souveränität über die natürlichen Ressourcen lediglich bis auf die zu ihrer Nutzung geschaffenen Einrichtungen, H. Reinhard, Rechtsgleichheit und Selbstbestimmung der Völker in wirtschaftlicher Hinsicht, S. 35; vgl. auch P. C. Rao, Charter of Economic Rights and Duties of States, IJIL 1975, S. 360; G. W. Haight, The International Economic Order, Int. Lawyer 1975, S. 598.

[24] Zum ganzen I. Seidl-Hohenveldern, Modernes Völkerrecht und der Schutz ausländischen Eigentums, S. 657 f.

[25] Vgl. die Übersicht in TD/B/AC. 12/2/Add. 1, S. 53 f.

[26] TD/B/AC. 12/2/Add. 1, S. 48.

[27] TD/B/AC. 12/2/Add. 1, S. 53, 54.

[28] Ibid., S. 53.

[29] Siehe allerdings unten B. I. 6.

3. Die Beratungen zu Art. 2 para. 2 lit. a und b

Der Grundgedanke des Art. 2 para. 2 lit. a, das Recht zur Regelung und Kontrolle ausländischer Investitionen, war zwar im Verlaufe der Verhandlungen zu keinem Zeitpunkt streitig. Kontroversen ergaben sich dagegen aus den Bemühungen westlicher Staaten, dieses Recht an das internationale Recht zu binden. Bereits während der Diskussion in der zweiten Sitzungsperiode schlugen die Bundesrepublik Deutschland und Großbritannien vor, daß ausländische Investitionen nur in Übereinstimmung mit dem internationalen Recht geregelt werden können und beantragten mit einer Reihe anderer westlicher Staaten die Aufnahme dieser Einschränkung in den Entwurfstext[30]. Stellungnahmen der USA[31], Spaniens[32] und der Schweiz[33] gingen ebenfalls von einer Bindung an das internationale Recht aus.

Dagegen enthielten die Vorschläge der Entwicklungsländer keine Bezugnahme auf internationales Recht. Als der am weitesten gehende Entwurf kann der chilenische[34] gelten, dessen Formulierung „within its national jurisdiction and in accordance with its own laws" die Endfassung wesentlich beeinflußt haben dürfte.

Die unterschiedlichen Auffassungen zu Einzelfragen traten deutlich durch die in der dritten Sitzungsperiode vorliegenden sieben Alternativentwürfe zutage, ohne daß der Kern der Bestimmung bestritten worden wäre[35]. Sowohl die Alternative der EG-Staaten[36] wie die Japans[37] bekräftigten eine Bindung an das internationale Recht. Die Entwürfe der Entwicklungsländer und der UdSSR[38] gingen dagegen weiterhin ausdrücklich von den nationalen Rechtsordnungen aus oder vermieden zumindest einen Hinweis auf das internationale Recht. Einen neuen Gedanken brachte der mexikanische Entwurf[39] allerdings insoweit in die Diskussion, als danach kein Staat eine Vorzugsbehandlung für seine Investitionen fordern dürfe. Bedeutsam für die weiteren Arbeiten wurde ferner der in den Entwürfen der UdSSR und Chiles[40] enthaltene Vorbehalt der nationalen Entwicklung. Dieser Gedanke wurde in der vierten Sitzungsperiode der Arbeitsgruppe sowohl in der

---

[30] TD/B/AC. 12/2/Add. 1, S. 69.
[31] Ibid.
[32] Ibid., S. 39.
[33] Ibid., S. 43.
[34] Ibid., S. 70.
[35] TD/B/AC. 12/3, S. 17.
[36] Alternative 4.
[37] Alternative 5.
[38] Alternative 6.
[39] Alternative 1.
[40] Alternative 7.

Alternative der Entwicklungsländer[41] als auch im Kompromißvorschlag des philippinischen Delegierten[42] als auch in dem von westlicher Seite stammenden Entwurf[43] aufgegriffen. Beide Gedanken fanden schließlich Eingang in dem dem Zweiten Ausschuß zugeleiteten Entwurf[44]. Eine Einigung über die Anwendbarkeit internationalen Rechts und damit über das Vorliegen eines internationalen Mindeststandards konnte bei den erkennbaren Meinungsunterschieden auch im Zweiten Ausschuß nicht herbeigeführt werden. Der libysche Delegierte[45] bezeichnete es als ein Prinzip, daß jeder Staat das Recht habe, die Aufsicht über ausländische Investitionen zu regeln und auszuüben. Das internationale Recht fand bei ihm ebensowenig Erwähnung wie durch den kubanischen Delegierten[46], der das Recht, die Aufsicht über ausländische Investitionen ohne Einräumung einer privilegierenden Behandlung auszuüben, als einen notwendigen Schutz der Entwicklungsländer ansah. Ähnlich äußerte sich der jordanische Vertreter[47]. Seine Regierung sei der Ansicht, daß die negativen Aspekte einer Investition insbesondere durch transnationale Unternehmen, durch legislative Mittel des Gaststaates kontrolliert werden müssen. Dieser Standpunkt wurde von dem schwedischen Delegierten[48] offenbar geteilt, als er erklärte, seine Regierung unterstütze voll die Regelung des Art. 2 para. 2 lit. a.

Demgegenüber ließ der iranische Delegierte[49] erkennen, daß nach Ansicht seiner Regierung die Bestimmung ohne Präjudiz auf bestehende Verträge sei.

Die Kritik des kanadischen Vertreters[50] ging in eine andere Richtung. Seine Regierung beanspruche nicht, daß kanadische Staatsangehörige privilegiert werden sollten. Ergriffene Maßnahmen durch Gaststaaten dürften jedoch nicht diskriminierend sein und müßten mit den internationalen Verpflichtungen im Einklang stehen. Im Falle einer Verletzung einer dieser beiden Bedingungen sähe sich seine Regierung verpflichtet, die Angelegenheit mit der Regierung des Gaststaates zu behandeln und sich dabei auf jedwedes relevante Völkerrechtsprinzip zu berufen.

---

[41] Alternative 1, TD/B/AC. 12/4, S. 7.

[42] Alternative 2, ibid., S. 8 f.

[43] Alternative 3, ibid., S. 9.

[44] Doc. A/9946, S. 3.

[45] (Omar) A/C. 2/SR. 1649 para. 31.

[46] (Martinez) A/C. 2/SR. 1649 para. 70.

[47] (Sharaf) A/C. 2/SR. 1650 para. 38.

[48] (Skoglund) A/C. 2/SR. 1649 para. 59.

[49] (Shemirani) A/C. 2/SR. 1650 para. 33.

[50] (Berlis) A/C. 2/SR. 1649 para. 44; ebenso der kanadische Delegierte (Hays) in der Generalversammlung, A/PV. 2315, S. 56.

In ähnlicher Weise gehörte die Bestimmung des Art. 2 para. 2 lit. b zu denjenigen, über die bis zur Schlußabstimmung keine Einigkeit erzielt werden konnte.

Die Meinungsverschiedenheiten traten bereits während der zweiten Sitzungsperiode[51] deutlich zutage. Der von einer Gruppe von Entwicklungsländern vorgelegte skizzierte Entwurf sah nur das Recht jedes Staates vor, die Tätigkeit transnationaler Unternehmen zu regeln und zu kontrollieren sowie die Pflicht aller Staaten zur Zusammenarbeit, um diesem Recht Geltung zu verschaffen. Brasilien und eine Gruppe westlicher Staaten schlugen hingegen vor, in der zu formulierenden Vorschrift die Frage der multinationalen Unternehmen allgemein zu behandeln und dabei auch deren Rechte und Pflichten festzulegen. Frankreich wollte auf diesen Tagesordnungspunkt völlig verzichten.

Die USA unterstützten diesen Vorschlag mit der Begründung, daß die mit der Tätigkeit multinationaler Unternehmen aufgeworfenen Probleme Beratungsgegenstand in verschiedenen Gremien seien. Darüber hinaus erschien es den USA unangebracht, multinationale Unternehmen diskriminierenden Sondermaßnahmen zu unterwerfen[52].

Zusätzlich schlug die philippinische Delegation vor, daß Staaten, deren Angehörige oder registrierte transnationale Unternehmen im Ausland investieren, sicherstellen, daß diese sich den Bestimmungen des Gaststaates voll unterwerfen[53]. Diesem Vorschlag schloß sich Mexiko in leicht modifizierter Form an, während eine Gruppe westlicher Staaten die Streichung beantragte[54].

Der in der dritten Sitzungsperiode vorliegende Entwurf hatte in Alternative 1 den Vorschlag der Philippinen aufgenommen[55]. Die gleichfalls enthaltene Pflicht zur entsprechenden Zusammenarbeit wurde im Laufe der Beratungen in eine Empfehlung („should") abgemildert, wohingegen der Antrag, die gesamte Bestimmung zu streichen, nicht durchgesetzt werden konnte.

Wie gering jedoch die Übereinstimmung auch innerhalb der einzelnen Ländergruppen war, zeigen die in der vierten Sitzungsperiode der Arbeitsgruppe vorliegenden vier Alternativen[56]. Der von dem philippinischen Delegierten Brillantes als Vorsitzendem der Verhandlungsgruppe 2 erarbeitete Kompromißvorschlag[57] entsprach in den

[51] Vgl. die Übersicht in TD/B/AC. 12/2/Add. 1, S. 71.

[52] TD/B/AC. 12/2/Add. 1, S. 50.

[53] Ibid., S. 71.

[54] Ibid.

[55] TD/B/AC. 12/3, S. 11.

[56] TD/B/AC. 12/4, S. 7 ff.

[57] Ibid., S. 8.

Grundzügen den Vorstellungen der Entwicklungsländer, verzichtete jedoch auf eine Pflicht der Heimatstaaten, die Beachtung der Gesetze des Gaststaates durch die Investoren sicherzustellen. Die Erreichung dieses Zieles oblag nunmehr den Gaststaaten.

Diese Intentionen enthielt auch der vor allem von der britischen Delegation befürwortete Entwurf[58]. Weitergehend enthielt dieser Vorschlag ebenso wie Alternative 3 die Pflicht zur nicht-diskriminierenden Behandlung transnationaler Unternehmen. Diese sollten ihrerseits die Souveränität und die Gesetze des Gastlandes respektieren sowie sich jeglicher Einmischung in dessen innere Angelegenheiten enthalten. Im übrigen enthielt dieser Entwurf als einziger die Pflicht zur Beachtung der anwendbaren internationalen Verpflichtungen.

Daran anknüpfend betonte im zweiten Ausschuß der britische Delegierte[59], daß es nicht akzeptabel sei, wenn der vorliegende Entwurf keinerlei Bestimmungen enthalte, nach denen Staaten, die die genannten Maßnahmen ergreifen, einer Pflicht zur Erfüllung ihrer internationalen Verpflichtungen unterliegen. Dies brachte der von einer Gruppe westlicher Staaten eingebrachte Entwurf[60] zum Ausdruck, den der britische Delegierte insgesamt als einen Kompromißvorschlag verstand.

Den Mehrheitsentwurf vertraten die Delegierten Kubas[61] und Jordaniens[62], ohne daß eine Berücksichtigung des internationalen Rechts erkennbar war. Der kubanische Vertreter führte aus, daß das Recht zur Aufsicht über ausländische Investitionen das Recht eines Staates einschließe, transnationale Unternehmen zur Beachtung des innerstaatlichen Rechtes zu zwingen.

Dem Mehrheitsentwurf schlossen sich der kanadische[63] und der schwedische[64] Delegierte an, die übereinstimmend erklärten, die Regelung des Art. 2 para. 2 lit. b finde die volle Unterstützung ihrer Delegation bzw. Regierung.

Die Beratungen zu Art. 2 para. 2 lit. a und b haben zweierlei verdeutlicht. Das Recht, ausländische Investitionen zu regeln und zu kontrollieren und damit den staatlichen Entwicklungszielen zu unterstellen, wurde allgemein anerkannt. Dieses Recht soll nach Entstehung und Wortlaut ohne Rücksicht auf Normen des internationalen Rechts

---

58 Alternative 4, ibid., S. 10.

59 (Freeland) A/C. 2/SR. 1650 para. 48.

60 A/C. 2/L. 1404, abgedr. in Doc. A/9946, S. 6.

61 (Martinez) A/C. 2/SR. 1649 para. 70.

62 (Sharaf) A/C. 2/SR. 1650 para. 38; s. bei Fn. 47.

63 (Berlis) A/C. 2/SR. 1649 para. 45.

64 (Skoglund) A/C. 2/SR. 1649 para. 59.

ausgeübt werden, wobei multinationale Unternehmen den übrigen Ausländern gegenüber nicht gleichbehandelt werden brauchen.

4. Die Beratungen zu Art. 4 und 26 Satz 2

Breiten Raum nahm in den Diskussionen auch das Recht eines Staates, seine äußeren wirtschaftlichen Beziehungen zu gestalten, ein. Beherrscht wurde die Diskussion von der Frage, ob die Meistbegünstigung allgemein zu gewähren sei.

Das in Art. 4 statuierte Recht eines jeden Staates, sich am internationalen Handel zu beteiligen, war zu keinem Zeitpunkt der Vorarbeiten bestritten. Nicht einhellig beurteilt wurde dagegen der philippinische Entwurf, der forderte, daß ein solches Recht ungeachtet der Unterschiede im politischen und wirtschaftlichen System ausgeübt werden könne[65]. Verschiedene westliche Staaten lehnten eine derartige Bezugnahme ab, da sie entweder der Auffassung waren, sie sei in einem Dokument der vorliegenden Art nicht ratsam[66], oder die Ansicht vertraten, daß eine entsprechende Bezugnahme bereits in Artikel 1 enthalten sei[67]. Vor allem die USA schlossen sich ausdrücklich dem Entwurf der Bundesrepublik Deutschland an, nach dem jeder Staat das Recht zur Teilnahme am internationalen Handel habe und zu diesem Zweck bi- oder multilaterale Abkommen schließen könne[68]. Damit sollte offenbar auch den erwarteten Initiativen der UdSSR, eine allgemeine Beachtung des Prinzips der Meistbegünstigung zu verlangen[69], schon frühzeitig entgegengetreten werden. Ein derartiger Vorschlag der UdSSR lag als Alternative 2 während der dritten Sitzungsperiode vor[70], ohne daß die westlichen Staaten einen eigenen Vorschlag zur Diskussion gestellt hätten. Im weiteren Verlauf der Diskussion griffen

---

[65] TD/B/AC. 12/2/Add. 1, S. 59; dem Vorschlag folgend Kenia, ibid.; ähnlich China, ibid.

[66] So die USA, ibid., S. 48.

[67] Spanien, ibid., S. 38.

[68] Ibid., S. 59.

[69] Eine Erklärung dieses Vorschlages könnte darin gesehen werden, daß die Anwendung der Meistbegünstigung auf Staaten mit Außenhandelsmonopol diesen Vorteile verschafft, ohne daß sie sich gleichzeitig dem GATT unterwerfen müssen. Denn wegen des politisch bestimmten Handels der Staatshandelsländer hat die Gewährung der Meistbegünstigung durch diese für die westlichen Staaten eine geringe Bedeutung. Dagegen birgt die Meistbegünstigung gegenüber Staatshandelsländern die Gefahr von Niedrigpreisverkäufen und damit die Gefährdung westlicher Industrien. Dies soll durch den zu Art. VI GATT ausgearbeiteten Antidumping-Kodex, der allerdings nur für Mitglieder gilt, verhindert werden. Vgl. U. Bosch, Meistbegünstigung und Staatshandel, S. 66 ff., 157 ff.; der Kodex ist abgedruckt in F. K. Liebich, Das GATT als Zentrum der internationalen Handelspolitik, S. 181 ff.

[70] TD/B/AC. 12/3, S. 8 f.

sowohl die Entwicklungsländer[71] wie auch die UdSSR — allerdings unter Beibehaltung ihres bisherigen Standpunktes — die westliche Auffassung zumindest teilweise auf und stellten ergänzend fest, daß die Staaten die Mittel zur Gestaltung ihrer auswärtigen Politik frei wählen und in Ausübung dieses Rechtes zwei- oder mehrseitige Abkommen schließen können. In dieser Hinsicht glichen sich die Auffassungen während der vierten Sitzungsperiode weitgehend an. Hatten die Entwicklungsländer aber in ihrem Vorschlag auf der dritten Sitzungsperiode durch einen Klammersatz noch die Möglichkeit vorgesehen, daß jeder Staat in Übereinstimmung mit seinen internationalen Verpflichtungen Abkommen schließen könne, so war ein derartiger Vorbehalt zugunsten des internationalen Rechts jetzt nicht mehr vorgesehen[72]. Der Vorschlag der westlichen Staaten hatte dagegen den Zusatz aufgenommen, daß Staaten in gleicher Situation nicht ungleich behandelt werden sollten[73]. Diesen Entwurf, den eine Gruppe westlicher Staaten als Änderungsantrag im Zweiten Ausschuß einbrachte[74], erläuterte dort der französische Delegierte[75] namens der EG-Staaten. Er wies darauf hin, daß diese Staaten bereit seien, die Meistbegünstigung auf alle Staaten auszudehnen ohne Rücksicht auf politische, wirtschaftliche oder soziale Unterschiede. Sie seien jedoch der Ansicht, daß dies nur infolge bilateraler oder multilateraler Übereinkommen möglich sei, die gegenseitige und gleichwertige Zugeständnisse vorsähen. Darüber hinaus könnten die Vorteile, die in bestimmten Fällen aus regional begrenzten Abkommen ableitbar seien, nur auf Länder in gleicher rechtlicher und wirtschaftlicher Situation angewendet werden.

Diese Diskussion bestimmte auch die Beratungen zu Art. 26 Satz 2. Eine allgemeine Anwendung der Meistbegünstigung war hier ebenfalls von den Ostblockländern gefordert worden[76]. Die Vorschläge westlicher Staaten enthielten zunächst keinerlei Bestimmungen über die Meistbegünstigungsklausel[77], obwohl die USA bereits während der zweiten Sitzungsperiode der Arbeitsgruppe betont hatten, daß das internationale Recht eine allgemeine Anwendung nicht verlange[78]. Eine derartige Klarstellung war erst in den während der vierten Sitzungsperiode vorliegenden Entwurf[79] aufgenommen.

---

[71] In Alternative 1, ibid., S. 8.

[72] Alternative 2, TD/B/AC. 12/4, S. 11.

[73] Alternative 1, ibid.

[74] A/C. 2/L. 1405, abgedr. in Doc. A/9946, S. 6.

[75] (Rouge) A/C. 2/SR. 1650, para. 7.

[76] Alternative 2 (UdSSR), TD/B/AC. 12/3, S. 14 sowie die Stellungnahme Bulgariens, TD/B/AC. 12/4, S. 23.

[77] Alternative 3 (USA) und Alternative 4 (EG), TD/B/AC. 12/3, S. 14.

[78] TD/B/AC. 12/2/Add. 1, S. 51.

[79] Alternative 1, TD/B/AC. 12/4, S. 18.

Im Zweiten Ausschuß machten zahlreiche westliche Delegierte[80] noch einmal deutlich, daß die Meistbegünstigung nur aufgrund bi- oder multilateraler Vereinbarung gewährt werden könne. Unterstützung erhielten die westlichen Delegierten von den Vertretern Chinas[81] und Albaniens[82]. Vor allem der albanische Delegierte wies darauf hin, daß die Meistbegünstigung in direktem Bezug zum Prinzip der nationalen Souveränität stehe und daher nur auf vertraglicher Basis gewährt werden könne. Die Charta solle daher die Gewährung der Meistbegünstigung nicht als Grundprinzip der internationalen Wirtschaftsbeziehungen statuieren.

Art. 26 Satz 2 ist daher nur als Programmsatz zu verstehen, was auch durch den Wortlaut belegt wird.

5. Die Beratungen zu Art. 5

Einen weiteren kontrovers diskutierten Aspekt der Wirtschaftsbeziehungen bildete die Regelung des Art. 5 über Produzentenzusammenschlüsse.

Die Bestimmung des Artikel 5 geht auf einen Vorschlag Venezuelas[83] während der zweiten Sitzungsperiode der Arbeitsgruppe zurück. Dieser Vorschlag wollte das Recht, sich in Organisationen von Rohstofferzeugern zusammenzuschließen, lediglich Entwicklungsländern zugestehen. Damit sollten diese eine sichere Finanzquelle für ihre Entwicklung erhalten.

Diesem Vorschlag standen in der vierten Sitzungsperiode zwei Alternativentwürfe gegenüber[84].

Beide Vorschläge gingen nicht von einem derartigen Recht aus, sondern verwiesen in unterschiedlicher Ausgestaltung im einzelnen auf die Möglichkeit, Rohstoffabkommen abzuschließen[85].

In einer vierten Alternative schließlich wurde die Streichung einer derartigen Bestimmung beantragt. Dieser Antrag wurde im Zweiten Ausschuß von einer Gruppe westlicher Staaten erneut eingebracht[86], ohne jedoch eine Mehrheit zu bekommen.

---

80 Arvesen (Norwegen) A/C. 2/SR. 1649 para. 24; Berlis (Kanada) ibid. para. 55; Skoglund (Schweden) ibid. para. 65; Wolte (Österreich) A/C. 2/SR. 1650 para. 29; van der Tak (Niederlande) ibid. para. 43; sowie Hays (Kanada) in der Generalversammlung, A/PV. 2315, S. 61.

81 (Chuang Yen) A/C. 2/SR. 1639 para. 22; (Chang Hsien-Wu) A/C. 2/SR. 1647 para. 35.

82 (Pitarka) A/C. 2/SR. 1647 para. 25.

83 TD/B/AC. 12/2/Add. 1, S. 52.

84 TD/B/AC. 12/4, S. 12.

85 Siehe dazu unten, F. I. (B) 2. a).

86 A/C. 2/L. 1406; vgl. Doc. A/9946, S. 6.

Die Ablehnung des Mehrheitsentwurfes durch die westlichen Staaten beruhte auf mehreren Gründen.

Unbestritten war zunächst das Recht, daß sich Rohstoffproduzenten in Organisationen zusammenschließen könnten. Nach Auffassung des österreichischen Delegierten[87] sollte ein solches Recht nicht auf Rohstoffproduzenten allein begrenzt sein. Einen anderen Aspekt sprach der schwedische Delegierte[88] an. Er anerkannte zwar, daß Erzeugerzusammenschlüsse das Wachstum der Weltwirtschaft fördern könnten. Dies bedeute jedoch nicht, daß seine Regierung alle Maßnahmen, die durch Organisationen ergriffen würden, auch stützen werde. Sie behalte sich vielmehr das Recht vor, ihre legitimen Interessen, soweit sie in diesem Zusammenhang betroffen seien, zu schützen. Dieser Auffassung schloß sich der niederländische Delegierte[89] an, der ausdrücklich die Streichung des letzten Satzes von Art. 5 befürwortete.

Auf einem nach ihrer Ansicht weiteren Mangel der Bestimmung wiesen die Vertreter verschiedener westlicher Staaten hin. Die Delegierten Großbritanniens[90], Norwegens[91] und Dänemarks[92] kritisierten, daß die Interessen auch der Verbraucher nicht ausreichend berücksichtigt seien. Der internationale Handel beruhe auf einem akzeptablen Gleichgewicht zwischen den Handelspartnern; an einer Anerkennung dieses Grundsatzes lasse Art. 5 es jedoch fehlen[93].

Angesichts dieses Befundes wird der Versuch Kanadas verständlich, die Problematik der Rohstoffversorgung wenigstens teilweise durch die Anwendung marktwirtschaftlicher Prinzipien zu lösen. Der kanadische Delegierte verwies auf die Ansicht Kanadas, nach der die internationale Lösung von Rohstoffproblemen von den Exportierenden und Importierenden eingeleitet und ausgeführt werden sollte. Damit ist zwei- und mehrseitigen Abkommen der Vorrang gegeben, wodurch gleichzeitig kartellartigen Zusammenschlüssen eine Absage erteilt worden ist[94].

Die entgegengesetzte Auffassung machte der argentinische Delegierte[95] deutlich. Er sah das Problem des Gleichgewichts darin, daß zwischen der Kontrolle der Ressourcen durch die Produzenten und der

---

[87] (Wolte) A/C. 2/SR. 1650 para. 29.

[88] (Skoglund) A/C. 2/SR. 1649 para. 60.

[89] (van der Tak) A/C. 2/SR. 1650 para. 43.

[90] (Freeland) A/C. 2/SR. 1650 para. 50.

[91] (Arvesen) A/C. 2/SR. 1649 para. 24.

[92] (Kjeldgaard-Olsen) ibid. para. 28.

[93] Vgl. dagegen die positive Auslegung des finnischen Delegierten (Karhilo), A/C. 2/SR. 1649 para. 15.

[94] Vgl. den kanadischen Delegierten (Berlis) ibid. para. 50.

[95] (Ohiveri Lopez) A/C. 2/SR. 1647 para. 4.

technologischen Kapazität einiger entwickelter Staaten, die Ressourcen zu nutzen, ein Ausgleich herzustellen sei. Diesem Ziel diene das Recht zum Zusammenschluß in Erzeugerorganisationen, indem dadurch Verhandlungspositionen gestärkt werden könnten. Den erkennbaren Bezug zu den preispolitischen Erfolgen der OPEC hatte zuvor der Delegierte Kuweits[96] noch klarer hergestellt. Er hatte argumentiert, daß es der OPEC gelungen sei, die Struktur monopolistischer Kartelle zu zerbrechen, die den Ölpreis jahrelang unter dem wahren Wert gehalten hätten.

Den Entwicklungsländern kam es mit Art. 5 also darauf an, mit von ihnen für geeignet gehaltenen Mitteln einer — behaupteten oder tatsächlich bestehenden — Marktmacht der Industriestaaten entgegentreten zu können[97].

Den westlichen Staaten mußte dagegen daran gelegen sein, vor allem unter dem Eindruck des arabischen Ölboykotts 1973/74 auch eine Anerkennung der Verbraucherinteressen zu fixieren.

Angesichts der unterschiedlichen Zielsetzungen sowie der kontroversen Beurteilung der Mittel zur Erreichung des Mehrheitszieles ist es nahezu selbstverständlich, daß eine Einigung nicht erreicht werden konnte.

6. Die Beratungen zu Art. 32

Den im Rahmen der Diskussion über die Souveränität im Wirtschaftsbereich zuletzt behandelten Aspekt bildete das Interventionsverbot des Art. 32.

Die Bestimmung geht auf entsprechende Vorschläge verschiedener Staaten während der zweiten Sitzungsperiode zurück, wobei insbesondere der rumänische Entwurf[98] auch schon in der Formulierung die endgültige Fassung des Art. 32 im wesentlichen vorwegnimmt. Daß damit aber kein absolutes Verbot des wirtschaftlichen Zwanges ausgesprochen sein sollte, verdeutlicht der irakische Entwurf[99]. Denn danach sollten die vorangegangenen Vorschriften der Charta nicht so ausgelegt werden, daß sie wirtschaftliche Sanktionen durch die Vereinten Nationen berührten oder das Recht von Staaten, in Verfolg ihres Selbstverteidigungsrechts gemäß Art. 51 UN-Charta ähnliche Maßnahmen zu ergreifen. Wirtschaftlicher Zwang sollte also nicht grundsätzlich verboten werden.

---

[96] (Bishara) A/C. 2/SR. 1642 para. 41.

[97] I. F. I. Shihata, Arab Oil Policies and the New International Economic Order, VirgJIL 1975/76, S. 263 bestätigt diesen Befund.

[98] TD/B/AC. 12/2/Add. 1, S. 80.

[99] Ibid., S. 81, ähnlich der Vorschlag Omans, ibid.

Der dem Zweiten Entwurf vorliegende Mehrheitsentwurf[100] schloß eine Rechtfertigung jeglicher Einflußnahmen aus („... to obtain from it the subordination of the exercise of its sovereign rights or to secure from it advantages of any kind.“). Dabei kam es den Entwicklungsländern erkennbar auf die zweite Alternative an. Der kuweitische Delegierte[101] maß der Bestimmung vor allem deshalb große Bedeutung bei, weil sie die Ausübung von Druck zum Zwecke der Vorteilserlangung verbiete. Nach der kompromißbedingten Streichung des letzten Teilsatzes warf der libysche Delegierte[102] den westlichen Staaten vor, mit dieser Streichung ihre eigentlichen Absichten verdecken zu wollen. Seine Delegation habe trotzdem für Art. 32 gestimmt, weil entwickelte Staaten in der Vergangenheit immer wieder wirtschaftlichen und politischen Druck gegenüber Entwicklungsländern ausgeübt hätten.

Demgegenüber ging eine Gruppe westlicher Staaten davon aus, daß der Tatbestand der verbotenen Intervention erst dann erfüllt sei, wenn die Ausübung des Zwanges der Erlangung von Vorteilen diente. Sie forderten daher eine kumulative, nicht eine alternative Auflistung der Einzeltatbestände („... and to secure ...“)[103].

Die Streitfrage wurde schließlich dadurch ausgeklammert, daß sich die Mitglieder einer Kontaktgruppe im Zweiten Ausschuß auf die Streichung des letzten Teilsatzes hatten einigen können[104]. Die Streichung war jedoch nicht durch eine Annäherung der Standpunkte bedingt[105], sondern sollte lediglich, wie der mexikanische Vertreter[106] zugab, eine fortdauernde Kontroverse um die Worte „or/and“ vermeiden. Soweit westliche Delegierte[107] ihre Bedenken hinsichtlich des Wortlautes ausgeräumt sahen, wurde die Zustimmung damit verbunden, daß der Bestimmung des Art. 32 nicht eine Rechtspflicht zu entnehmen sei, sondern nur von einem niedergelegten Ziel gesprochen wurde.

Diese Feststellung wird durch den Wortlaut des Art. 32 bestätigt. Die Bestimmung statuiert nicht eine Pflicht, sondern enthält nur eine Forderung bzw. einen Wunsch („may“), daß sich die Staaten in der beschriebenen Weise verhalten mögen.

---

[100] A/C. 2/L. 1386, abgedr. in Doc. A/9946, S. 5.

[101] (Bishara) A/C. 2/SR. 1642 para. 45.

[102] (Omar) A/C. 2/SR. 1649 para. 31.

[103] A/C. 2/L. 1415, vgl. Doc. A/9946, S. 7; dazu auch Reinhard, S. 266; mit diesem Formulierungsvorschlag war anerkannt, daß es unterhalb der so beschriebenen Grenze erlaubte Einflußmöglichkeiten gibt.

[104] Dazu kritisch Ch. Tomuschat, Die Charta der wirtschaftlichen Rechte und Pflichten, ZaöRV 1976, 457.

[105] Dies zeigen sowohl der Vorbehalt Libyens, A/C. 2/SR. 1649 para. 31 wie auch die Stimmenthaltung westlicher Staaten, Doc. A/9946, S. 25.

[106] (Garcia Robles) A/C. 2/SR. 1647 para. 10.

[107] Etwa Skoglund (Schweden) A/C. 2/SR. 1649 para. 67.

Den Vorarbeiten zu Art. 32 läßt sich damit eine übereinstimmende Auffassung zur Reichweite eines Interventionsverbotes und über dessen Rechtscharakter nicht entnehmen.

7. Die Beratungen zu Art. 3

Artikel 3 geht, wie aus den Vorarbeiten und nachfolgenden Stellungnahmen im Zweiten Ausschuß sowie in der Generalversammlung hervorgeht, auf einen argentinisch-brasilianischen Wasserstreit zurück. Dementsprechend ging die Anregung zur Aufnahme einer derartigen Bestimmung von einem der Kontrahenten, nämlich Argentinien, aus[108]. Diese von Argentinien wiederholt[109] vertretene Bestimmung lag während der vierten Sitzungsperiode der Arbeitsgruppe als Alternative 1 vor[110]. Die weitgehenden Übereinstimmungen des Wortlauts von Alternative 1 und dem ursprünglichen Wortlaut des argentinischen Vorschlags lassen auf eine breite Übereinstimmung innerhalb der Arbeitsgruppe schließen.

Gegenstand kontroverser Diskussionen war die Bestimmung dagegen im Zweiten Ausschuß. In einer eingehenden Stellungnahme setzte sich vor allem der äthiopische Delegierte[111] kritisch mit dem Entwurf auseinander. Seine Delegation war der Auffassung, daß sich das Bedürfnis nach einer wirksamen internationalen Zusammenarbeit nicht über das Prinzip der vollen Souveränität der Staaten über ihre Ressourcen hinwegsetzen könne.

Anhand verschiedener Deklarationen, z. B. der Stockholmer Deklaration der UNCHE (A/Conf. 48/14 Rev. 1 and Corr. 1) und der Deklaration der Blockfreien von Algier (A/9330 and Corr. 1), versuchte er den Nachweis zu führen, daß die Zusammenarbeit der Staaten nur den Zweck habe, ihre volle Souveränität über ihre nationalen Ressourcen zu sichern. Das Konzept des Art. 3 gebe jedoch bei weitem nicht derartige Prinzipien wieder. Denn der Begriff „prior consultations“ könnte als rechtliche Verpflichtung ausgelegt werden und damit bedeuten, daß die Nutzung von einem vorherigen Konsens aller interessierten Parteien abhängig sei[112].

Die Befürchtung, die Bestimmung könne ein Vetorecht beinhalten, äußerte auch die Vertreterin Ekuadors[113]. Der Austausch von Informationen sollte nach ihrer Auffassung vor allem solchen Vorhaben vor-

[108] TD/B/AC. 12/2/Add. 1, S. 2.

[109] TD/B/AC. 12/3, S. 15.

[110] TD/B/AC. 12/4, S. 11.

[111] (Worku) A/C. 2/SR. 1640 para. 2 ff.

[112] Vgl. dens., A/C. 2/SR. 1650 para. 34.

[113] (Miss Garcia) A/C. 2/SR. 1643 para. 35.

ausgehen, die Schäden nach sich ziehen könnten. Keinesfalls könnten eventuell notwendige Konsultationen Entwicklungsprojekte oder die Nutzung von Rohstoffvorkommen verzögern oder aufhalten.

Dieser Kritik hielt der argentinische Delegierte[114] entgegen, daß die Bestimmung ein anerkanntes Prinzip enthalte, nach dem die wirtschaftliche Zusammenarbeit zwischen Staaten auf einem System von Informationen und vorherigen Konsultationen beruhe. Dieses Prinzip könne nicht dahin ausgelegt werden, daß damit einem Staat die Möglichkeit eines Vetos gegeben sei.

Auch die Delegierten Tansanias[115] und Senegals[116] machten deutlich, daß Konsultationen zwar die Mittel der Außenpolitik seien, das Konzept der ständigen Souveränität über Ressourcen, wie es in Art. 2 para. 1 niedergelegt sei, jedoch dadurch nicht beeinträchtigt werden könne.

Dieser Ansicht schloß sich der Delegierte Paraguays[117] nur teilweise an. Er bestritt nicht, daß der Gedanke der Information und Konsultation in allen Handlungselementen der internationalen Zusammenarbeit enthalten sei. Die Modalitäten, der Anwendungsbereich und die Gegenstände solcher Konsultationen müßten jedoch eindeutig festgelegt sein. Er verwies auf die Regelungen des Vertrages über das River-Plate-Becken, die diesen Anforderungen genügten. Zudem seien im Falle gemeinsamer Rohstoffvorkommen neben den Konsultationen auch vorhergehende Abkommen nötig. Denn die Statuierung bloßer Konsultationen führe zu einer Beschränkung der Souveränität, zu einer Einmischung in innere Angelegenheiten und zu einer Lage permanenter Spannung. Er sei zwar nicht der Ansicht, daß Artikel 3 ein Veto beinhalte, aber die Vagheit der Formulierung könne einen Staat durchaus in die Abhängigkeit anderer bringen.

Die Kritik des brasilianischen Delegierten[118] zielte in die gleiche Richtung. Er befürchtete bei der möglichen extensiven Auslegung der Bestimmung das Entstehen ernstlicher Spannungen zwischen den Staaten. Vor allem jedoch seien die Bestimmungen bezüglich des Systems der Informationen und Konsultationen unzulänglich und berührten das Prinzip der Souveränität der Staaten über natürliche Ressourcen; auch sei das Ziel des „optimum use“ als technisches Konzept unklar und damit ohne rechtlichen Wert.

---

[114] (Oliveri Lopez) A/C. 2/SR. 1647 para. 3.

[115] (Abbas) A/C. 2/SR. 1650 para. 25.

[116] (Kandé) A/C. 2/SR. 1650 para. 41.

[117] (Godoy) A/C. 2/SR. 1647 para. 27 ff., ebenso der Delegierte Paraguays (Gonzales Arias) in der Generalversammlung, A/PV. 2315, S. 16.

[118] (Frazao) A/C. 2/SR. 1644 para. 40 f., eingehend ders. auch in der Generalversammlung, A/PV. 2315, S. 31 ff.

Die in den Stellungnahmen erkennbaren Vorbehalte gegenüber nicht vertraglichen Verhaltenspflichten wurden insbesondere durch den afghanischen Delegierten[119] deutlich. Seine Delegation bekräftigte, daß nichts in Art. 3 das unveräußerliche Recht der Staaten berühren könne, ihre natürlichen Ressourcen voll und effektiv zu nutzen. Bindungen im Verhältnis zu anderen Staaten könnten nur durch internationale Konventionen, Verträge oder Übereinkommen entstehen. Andere Staaten oder Organisationen als die jeweils beteiligten hätten keinerlei Mittel, sich in die Nutzung der Ressourcen anderer Staaten einzumischen.

Einen entgegengesetzten Standpunkt vertrat der chilenische Delegierte[120]. Er verwies darauf, daß die Bestimmung des Art. 3 die normale chilenische Praxis wiedergebe.

Auch die sozialistischen Staaten lehnten eine Zusammenarbeit i. S. d. Art. 3 nicht ab. Der Vertreter der DDR[121] stellte lediglich deren Rechtsansicht fest, daß die Bestimmung andere Formen der Zusammenarbeit als Informationen und vorherige Konsultationen nicht ausschließen könne.

Von den Vertretern marktwirtschaftlich orientierter Staaten nahm nur der türkische Delegierte[122] Stellung. Er kritisierte zwar, daß Art. 3 die staatliche Souveränität über Ressourcen nicht ausreichend berücksichtige, sprach sich jedoch nicht grundsätzlich gegen eine Zusammenarbeit aus, sondern hielt eine Einbettung in die normalen nachbarlichen Beziehungen für zweckmäßiger.

Die Diskussionen haben damit zweierlei erkennen lassen. Wenn die Modalitäten einer Zusammenarbeit auch umstritten waren, so hat sich doch kein Staat gegen eine Zusammenarbeit ausgesprochen. Bei den Stellungnahmen der Entwicklungsländer war der absolute Souveränitätsgedanke vorherrschend, dessen Einschränkung allenfalls durch Vertragsnormen für akzeptabel gehalten wurde, keinesfalls jedoch durch Normen des Völkergewohnheitsrechts.

II. Das Prinzip der Souveränität in Schrifttum und Praxis

1. Der Begriff der Souveränität

Das Schrifttum unterscheidet bei der Bestimmung des Begriffes der Souveränität durchgängig in die innere und die äußere Souveränität.

---

[119] (Mansoor) A/C. 2/SR. 1640 para. 27.

[120] (Correa) A/C. 2/SR. 1649 para. 36.

[121] (Dietze) A/C. 2/SR. 1649 para. 21.

[122] (Olcay) A/C. 2/SR. 1650 para. 32.

Bezeichnet die innere Souveränität den Freiheitsraum für Betätigungen und Entscheidungen des Staates im Inneren, so umfaßt die äußere Souveränität den Ausschluß jeder Abhängigkeit des Staates von der Entscheidungsgewalt anderer Staaten. Damit ist nicht lediglich eine faktische Unabhängigkeit gemeint[123] oder eine Reduzierung auf die Ausübung der Personalhoheit über im Ausland befindliche Staatsangehörige[124]. Souveränität als äußere Souveränität bedeutet hier die Freiheit des Staates, seine Beziehungen zu anderen Völkerrechtssubjekten im Rahmen des Völkerrechts zu gestalten, ohne dem Willen anderer Staaten unterworfen zu sein. Für den Begriff der Souveränität insgesamt ergibt sich demnach, daß mit Souveränität die grundsätzliche Befugnis eines jeden Staates bezeichnet ist, die oberste Entscheidungsgewalt über alle Angelegenheiten nach innen und außen sowie über alle Personen innerhalb seines Gebietes auszuüben[125].

2. Die rechtlichen Grundlagen

a) Die Stellungnahmen im Schrifttum

Die rechtlichen Grundlagen der hier interessierenden Forderung der Charta nach permanenter und absoluter Souveränität über den Wirtschaftsbereich sind nicht einhellig beurteilt worden. In der sozialistischen Literatur[126] wird diese Forderung vorrangig aus dem Grundsatz der Selbstbestimmung hergeleitet. Zwar ist umstritten, ob der Grundsatz der Selbstbestimmung überhaupt Rechtssatzcharakter hat[127]. Dieser

[123] So aber wohl G. Arangio-Ruiz, The Normative Role of the General Assembly of the United Nations and the Declaration of Principles of Friendly Relations, RdC 72 III, 701.

[124] So aber M. S. Korowicz, Some Present Aspects of Sovereignty in International Law, RdC 1961 I, S. 13.

[125] L. Oppenheim / H. Lauterpacht, International Law, § 123; G. Schwarzenberger, International Law and Order, S. 67; E. Menzel / K. Ipsen, Völkerrecht, S. 195; A. Verdross / B. Simma, Universelles Völkerrecht: Theorie und Praxis, S. 49; F. Berber, Lehrbuch des Völkerrechts, Bd. 1, S. 181, 183; D. C. Dicke, Die Intervention mit wirtschaftlichen Mitteln im Völkerrecht, insbes. S. 106; R. Kemper, Nationale Verfügung über natürliche Ressourcen und die Neue Weltwirtschaftsordnung der Vereinten Nationen, S. 75; E. David, Quelques reflexions sur l'égalité économique des Etats, Rev. belge 1974, S. 403 f.; M. Flory, Souveraineté des Etats et coopération pour le développement, RdC 1974 I, S. 262; A. K. Pavithran, Substance of Public International Law Eastern and Western, S. 114; R. J. Alfaro, The Rights and Duties of States, RdC 1959 II, S. 100 f.; D. B. Lewin, Grundprobleme des modernen Völkerrechts, S. 239.

[126] Statt aller G. Brehme, Souveränität der jungen Nationalstaaten über Naturreichtümer, S. 71 f.; vgl. dazu auch Reinhard, S. 24 m. w. N.

[127] Darstellung des Meinungsstandes bei B. Graf zu Dohna, Die Grundprinzipien des Völkerrechts über die freundschaftlichen Beziehungen und die Zusammenarbeit zwischen den Staaten, S. 217 ff. sowie J. Delbrück, Selbstbestimmung und Dekolonisation, S. 102 ff.; s. ferner L. C. Buchheit,

Frage braucht hier jedoch nicht nachgegangen werden. Denn wenn auch über den Inhalt des Selbstbestimmungsrechts keineswegs Einigkeit besteht, so kann doch nicht übersehen werden, daß der Grundsatz der Selbstbestimmung einen anderen Inhalt hat als die Forderung nach „wirtschaftlicher Souveränität".

So liegt der Schwerpunkt der neueren sozialistischen Lehre zum Grundsatz der Selbstbestimmung auf der Anerkennung und Unterstützung der Forderung der Kolonialvölker auf Unabhängigkeit und Bildung eines selbständigen Staates[128]. Insbesondere Lewin[129] erhellt die Begriffe insofern, als für ihn „nationale Souveränität ... das Recht der Nation auf Selbstbestimmung (bedeutet), einschließlich des Rechts auf Loslösung und Bildung eines selbständigen Staates". Staatliche Souveränität wird definiert als die „Unabhängigkeit der Staatsmacht eines Staates von der Macht eines beliebigen anderen Staates ..."[130]. Damit wird deutlich, daß zwischen der staatlichen Souveränität und der nationalen Souveränität unterschieden wird.

Eine ähnliche Richtung lassen Völkerrechtler der Entwicklungsländer erkennen. Wenn auch das Selbstbestimmungsrecht überwiegend auf den Dekolonisierungsprozeß angewendet wird[131], so wird doch teilweise zugestanden, daß die Ausübung des Selbstbestimmungsrechts gelegentlich die Struktur eines Staates angreifen kann[132]. Pavithran[133] definiert den Begriff der Selbstbestimmung deutlich dahin, daß er ein Recht zur Loslösung aus einem bestehenden Staatsverband enthält.

In der westlichen Literatur lassen sich verschiedene Tendenzen im Verständnis des Grundsatzes der Selbstbestimmung feststellen. Überwiegend erscheint das Prinzip jedoch unter dem Aspekt der Befreiung von Fremdherrschaft und der Errichtung eines eigenen Nationalstaates[134].

Secession — The Legitimacy of Self-Determination, S. 31 ff. und S. R. Chowdhury, The Status and Norms of Self Determination in Contemporary International Law, S. 72 ff.

[128] R. Arzinger, Das Selbstbestimmungsrecht im allgemeinen Völkerrecht der Gegenwart, S. 167.

[129] Grundprobleme des modernen Völkerrechts, S. 240.

[130] S. 239; ähnlich die Unterscheidung von R. Arzinger, S. 231 f.

[131] Chowdhurry, S. 79; A. S. Osman, The Attitude of Newly Independent States towards International Law: The Need for Progressive Development, S. 23.

[132] Osman, ibid.

[133] Substance of Public International Law, S. 115.

[134] W. Wengler, Völkerrecht, Bd. 2, S. 1031; Dohna, S. 213; Kemper, S. 74; K. Doehring, Das Selbstbestimmungsrecht der Völker als Grundsatz des Völkerrechts, S. 30 ff.; I. Brownlie, Principles of Public International Law, S. 593; J. E. S. Fawcett, The Law of Nations; Buchheit, S. 12 ff.

b) Die Praxis

In der Praxis — etwa bei der Ausarbeitung der UN-Charta oder bei Verträgen über staatliche Unabhängigkeit — auch der sozialistischen Staaten ist der Grundsatz der Selbstbestimmung immer dann herangezogen worden, wenn die Lostrennung von Gebietsteilen bzw. die Bildung selbständiger Staaten gefordert oder durchgeführt worden ist[135]. Auch in der Staatenpraxis ist der Inhalt des Grundsatzes der Selbstbestimmung damit auf einen sezessionsrechtlichen Aspekt gerichtet.

Weniger ergiebig ist demgegenüber die Praxis der Vereinten Nationen. Die Diskussionen innerhalb der UNO um das Prinzip der Selbstbestimmung stand deutlich im Lichte der Dekolonisierung. Weitgehend bedeutete das Selbstbestimmungsrecht allerdings nur ein Recht auf Bestimmung der Regierungsform, wenn die Zielrichtung auch auf Entkolonisierung und „wirtschaftliche Souveränität" ging[136].

c) Ergebnis

Bei aller Unklarheit[137] des Begriffes der Selbstbestimmung läßt sich zumindest feststellen, daß der Inhalt des Prinzips der Selbstbestimmung auf die Lostrennung von einem bestehenden Staatsverband oder wenigstens auf einen autonomen Status innerhalb eines bestehenden Staatsverbandes gerichtet ist. Diese Zielsetzung kommt der Forderung der Charta nach permanenter und absoluter Souveränität aber gerade nicht zu. Denn die Forderung hat nur die Ausübung einer staatlichen Funktion im Bereich der nationalen Wirtschaft zum Inhalt; sie ist daher ein Problem der staatlichen Souveränität[138].

3. Absolute oder relative Souveränität

Art. 2 para. 1

„Every State has and shall freely exercise full permanent sovereignty including possession, use and disposal over all its wealth natural resources and economic activities."

---

[135] Vgl. die bei J. H. W. Verzijl, International Law in Historical Perspective, Bd. I, General Subjects, S. 326 f., Verdross / Simma, S. 253 f. und D. Blumenwitz, Die Menschenrechtspakte der Vereinten Nationen, S. 21 ff. genannten Beispiele; s. ferner Arzinger, S. 167.

[136] E. Menzel, Die Vereinten Nationen und das Selbstbestimmungsrecht der Völker, S. 278; Dohna, S. 217; E. J. de Aréchaga, International Law in the Past Third of a Century, RdC 1978, S. 104; dazu neuestens Reinhard, der den Prozeß innerhalb der Vereinten Nationen insgesamt analysiert.

[137] Vgl. die Kritik von G. Dahm, Völkerrecht, Bd. 1, S. 387 ff.; s. ferner Verzijl, Bd. I, S. 321 sowie Doehring, S. 10 f., der eine Übersicht über die denkbaren Variationen des Selbstbestimmungsrechtes gibt.

[138] M. Flory, Droit international de développement, S. 47; Kemper, S. 123 m. w. N.

a) Die Stellungnahmen im Schrifttum

Nach traditioneller Auffassung[139] wird die Ausübung der Souveränität durch die Verpflichtung des Völkerrechts begrenzt; die Souveränität wird daher als relative Souveränität bezeichnet. Diese Auffassung ist in der neueren Literatur von Wissenschaftlern der Entwicklungsländer wiederholt angegriffen worden. So führt vor allem Salem[140] aus, daß die Vorstellung der relativen Souveränität überholt sei und in der aktuellen völkerrechtlichen Konzeption keinen Platz mehr finde. Dementsprechend wird durch die Entwicklungsländer ein absoluter Souveränitätsbegriff vertreten — dies kommt auch in der von ihnen durchgesetzten neueren Resolutionspraxis der UNO zum Ausdruck — nach dem die Souveränität „unqualified by any limitations of international responsibility"[141] ist.

Vermochte Schwarzenberger[142] diesem Souveränitätsbegriff nur entgegenzuhalten, er stelle eine „reassertion of political sovereignty in its most primitive form" dar, so läßt sich auf Grund der zahlreichen Abhängigkeitsverhältnisse der Staaten untereinander sowie objektiver Notwendigkeiten, die auch im Eigeninteresse der Staaten liegen, zeigen, daß die Ausübung der Souveränität nach außen zwangsläufig relativiert ist[143], ohne daß darauf hier näher eingegangen werden muß.

Nichts anderes als eine relativierte Souveränität besagt auch die sowjetische Völkerrechtslehre[144]. Sie verlangt eine Unterordnung der Interessen des einzelnen sozialistischen Staates unter die gegebenfalls wichtigeren internationalen Interessen der sozialistischen Gemeinschaft. Darüber hinaus stellt sie fest, daß die Ausübung der Souveränität dort ihre Grenzen findet, wo die souveräne Gleichheit anderer Staaten beeinträchtigt ist. Die Souveränität kann also auch nach sozialistischer Lehre nicht schrankenlos ausgeübt werden[145].

---

[139] Schwarzenberger, International Law, S. 68; Verzijl, Bd. I, S. 261; Seidl-Hohenveldern, Völkerrecht, Rz. 6; Berber, S. 183; Alfaro, S. 100 f.; Pavithran, S. 114; B. M. Sharma, International Law, S. 72; aus der Rspr. s. Korfu-Kanal-Fall, Individual Opinion by M. Alvarez, ICJ Rep. 1948, S. 68; Individual Opinion by M. Azevedo, ibid., S. 76.

[140] M. Salem, Vers un nouvel ordre économique international, JDI 1975, S. 783.

[141] So S. K. Banerjee, The Concept of Permanent Sovereignty Over Natural Resources; An Analysis, IJIL 1968, S. 516.

[142] G. Schwarzenberger, The Misery and Grandeur of International Law, S. 12; ähnl. auch W. Veith / K.-H. Böckstiegel, Der Schutz von ausländischem Vermögen im Völkerrecht, S. 153: „... postuliert ... die Anarchie der Völkergemeinschaft.".

[143] So David, S. 404; Dicke, S. 107.

[144] Dazu T. Schweisfurth, Sozialistisches Völkerrecht?, S. 299 ff.; sowie Dohna, S. 161 und Verdross / Simma, S. 36 bei Fn. 37.

[145] H. Kröger / F. Seidel, Freundschaftsverträge — Verträge des Sozialismus, S. 103 ff.; I. I. Lukashuk, Parties to Treaties — the Right of Participa-

b) *Die Praxis*

Auch wenn zwei oder mehrere Staaten in keinerlei Abhängigkeit zueinander stehen sollten, so ist ihre Souveränität doch dadurch eingeschränkt, daß jeder Staat auf die Souveränität des anderen Staates Rücksicht zu nehmen hat[146]. Selbst jede freiwillig eingegangene Verpflichtung begrenzt die Souveränität eines Staates[147] und schränkt nicht nur dessen bloße Bewegungsfreiheit[148] ein. Vor allem die Mitgliedschaft in internationalen Organisationen ist ohne eine eingeschränkte Ausübung der Souveränität überhaupt nicht denkbar[149]. Gerade die von den Entwicklungsländern befürworteten Erzeugerzusammenschlüsse verdeutlichen diesen Tatbestand. Denn der Verlust bzw. die Einschränkung souveräner Rechte ist nicht nur Folge des bloßen Zusammenschlusses zu einer internationalen Organisation und damit der möglichen Übertragung souveräner Rechte auf die Organisation. Auch im Verhältnis zu Drittstaaten tritt eine Beeinträchtigung der Souveränität insofern ein, als zwischen den Mitgliedsstaaten des Erzeugerzusammenschlusses und Drittstaaten vertragliche Vereinbarungen (Lieferverträge) bestehen.

c) *Ergebnis*

Das Prinzip der absoluten Souveränität wird somit in der überwiegenden Lehre abgelehnt und hat auch in die Staatenpraxis keinen Eingang finden können. Als geltendes Völkerrecht ist daher nach wie vor das Prinzip der relativen Souveränität anzusehen.

Art. 2 para. 1 enthält daher, soweit er den absoluten Souveränitätsanspruch fixiert, keinen Satz des geltenden Völkergewohnheitsrechts.

4. Permanente Souveränität

a) *Der Begriff der permanenten Souveränität*

Der Begriff der permanenten Souveränität war im Rahmen der Diskussionen in der UNO während der Phase der Dekolonisierung ursprünglich als politisches Konzept gedacht, mit dem eine Unterschei-

---

tion, RdC 1972 I, S. 25 wendet sich ebenfalls gegen eine absolut aufgefaßte Souveränität. Nach seiner Ansicht ergibt sich dies aber nur aus der Realitätsferne einer absolut verstandenen Souveränität.

[146] David, S. 404.

[147] Ders., S. 400; Alfaro, S. 102; F. Kahnert, Economic Integration Among Developing Countries, S. 39 f.; Y. Takano, Einführung in das Völkerrecht, S. 155 f.; Bin Cheng, The Rationale of Compensation for Expropriation, S. 277; StIGH/Wimbledon-Fall, Entscheidung des StIGH, Erster Band, S. 99 (113).

[148] So aber Verdross / Simma, S. 48 und Korowicz, S. 86.

[149] Seidl-Hohenveldern, Völkerrecht, Rz. 463, spricht von einem „Opfer an Souveränität“.

dung zwischen der privatrechtlichen Verfügung über Bodenschätze und der übergeordneten staatlichen Verfügungsgewalt statuiert wurde. Nach den Vorstellungen der Schöpfer des Begriffes verliere der Staat auch dann nichts von seiner Souveränität, wenn ausländisches Eigentum zugelassen werde, eben weil die Ausübung der Souveränität den Rahmen für die ausländische Nutzung der Ressourcen stecke und dem Staat auch die Rückführung in seine Verfügungsgewalt ermögliche[150]. Inzwischen beinhaltet das Konzept die nationale Kontrolle über die nationalen Ressourcen und eine (stärkere) einheimische Beteiligung an ihrer Ausbeutung[151].

b) *Literatur und Praxis*

Das als Recht außer Streit[152] stehende Konzept der parmanenten Souveränität findet zunehmend Eingang in die Praxis auch der Entwicklungsländer[153]. Die nationale Kontrolle über den Rohstoffbereich haben die Entwicklungsländer seit Beginn der Dekolonisierung überwiegend durch Nationalisierungsmaßnahmen, soweit der Rohstoffbereich von Ausländern kontrolliert war, herbeizuführen gesucht[154]. Die einheimische Beteiligung an der Ausbeutung der Rohstoffe ist auf Grund des fehlenden Know-how allerdings erst schrittweise verwirklicht worden oder soll, wie im Falle Chinas, künftig im größeren Umfange erst durch ausländische Beteiligung ermöglicht werden.

Deutlich wird der Prozeß im Bereich des Erdöls, in dem die Förderländer immer mehr die Händler- und Produzentenposition übernehmen. Noch 1960 wurden lediglich 10 % der westlichen Ölimporte über meist staatseigene Konzerne der Förderländer direkt bezogen; der

---

[150] Vgl. K. N. Gess, Permanent Sovereignty over Natural Resources, ICLQ 1964, S. 416.

[151] Kemper, S. 21; Salem, S. 783; P.-M. Martin, Le nouvel ordre économique international, RGDIP 1976, S. 522; S. K. Banerjee, The Concept of Permanent Sovereignty Over Natural Resources, IJIL 1968, S. 515 ff.; zum ganzen vgl. P. J. I. M. de Waart, Permanent Sovereignty over Natural Resources as a Corner-Stone for International Economic Rights and Duties, NILR 1977, S. 310 ff.

[152] Aus der Praxis vgl. die entwicklungspolitischen Grundlinien der Bundesregierung, auszugsweise abgedr. in Auswärtiges Amt (Hrsg.), Dritte Welt, S. 248 f. (Pkt. 63). Aus dem Schrifttum vgl. Gess, S. 408 ff., P. J. I. M. de Waart, Permanent Sovereignty over Natural Resources as a Corner-Stone for International Economic Rights and Duties, NILR 1977, S. 310 f.; G. Feuer, Les Nations Unies et le nouvel ordre économique international, JDI 1977, S. 610; vgl. auch A. Mahiou, Les implications du nouvel ordre économique et le droit international, Rev. belge 1976, 432 ff.

[153] Die nationale Kontrolle und Verarbeitung der Rohstoffe ist in den Industriestaaten seit langem erreicht, vgl. W. Hager, Angst vor der Dritten Welt, EA 1975, 472 f.

[154] Eingehend unten, Kapitel C; vom Verständnis der Entwicklungsländer aus ist die Bezeichnung der Nationalisierung als „acte de développement“, Salem, S. 785, daher folgerichtig.

Anteil lag 1980 bereits bei 40 %. Ähnliches gilt für die Verarbeitung des Erdöls und die Vermarktung der Produkte, die in einigen neueren Verträgen mit der Lieferung von Erdöl gekoppelt ist[155].

Von den auf dem Erdölsektor erreichten Erfolgen offenbar ermutigt, streben Entwicklungsländer auch für andere Produkte als Erdöl neuestens eine ähnliche Strategie an. So hat etwa die Konferenz der Wirtschaftsminister der ASEAN-Staaten Ende 1980 die Einrichtung eines landwirtschaftlichen Forschungszentrums beschlossen, das die Möglichkeit einer gemeinsamen Produktions- und Vermarktungsstrategie für landwirtschaftliche Erzeugnisse untersuchen soll[156].

c) Ergebnis

Insgesamt beginnt sich damit eine Praxis abzuzeichnen, die den Anspruch der Staaten auf freien Gebrauch ihrer Ressourcen völkergewohnheitsrechtlich verfestigt.

Soweit Art. 2 para. 1 den Anspruch der permanenten Souveränität statuiert, gibt die Bestimmung einen Satz des Völkergewohnheitsrechts wieder.

5. Veräußerlichkeit der Souveränität

Art. 1

„Every State has the sovereign and inalienable right to choose its economic system as well as its political, social and cultural systems in accordance with the will of its people, without outside interference, coercion or threat in any form whatsoever."

a) Die Auffassungen in der Literatur

Gegen eine ungewollte Ausübung der Souveränität durch kapitalimportierende Staaten haben sich kapitalexportierende Staaten durch den Abschluß sog. Kapitalschutzverträge[157] abzusichern versucht. Neben zahlreichen anderen Regelungen sehen diese Verträge überwiegend vor, daß Eigentumsentziehungen nur unter bestimmten Voraussetzungen vorgenommen werden dürfen. Die Rechtmäßigkeit dieser Praxis ist

---

[155] Vgl. P. Fischer, Bemerkungen zur Lehre von Alfred Verdross über den „quasi-völkerrechtlichen Vertrag", S. 379 f.; zum ganzen G. Mulack, Rechtsprobleme der Erdölkonzessionsabkommen im Nahen Osten, S. 93 f.

[156] Nach einem auf Konferenzbeobachtungen und Interviews gestützten Konferenzbericht von Frau Ch. Pilz, Bangkok (unveröffentlicht); vgl. ferner die Gemeinsame Erklärung anläßlich der 2. Ministertagung zwischen EG und ASEAN am 7. 3. 1980, abgedr. in Auswärtiges Amt (Hrsg.) Dritte Welt, S. 90 (93, Punkt. c).

[157] Zu diesen Verträgen H. Frick, Bilateraler Investitionsschutz in Entwicklungsländern.

mit der Behauptung eines Verstoßes gegen ius cogens bestritten worden[158]. Den Begriff des „ius cogens" umschreibt Art. 64 der Wiener Konvention über das Recht der Verträge: „If a new peremptory norm of general international law emerges, any existing treaty which is in conflict with that norm becomes void and terminates[159]". Davon ausgehend wird behauptet, daß die permanente Souveränität über den Rohstoffbereich ein Teil der allgemeinen Souveränität i. S. d. Art. 2 Abs. I UN-Charta sei. Wegen Art. 103 UN-Charta sei die Bestimmung des Art. 2 Abs. I ius cogens, so daß Verstöße durch vertragliche Bestimmungen die Nichtigkeit dieser Vertragsklauseln zur Folge hätten[160].

Bedenken gegen diese Auffassung ergeben sich aus verschiedenen Gründen. Zunächst ordnet Art. 103 UN-Charta die Nichtigkeit widersprechender Verträge nicht an[161]. Darüber hinaus zählt die Bestimmung des Art. 2 Abs. I zu den Strukturnormen des Völkerrechts, d. h. sie ist eine Norm, die die organisatorische Struktur der Staatengemeinschaft betrifft[162]. Diese Normen können wegen ihrer inhaltlichen Unbestimmtheit nicht zum Normenbestand des ius cogens gezählt werden[163]. Zum anderen ist die Frage der permanenten Souveränität über den Rohstoffbereich 1945 noch gar nicht diskutiert worden[164], so daß das Prinzip der permanenten Souveränität selbst dann nicht Inhalt des Art. 2 Abs. 1 ist, wenn man dieser Vorschrift einen materiellen Gehalt geben will[165].

Die Souveränität ist als eine Bündelung von Einzelrechten anzusehen. Diese Einzelkompetenzen sind einer vertraglichen Einschränkung zugänglich, da ein Staat kraft seiner Souveränität zugunsten anderer Staaten auf die Ausübung einzelner Rechte verzichten kann.

---

158 M. Bedjaoui, Problemes récants de succession d'Etats dans Etats nouveaux, RdC 1970 II, S. 496; Brehme, S. 209, 214; G. Hartmann, Nationalisierung und Enteignung im Völkerrecht, S. 177 ff., 188; krit. zur französischen Vertragspraxis G. Schwarzenberger, Foreign Investments and International Law, S. 103: „... effective programme of continuing French colonialism by other means.".

159 Zit. nach ILM 1969, S. 703; dazu C. L. Rozakis, The Concept of ius cogens in the Law of Treaties.

160 Brehme, S. 206.

161 Vgl. Lord McNair, The Law of Treaties, S. 218.

162 H. Mosler, Jus cogens im Völkerrecht, SchwJIR 1968, S. 30; ähnlich Dicke, S. 61 ff., 115 f.

163 Mosler, S. 35 f.; R. J. Dupuy, Sentence arbitrale au fond (19 janvier 1977), JDI 1977, S. 373; J.-F. Lalive, Un grand arbitrage pétrolier entre un gouvernement et deux sociétés privées étrangères, JDI 1977, S. 343 f.; Menzel / Ipsen, S. 338.

164 Das Prinzip der permanenten Souveränität war auch bei den Beratungen zu UNGA Res. 1803 (XVII) vom 14. 12. 1962 noch umstritten, Gess, S. 411 ff.; dazu auch K. H. Böckstiegel, Die allgemeinen Grundsätze des Völkerrechts über Eigentumsentziehungen, S. 53 ff.

165 Dazu Dicke, S. 116.

Der Verzicht stößt lediglich dann auf Grenzen, wenn die Völkerrechtspersönlichkeit des verzichtenden Staates bedroht ist, d. h. bestimmte Rechte wie die Souveränität, Unabhängigkeit oder Gleichheit als Ganzes aufgegeben werden sollen[166]. Selbst wenn man die äußere Souveränität als eine lediglich faktische Unabhängigkeit ansieht, die nicht aus verzichtsfähigen Einzelrechten besteht, so bleibt immer noch die in Einzelrechte aufteilbare innere Souveränität, die vertraglichen Beschränkungen unterworfen werden kann[167].

b) *Die Praxis*

Verträge über eine Beschränkung der Ausübung souveräner Rechte gehören zur allgemeinen Praxis nicht nur westlicher Staaten untereinander[168] sowie mit kapitalimportierenden Staaten, sondern auch zur Praxis der sozialistischen Staaten[169]. Denn soweit sich die sozialistischen Staaten vertraglich auf die Aufrechterhaltung des sozialistischen Systems sowjetischer Prägung verpflichtet haben[170], liegt darin ein Einbruch in den Kern der inneren Souveränität, da die einzelnen Staaten bei der Gestaltung ihrer inneren Ordnung von den Vertragspartnern abhängig geworden sind.

Daß die Völkerrechtswissenschaft der sozialistischen Staaten diesen Vorwurf wird unschwer widerlegen können, läßt ein Teil des Schrifttums[171] erkennen, in dem das Recht auf Bestimmung der inneren Ordnung auf ein Recht zur „sozialistischen Demokratie" reduziert wird. Ein so verstandenes Recht läßt die Umwandlung der „sozialistischen Demokratie" in eine andere Staatsform dann nicht mehr zu. Folgt man diesem Ansatz, so hätte sich ein Staat sozialistischer Prägung mit der vertraglich abgesicherten Entscheidung für seine sozialistische Ausgestaltung eines Teiles seiner Souveränität begeben. Im Ergebnis entspricht dies der im westlichen Schrifttum vertretenen Auffassung.

c) *Ergebnis*

Das Völkerrecht verbietet daher einem Staat nicht, in freier Entscheidung souveräne Rechte aufzugeben[172]. Diese Fähigkeit des Staates,

---

[166] Vgl. aus der Rechtsprechung StIGH/Wimbledon-Fall, Entscheidungen des StIGH, Erster Band, S. 99 (113); zum ganzen Alfaro, S. 101, 112 f.

[167] So Arangio-Ruiz, S. 701; P. Guggenheim, Traité de droit international public, Bd. 1, S. 175, 179.

[168] Mosler, S. 36, nennt die EG als herausragendes Beispiel.

[169] S. A. Tiewul, The United Nations Charter of Economic Rights and Duties of States, JILE 1975, S. 677 weist damit zu Recht auf die internationalen Interdependenzen hin, die eine Unveräußerlichkeit souveräner Rechte i. S. d. Art. 1 unrealistisch erscheinen lassen.

[170] Dazu Kröger / Seidel insgesamt, sowie Schweisfurth, S. 410 ff.

[171] R. Arzinger, Das Selbstbestimmungsrecht im allgemeinen Völkerrecht der Gegenwart, S. 186 f.

sich vertraglich zur Einschränkung der Ausübung seiner souveränen Rechte zu verpflichten, ist nichts anderes als eine Bestätigung seiner Souveränität[173].

Die in Art. 1 fixierte Unveräußerlichkeit der Souveränität gibt daher kein geltendes Völkergewohnheitsrecht wieder.

6. Die Ausübung der Souveränität nach innen

Art. 1

„Every State has the sovereign and inalienable right to choose its economic system as well as its political, social and cultural systems in accordance with the will of its people, without outside interference, coercion or threat in any form whatsoever."

Art. 2 para. 2 lit. a, b

„Each State hat the right:

(a) To regulate and exercise authority over foreign investment within its national jurisdiction in accordance with its laws and regulations and in conformity with its national objectives and priorities. No State shall be compelled to grant preferential treatment to foreign investment.

(b) To regulate and supervise the activities of transnational corporations within its national jurisdiction and take measures to ensure that such activities comply with its laws, rules and regulations and conform with its economic and social policies. Transnational corporations shall not intervene in the internal affairs of a host State. Every State should with full regard for its sovereign rights, co-operative with other States in the exercise of the right set forth in this subparagraph."

Anerkannt sind im Schrifttum[174] als Inhalt der inneren Souveränität die verschiedensten Befugnisse des Staates im Wirtschaftsbereich, d. h. die rein innerstaatliche Ordnung des Wirtschaftslebens ohne unmittelbaren Auslandsbezug.

a) Die Gestaltung der inneren Ordnung

Von der Begrenzung der Souveränität durch völkerrechtliche Normen bleibt die Ausgestaltung der innerstaatlichen Ordnung ausgenommen[175].

---

[172] Mosler, S. 36; G. Schwarzenberger, The Principles and Standards of International Economic Law, RdC 1966 I, S. 32.

[173] Dupuy, S. 369; Alfaro, S. 101; Seidl-Hohenveldern, Völkerrecht, Rz. 1082; StIGH/Wimbledon-Fall, Entscheidungen des StIGH, Erster Band, S. 99 (113).

[174] Eingehend dazu Kemper, S. 77 ff.; Veith / Böckstiegel, S. 151 ff.

[175] Brehme, S. 64 f.; Pavithran, S. 116; Aréchaga, S. 298; Castaneda, La Charte, S. 35; Alfaro, S. 115; Schwarzenberger, Principles, S. 32; H. W. Baade, Permanent Sovereignty over Natural Wealth and Resources, S. 23; H. Rolin, Avis sur la validité des mesures des nationalisation décretées par le gouvernement indonesien NILR 1960, S. 272; D. Carreau, Le nouvel ordre écono-

In der ausschließlichen Kompetenz der Staaten liegt es daher, den Bereich der eigenen Volkswirtschaft in wirtschaftlicher, politischer, finanzieller oder jedweder anderer Hinsicht so zu ordnen, wie sie es für sachgerecht und wünschenswert halten[176]. Sie können daher Grundeigentümern die Verfügung über Bodenschätze entziehen und sich diese selbst aneignen. Die Bodenschätze und andere nationale Ressourcen kann der Staat ungehindert besitzen und gebrauchen[177]. Durch den freien Gebrauch kann ein Staat auch seine wirtschaftlichen Aktivitäten nach innen ungehindert ausüben.

Art. 1 gibt insoweit geltendes Völkergewohnheitsrecht wieder.

b) *Die Regelung ausländischer Investitionen*

aa) Der Grundsatz

Die Zulassung ausländischer Investitionen fällt ebenfalls in den vorbehaltenen Bereich des Staates; er kann also in Übereinstimmung mit seinen nationalen Zielen und Prioritäten die einzelnen Voraussetzungen einer Zulassung frei bestimmen[178].

bb) Investitionsgesetzgebungen

Die Staaten haben in unterschiedlichem Maße von diesem Recht Gebrauch gemacht[179]. Am strengsten verfahren die sozialistischen Staaten sowie einzelne Entwicklungsländer wie China und Burma, die ausländischen Direktinvestitionen teils völlig ablehnend gegenüberstehen, teils nur in der Form eines Joint Venture[180] zulassen. Einen Aus-

---

mique international, JDI 1977, S. 601; M. Virally, La charte des droits et devoirs économiques des Etats, AFDI 1974, S. 67.

[176] Schwarzenberger, The Fundamental Principles of International Law, RdC 1955 I, S. 219; K. M. Meessen, Völkerrechtliches Enteignungsrecht im Nord-Süd-Konflikt, S. 29; P. J. G. Kapteyn, Die grondslagen von de „Nieuwe Internationale Economische Orde", S. 46; Verzijl, Bd. I, S. 261.

[177] Ch. Tomuschat, Die neue Weltwirtschaftsordnung, VN 1975, S. 94.

[178] Schwarzenberger, Principles, S. 29; H. Kelsen / R. W. Tucker, Principles of International Law, S. 366; Brownlie, S. 531 f.; R. C. Hingorani, Modern International Law, S. 133; Menzel / Ipsen, S. 174; Seidl-Hohenveldern, Völkerrecht, Rz. 1174; Berber, S. 183, 403; Takano, S. 394; S. Oda, The Individual in International Law, S. 481; A. Favre, Principes du droit des gens, S. 501, stellt demgegenüber nur eine entsprechende Tendenz in der Staatenpraxis fest. Aus der älteren Literatur s. P. Fauchille, Traité de Droit, S. 889 f. m. N. aus der überwiegend angelsächsischen Lehre, nach der ein Staat Ausländer völlig ausschließen kann, sowie der deutschen und einem Teil der kontinentaleuropäischen Lehre, die ein solches Recht nicht kennt. Dazu auch D. P. O'Connell, International Law, Bd. 2, S. 695 f.

[179] Dazu Frick, S. 37 ff.; L. Wildhaber, Multinationale Unternehmen und Völkerrecht, S. 32 ff.; Takano, S. 396; H. W. Shawcross, The Problems of Foreign Investment, RdC 1961 I, S. 364; Doc. E/C. 10/8, abgedr. in K. R. Simmonds (Hrsg.), Legal Problems of Multinational Corporations, S. 183 ff.

schluß aus bestimmten Wirtschaftssektoren sehen allerdings auch kapitalimportierende Staaten vor. In den übrigen Bereichen setzt eine ausländische Investition in der Regel ein Genehmigungsverfahren voraus, wobei auch westliche Staaten keine Ausnahme bilden[181].

Mit der Zulassung verpflichten verschiedene Staaten den Investor gleichzeitig zur Erfüllung besonderer Auflagen, die sich auf die Produktion, Preisgestaltung, Management, Belegschaft oder soziale Leistungen und Pflichten beziehen können[182]. Restriktiv wird teilweise auch die Eröffnung und Verlegung von Betriebsstätten behandelt[183].

Erheblich freizügiger sind die Investitionsrechte westlicher Staaten[184]. So besteht etwa im US-amerikanischen Recht[185] eine Reihe allgemeiner Gesetze, die auch die Führung von Geschäften ausländischer Investoren berühren, ohne allerdings auf diese zugeschnitten zu sein. Lediglich eine Teilhabe ausländischer Investoren an einigen Bereichen der Wirtschaft ist auch hier ausgeschlossen.

Schließlich sei noch auf zwei unterschiedliche Investitionskonventionen hingewiesen. Der Kodex der Union Douanière et Economique de l'Afrique Centrale enthält weitgehend liberale Regelungen, deren vorrangiges Ziel die Gewinnung ausländischer Investoren ist. Die Zugeständnisse an die Investoren sollen dabei begrenzt bleiben. Demgegenüber wird durch das Investitionsstatut der Andengruppe das ausländische Kapital erheblich strengeren Regelungen unterworfen, deren weitreichendste die einheimische Mehrheitsbeteiligung im Laufe mehrerer Jahre vorsehen. Bei der Umsetzung des gesamten Konzeptes sind die Mitgliedsstaaten allerdings in unterschiedlichem Maße von den Regelungen des Status abgewichen[186].

---

[180] „Als joint venture wird hier ... jede Assoziierung von zwei oder mehreren Rechts- bzw. Wirtschaftssubjekten zum Zwecke einer mehr als vorübergehenden Zusammenarbeit auf einem bestimmten Gebiet verstanden, ohne daß dadurch notwendigerweise eine neue Rechtseinheit geschaffen wird". So P. Fischer, Die internationale Konzession, S. 170 m. w. N.; vgl. ferner H. Hauser, Joint ventures, Außenwirtschaft 1971, S. 179 ff.

[181] Vgl. J. P. Schmitt, Portugiesischer Kodex für ausländische Investitionen, RIW/AWD 1976, S. 682 ff.; M. Abrell / M. Theurer, Investitionskontrollen in Kanada, RIW/AWD 1977, S. 150 ff.

[182] Schmitt, ibid.; G. Wiedensohler, Neues Investitionsrecht in Madagaskar, RIW/AWD 1975, S. 87 f.

[183] Vgl. dazu A. Mentz, Probleme des mexikanischen Gesetzes über ausländische Investitionen, RIW/AWD 1978, S. 155 ff.; G. Foeth, Mexikanisches Technologierecht in der Praxis, RIW/AWD 1977, S. 461 ff.

[184] Ausführlich B. Grossfeld, Praxis des Internationalen Privat- und Wirtschaftsrechts, Rechtsprobleme multinationaler Unternehmen, S. 87 ff.

[185] Dazu J. J. Darby, Juristische Kontrollen über Auslandsinvestitionen in den Vereinigten Staaten, RIW/AWD 1977, S. 320 ff.

[186] Zum Andenstatut allgemein s. G. Foeth / G. Zieger, Investitionen in Lateinamerika, S. 42 ff.; zum ganzen H. R. Krämer, Versuche mit gemein-

cc) Eingriffsrechte und Völkerrecht

Einer eingehenderen Untersuchung bedürfen die den Investoren auferlegten Pflichten und Auflagen. Soweit den Investoren bestimmte soziale Verpflichtungen, wie ein festgelegter Anteil inländischer Beschäftigter oder der Bau von Bildungseinrichtungen[187], auferlegt werden, scheint dies unproblematisch.

Das Völkerrecht kennt zwar keinen allgemein anerkannten Eigentumsbegriff[188]. Als weiterführend erweisen kann sich jedoch die folgende Definition des Eigentums als „unrestricted and exclusive right to dispose of a thing or subject in every legal way, which is guaranteed and protected by the State. It consists in the free use, enjoyment, and disposal of all a person's acquisitions, without any control save only by the laws of the State"[189]. Durch die genannten Auflagen wird der Investor wohl eingeschränkt, ohne daß er aber unmittelbar in seiner unternehmerischen Freiheit betroffen wäre. Denn der Investor kann in einem rechtlich vorgegebenen Rahmen sein Eigentum nutzen und darüber verfügen. Derartige Einschränkungen können gegenwärtig auch als allgemeine Praxis angesehen werden. Ausgehend von einer Erdölkonzession im Jahre 1901 werden seither dem Konzessionär zahlreiche Verpflichtungen sozialer Art auferlegt. Solche Verpflichtungen sind inzwischen in zahllosen Verträgen verankert, so daß daher von einer allgemeinen Pflicht gesprochen werden kann[190].

Anders sind nachträgliche gesetzliche Vorschriften zu bewerten, mit denen Eingriffe in das Management oder Produktionsanweisungen ermöglicht werden[191]. Durch diese Eingriffe zieht der intervenierende Staat Entscheidungsbefugnisse[192] über den betrieblichen Ablauf an sich. Zwar sind die Rechtspositionen des Unternehmers durch eine staat-

---

samen Investitionsregelungen in Zentralafrika und Südamerika, GYIL 1977, S. 196 ff.

187 Vgl. Mulack, S. 97 ff. und Frick, S. 40.

188 Vgl. dazu J. H. Herz, Expropriation of Foreign Property, AJIL 1941, S. 244 ff. Soweit im Schrifttum darauf eingegangen wird, werden überwiegend lediglich einzelne Eigentumsrechte aufgezählt.

189 F. Przetacznik, Responsability of the State for Nationalization of a Foreign Property, RDI 1973, S. 163; diese Definition dürfte von den im Schrifttum angebotenen Begriffsbestimmungen die umfassendste sein; bis auf die letzte Einschränkung ähnlich K. Katzarov, The Theory of Nationalisation, S. 4; diese wiederum hervorhebend Doc. A/CN. 4/106, International responsibility. Second report by F. V. Garcia Amador, YBILC 1957 II, S. 113.

190 P. Fischer, Das internationale Wirtschaftsrecht — Versuch einer Systematik, GYIL 1976, S. 175.

191 Besonders deutlich beim mexikanischen Investitionsrecht, s. F. M. Lacey, Protection of Foreigners' Rights in Mexico, Int. Lawyer 1979, 89 ff.; Foeth, S. 461 ff.; Mentz, S. 155 ff.; ähnlich das madegassische Investitionsrecht, dazu Wiedensohler.

192 Wohl anders Böckstiegel, allgemeine Grundsätze, S. 38 ff., insbes. S. 40.

liche Rechtsordnung eingeräumt und begrenzt. Wenn aber das Recht zum Eigentum aus einer innerstaatlichen Rechtsordnung abgeleitet wird, so muß eine konkrete Rechtsordnung auch bestimmen können, ob und inwieweit dieses Recht auch künftig eingeräumt wird. Hebt jedoch eine Rechtsordnung etwa Verfügungsbefugnisse über die Gebiete der Unternehmensführung auf, so wird unbeschadet der staatlichen Regelungskompetenz das „exclusive right" des Investors zur Leerformel. Denn anders als in den Fällen freiwillig übernommener Beschränkungen, die Zulassungsvoraussetzungen für eine Investition sind, ist die Rechtsordnung hier nicht mehr Rahmen für eine unternehmerische Tätigkeit, sondern schließt diese eingeräumte Rechtsposition nachträglich aus. Entfällt damit aber das Merkmal der Exklusivität, so ist das Eigentumsrecht betroffen[193]. Derartige Eingriffsrechte sind aber nicht geltendes Recht[194]. Sie sind lediglich in wenigen neueren Investitionsgesetzgebungen enthalten. Darüber hinaus ist nur im Erdölbereich das Vertragselement der Beteiligung des Konzedenten am Management die Praxis[195]. Da solche engumrissenen, vereinzelt bleibenden Fälle nicht Präzedenzen für ein Völkergewohnheitsrecht sein können, kann hinsichtlich der Eingriffsrechte nicht einmal von einem sich bildenden Gewohnheitsrecht gesprochen werden.

dd) Ergebnis

Die Befugnis eines Staates, ausländische Investoren hinsichtlich ihres Zuganges und ihrer Tätigkeit bestimmten Regelungen zu unterwerfen, ist gewohnheitsrechtlich anerkannt. Diese Befugnis findet ihre Grenze am Eigentumsrecht des Investors.

ee) Multinationale Unternehmen

Multinationale Unternehmen bieten in völkerrechtlicher Hinsicht eine Reihe bislang wenig geklärter Problematiken[196].

---

[193] Ein ähnliches Kriterium für einen unzulässigen Eingriff gibt W. Burckhardt, Völkerrechtliche Aspekte der lateinamerikanischen Nationalisierungen, VRÜ 1971, S. 287, der als nicht geschützt ansieht die Erhaltung des Kundenstammes, Gewinnmöglichkeiten auf Grund bestimmter Wirtschaftsbedingungen und den good-will des Unternehmens. Danach wären Eingriffe unterhalb einer bestimmten Schwelle zulässig, solange nicht in die Unternehmensführung als solche eingegriffen ist. Auf die Schwierigkeiten, als Abgrenzungskriterium den Einfluß auf das Management heranzuziehen, weisen Foeth / Zieger, S. 53, allgemein hin.

[194] Dazu K. Ipsen, Entwicklung zur „collective economic security" im Rahmen der Vereinten Nationen?, S. 28.

[195] P. Fischer, Rohstofflenkung und Monopolisierungstendenzen im internationalen Wirtchaftsrecht, ÖZW 1976, S. 69.

[196] Allg. dazu Wildhaber, Multinationale Unternehmen, S. 25 ff.; sowie die dort in den Fn. 4—6 genannte Literatur; W. Däubler / K. Wohlmuth (Hrsg.), Transnationale Konzerne und Weltwirtschaftsordnung; F. Grünärml, Multinationale Unternehmen und staatliche Wirtschaftspolitik.

α) Definition des multinationalen Unternehmens

Eine allgemein anerkannte Definition des multinationalen Unternehmens steht nicht zur Verfügung[197]. Der überwiegende Teil der Definitionsversuche läßt sich jedoch auf den gemeinsamen Nenner bringen, daß in wenigstens zwei Staaten rechtlich selbständige Betriebsvermögen kontrolliert werden, welche in eine gemeinsame Oberleitung eingegliedert sind sowie einer gemeinsamen Konzernstrategie unterliegen[198].

β) Die rechtliche Problematik

Multinationale Unternehmen haben dadurch eine gewisser Sonderstellung erlangt, daß ihnen ihre wirtschaftliche Macht zahlreiche Möglichkeiten zur Einmischung in die inneren Angelegenheiten des Gaststaates gegeben hat, die bis zu Umsturzversuchen gereicht haben[199]. Unabhängig jedoch von einem bestimmten Verhalten eines multinationalen Unternehmens werden diesen zahlreiche weitere Vorbehalte entgegengebracht, auf die hier nicht einzugehen ist[200].

Die Lösung der durch die Praxis der multinationalen Unternehmen aufgeworfenen Probleme in ihren Gaststaaten liegt nach traditioneller Auffassung grundsätzlich auf der Ebene des Landesrechts des jeweiligen Gaststaates[201]. Dabei kann allerdings nicht übersehen werden, daß es den Entwicklungsländern oftmals am legislativen und administrativen Vermögen fehlen wird, um sich mit dem Phänomen der multinationalen Unternehmen in der angemessenen Weise zu befassen[202]. Auch hochentwickelte Industriestaaten haben sich multinationalen Unternehmen gegenüber nicht immer durchsetzen können[203]. Unabhängig von diesen praktischen Schwierigkeiten ist jedoch eine rechtliche Sonderstellung nicht feststellbar. So läßt sich etwa eine völkerrechtliche Verantwortlichkeit nicht für ein multinationales Unternehmen, sondern lediglich für den Heimatstaat und auch dann nur unter

---

[197] O. Sandrock, Die Multinationalen Korporationen im Internationalen Privatrecht, S. 174 f. mit Fn. 9, 385; vgl. auch I. Seidl-Hohenveldern, The United Nations and Transnational Corporations, S. 44 ff. zu den Bemühungen um eine Definition im Rahmen der UNO; ferner M. Flory, Droit international du développement, S. 199 f.

[198] Sandrock, S. 175 f.; Wildhaber, Multinationale Unternehmen, S. 14 f., 383 f.; UN Doc. E/C. 10/38 vom 20. März 1978, S. 158 ff., zit. nach Fischer, Bemerkungen, S. 379, Fn. 1.

[199] United Fruit Co. in Guatemala; J. Alenfeld, Die Investitionsförderungsverträge der Bundesrepublik Deutschland, S. 154 mit Fn. 226.

[200] Vgl. dazu Grossfeld, S. 16 ff.; Wildhaber, Multinationale Unternehmen, S. 23 f.

[201] F. A. Mann, Diskussionsbeitrag, S. 390.

[202] Allgemein dazu Meessen, S. 29; Doc. E/C. 10/8 in Simmonds, S. 184.

[203] Vgl. dazu Grünärml, S. 151 f.

ganz bestimmten Voraussetzungen begründen[204]. In dieser Hinsicht gilt für multinationale Unternehmen nichts anderes als für die übrigen ausländischen Investoren. Insbesondere läßt die einheitliche Praxis den Schluß zu, daß in Bezug auf die Zuordnung des Investitionsvertrages zu einem bestimmten Rechtssystem[205], die Gewährung diplomatischen Schutzes oder die Unterwerfung unter ein Zulassungsverfahren sich nichts für eine rechtliche Sonderstellung der multinationalen Unternehmen ergibt.

γ) Ergebnis

Festzuhalten bleiben daher lediglich die Bemühungen verschiedener UN-Gremien, der OECD, der Internationalen Handelskammer und anderer Organisationen[206], durch Verhaltenskodizes — deren Wirksamkeit allerdings eher skeptisch beurteilt wird[207] — multinationale Unternehmen einem Sonderrecht zu unterwerfen[208]. De lege lata sind sie jedoch derzeit noch den übrigen ausländischen Investoren gleichgestellt.

ff) Vorzugsbehandlungen

Die bereits angesprochene Marktmacht multinationaler Unternehmen hat es diesen häufig ermöglicht, im jeweiligen Gastland eine vertraglich zugesicherte Besserbehandlung gegenüber anderen Investoren oder Ausnahmebewilligungen von der nationalen Gesetzgebung zu er-

[204] Zum ganzen Wildhaber, Multinationale Unternehmen, S. 26 ff.

[205] Dazu grundlegend A. Verdross, Die Sicherung von ausländischen Privatrechten aus Abkommen zur wirtschaftlichen Entwicklung mit Schiedsklauseln, ZaöRV 1957/58, S. 638; in Verdross / Simma, S. 26 wird dann allerdings darauf hingewiesen, daß die Bezeichnung dieser Verträge als „quasivölkerrechtliche“ Verträge letztlich eine Frage der Zweckmäßigkeit ist; vgl. ferner K.-H. Böckstiegel, Der Staat als Vertragspartner ausländischer Privatunternehmen; Dupuy, S. 358 ff., sowie neuestens Fischer, Bemerkungen, mit zahlreichen w. N., der trotz seiner grundsätzlichen Verteidigung der These einräumen muß, daß die Zahl der internationalisierten Verträge sicher abnehmen wird; unter Berufung auf die Praxis ablehnend H. J. Gruss, Enteignung und Aufhebung von Erdölkonzessionen, Der Schiedsspruch im libyschen Erdölstreit, ZaöRV 1979, S. 800 ff.; Seidl-Hohenveldern, Völkerrecht, Rz. 1193 b, hält eine weitere Diskussion für bedeutungslos, da die Entwicklungsländer immer mehr darauf drängen, Investitionsverträge ausschließlich nationalem Recht zu unterstellen; zu letzterem vgl. auch Mulack, S. 125 ff.; ferner E.-U. Petersmann, „Entwicklungsvölkerrecht“, „Droit International Du Développement“, „International Economic Development Law“: Mythos oder Wirklichkeit?, JIR 1974, S. 176, zur Praxis.

[206] Übersicht bei Foeth / Zieger, S. 291 ff. und K. Kukat, Verhaltenscodices für multinationale Unternehmen, RIW/AWD 1979, S. 295.

[207] Grünärml, S. 181 f.; Foeth / Zieger, S. 300; vgl. auch Grossfeld, S. 19; positiv dagegen Kukat, S. 296.

[208] Vgl. dazu die Kritik von F. A. Mann, Diskussionsbeitrag, S. 389 f.; sowie von G. Feuer, Réflexions sur la charte des droits et devoir économiques des Etats, RGDIP 1975, S. 291; ferner Fischer, Systematik, S. 145; I. Seidl-Hohenveldern, Multinational Enterprises and the International Law of the Future, YBWA 1975, S. 311; Wildhaber, Multinationale Unternehmen, S. 12 f.

reichen[209]. Als Beispiele einer derartigen Vertragspolitik seien nur zahlreiche Verträge im Erdölbereich genannt, die in aller Regel dem ausländischen Investor Privilegien und Immunitäten einräumen[210]. Auch westliche Staaten haben die Gewährung wirtschaftlicher Hilfe gelegentlich von der Einräumung bestimmter Vorteile zugunsten ihrer Staatsangehörigen abhängig gemacht, ohne daß andere Ausländer ähnliche Vergünstigungen genossen hätten[211].

Von besonderem Interesse ist der zwischen den UdSSR und FIAT geschlossene Vertrag über die Errichtung eines Automobilwerkes in Togliatti[212]. Dieser Vertrag regelt verschiedene Devisenfragen abweichend vom sowjetischen Recht zugunsten des Unternehmens. Wenn auch angesichts des staatlichen Vertragspartners nicht angenommen werden kann, daß das Unternehmen den staatlichen Vertragspartner zu Zugeständnissen gezwungen hat, so wird doch deutlich, daß nicht nur Entwicklungsländer in gewisser Weise von der Investitionsbereitschaft (multinationaler) Unternehmen abhängig sind[213]. Denn die Unternehmen bieten im Falle einer Niederlassung für den Gaststaat nicht nur Vorteile struktureller, finanzieller oder wirtschaftlicher Art, sondern garantieren auch den Transfer von Technologie und Know-how[214]. Damit sind selbst Staaten von einer gewissen Machtfülle genötigt, ausländischen Unternehmen eine Vorzugsbehandlung zu gewähren, um im eigenen Interesse etwa benötigten Technologieimport zu ermöglichen.

Vorzugsbehandlungen müssen daher nicht immer auf der Macht ausländischer Kapital- und Technologiegeber gegenüber Staaten beruhen, sondern können sich ohne weiteres aus reinen Sachzwängen ergeben[215]. Eine Abgrenzung im Einzelfall dürfte jedoch schwierig zu treffen sein. Nicht ersichtlich ist jedenfalls, daß ausländische Investoren besonderen Pflichten bzw. Begrenzungen hinsichtlich einer Ausübung wirtschaftlichen oder anderen Druckes unterworfen wären[216].

Durch ein eventuell bestehendes Diskriminierungsverbot wird ein Staat auch nicht gehindert, anderen Staaten oder deren Angehörigen

209 Wildhaber, Multinationale Unternehmen, S. 38.

210 P. Fischer, Die internationale Konzession. Theorie und Praxis der Rechtsinstitute in den internationalen Wirtschaftsbeziehungen, S. 297 ff., 320 ff.

211 Etwa K. Loewenstein, Sovereignty and International Co-operation, AJIL 1954, S. 232.

212 FIAT ist zu einer Veröffentlichung des Vertrages nicht bereit.

213 Vgl. auch den bei Vagts, S. 33, genannten Fall Bethlehem Steel Co. v. United States.

214 Siehe unten, sowie allgemein Wildhaber, Multinationale Unternehmen, S. 22.

215 Dazu auch Feuer, Réflexions, S. 192 sowie D. Schröder, Die dritte Welt und das Völkerrecht, S. 62.

216 Vagts, S. 33.

eine Vorzugsbehandlung zu gewähren. Denn dieses Recht zur Gewährung einer Vorzugsbehandlung ist ein Teil der Souveränität des Staates. Eine eingeräumte Besserstellung findet im Völkerrecht nur insoweit eine Begrenzung, als dritte Staaten auf Grund einer vertraglichen Verpflichtung die gleiche Behandlung verlangen können.

c) Ergebnis

Die lit. a und b des Art. 2 para. 2 geben nur insoweit geltendes Recht wieder, als sie das Recht eines Staates fixieren, ausländische Investitionen in Übereinstimmung mit seinen nationalen Zielen und Prioritäten auf der Grundlage des internationalen Mindeststandards zu regeln.

7. Die Ausübung der Souveränität nach außen

Art. 4

„Every State has the right to engage in international trade and other forms of economic cooperation irrespective of any differences in political, economic and social systems. No State shall be subjected to discrimination of any kind based solely on such differences. In the pursuit of international trade and other forms of economic co-operation, every State is free to choose the forms of organization of its foreign economic relations and to enter into bilateral and multilateral arrangements consistent with its international obligations and with the needs of international economic co-operation."

Art. 5

„All States have the right to associate in organizations of primary commodity producers in order to develop their national economies, to achieve stable financing for their development and, in pursuance of their aims, to assist in the promotion of sustained growth of the world economy, in particular accelerating the development of developing countries. Correspondingly, all States have the duty to respect that right by refraining from applying economic and political measures that would limit it."

Art. 26 Satz 2

„(All States have the duty to coexist in tolerance and live together in peace, irrespective of differences in political, economic, social and cultural systems, and to facilitate trade between States having different economic and social systems). International trade should be conducted without prejudice to generalized non-discriminatory and non-reciprocal preferences in favour of developing countries on the basis of mutual advantage, equitable benefits and the exchange of most-favoured-nation treatment."

a) Allgemeines

Allgemein ist zunächst festzustellen, daß dem Völkerrecht der Gedanke, ein Staat behalte seine souveränen Rechte auch über seine im

Ausland befindlichen Ressourcen, d. h. über „wealth" und „economic activities", bei, fremd ist[217]. Sobald ein Staat Ressourcen aller Art transferiert, verliert er damit einen Teil seiner Souveränität.

b) Gestaltung der wirtschaftlichen Beziehungen

Unbenommen ist es dagegen den Staaten, ihre außenpolitischen Beziehungen vorbehaltlich völkerrechtlicher Beschränkungen in der Weise zu gestalten, die sie für zweckmäßig halten[218]. Sie können daher mit anderen Staaten nach eigenen Vorstellungen Handels- und Wirtschaftsbeziehungen aufnehmen[219] und in einer freigewählten Form durchführen. Bei der Gestaltung dieser Beziehungen haben zahlreiche Staaten der Mehrzahl ihrer Handelspartner die Meistbegünstigung[220] im Zollbereich eingeräumt, ohne dazu vertraglich verpflichtet zu sein. Daraus kann jedoch nicht geschlossen werden, daß die Gewährung auf eine Verpflichtung des Völkergewohnheitsrechts zurückgeht[221]. So haben die USA bis 1967 alle Ostblockstaaten von der Gewährung der Meistbegünstigung ausgenommen, ohne daß diese Staaten rechtliche Zweifel an der Zulässigkeit der Politik der USA geäußert hätten. Ebensowenig hat auch die Bundesrepublik Deutschland bei der Gewährung der Meistbegünstigung ohne vertragliche Verpflichtung jemals anerkannt, zu einer Gewährung verpflichtet zu sein[222].

Art. 4 Sätze 1 und 3 enthalten daher geltendes Völkergewohnheitsrecht; Art. 26 Satz 2 ist lediglich Programmsatz.

---

[217] Feuer, Réflexions, S. 290; P. Rao, Charter of Economic Rights and Duties of States, IJIL 1975, S. 360. Dazu auch I. Seidl-Hohenveldern, International Economic „Soft Law", RdC 1979 II, S. 222 f.

[218] Berber, Bd. 1, S. 181; Reinhard, S. 294 m. w. N.

[219] Dazu unten S. 197 ff.

[220] „Most-favoured-nation treatment is treatment accorded by the granting State to the beneficiary State, ..., not less favourable than treatment extended by the grating State to a third State ..."; Doc. A/33/10: Report of the International Law Comission of the work of its thirtieth session, S. 21.

[221] D. Vignes, La clause de la nation la plus favorisées et sa pratique contemporaine, RdC 1970 II, S. 224; Schwarzenberger, Principles, S. 74; K. Hyder, Equality of Treatment and Trade Discrimination in International Law, S. 29, 182 f.; Seidl-Hohenveldern, Völkerrecht, Rz. 1155; Menzel / Ipsen, S. 202; League of Nations, Recommendations of the Economic Committee Relating to Tariff Policy and the Most-Favoured Nation Clause, zit. nach J. H. Jackson, Legal Problems of International Economic Relations — Cases, Materials and Text, S. 527.

[222] Zum ganzen W. A. Kewenig, Der Grundsatz der Nichtdiskriminierung im Völkerrecht der internationalen Handelsbeziehungen, S. 49.

c) *Erzeugerzusammenschlüsse*

aa) Praxis

Die Gestaltungsfreiheit der ausländischen Beziehungen schließt das Recht ein, Produzentenzusammenschlüsse mit anderen interessierten Staaten zu bilden[223], um dadurch eine produktbezogene Koordinierung sowie eine Stabilisierung oder Dynamisierung in preis- und mengenmäßiger Hinsicht zu erzielen[224]. In der Praxis haben sich zahlreiche Entwicklungsländer nach dem Vorbild der OPEC in Organisationen für verschiedene Rohstoffe zusammengeschlossen[225]. Aber auch westliche Staaten praktizieren in erheblichem Umfange Steuerungsmechanismen, wie Lagerhaltung, Stützungskäufe und kartellartige Zusammenschlüsse von Metallerzeugern, die denjenigen der Erzeugerzusammenschlüsse der Entwicklungsländer ohne weiteres gleichkommen[226].

bb) Die Zulässigkeit von Erzeugerzusammenschlüssen

Die Zulässigkeit internationaler Produzentenzusammenschlüsse ist im Schrifttum[227] verneint worden. Dabei stützt sich die Argumentation auf bestimmte Rechtsordnungen, die Kartelle verbieten. Ein solcher Versuch, Grundsätze staatlicher Rechtsordnungen in das internationale Rechtssystem zu übertragen, muß besonders im Bereich des Wirtschaftsrechts scheitern. Das innerstaatliche Wirtschaftsrecht relativ weniger Staaten hält auf der Grundlage der marktwirtschaftlichen Orientierung sowohl Kontrollmechanismen zum Schutz gegen Fehlentwicklungen als auch Sozialregelungen zur Sicherstellung der rechtlichen Gleichheit des Einzelnen bereit. Die internationale Ordnung kennt demgegenüber weder eine (freie) Wettbewerbsordnung noch Steuerungsmechanismen

---

[223] E.-U. Petersmann, Die Dritte Welt und das Wirtschaftsvölkerrecht, ZaöRV 1976, S. 534; Tomuschat, Charta, S. 455; ders., Weltwirtschaftsordnung, S. 96; H. Hasenpflug, Beurteilung der Forderung nach Schaffung einer neuen Weltwirtschaftsordnung, S. 139; R. C. A. White, A New International Economic Order, ICLQ 1975, S. 549.

[224] Zu den jeweiligen Zielen der Erzeugerstaaten Z. Mikdashi, The International Politics of Natural Resources, S. 194 ff.

[225] Übersicht bei dems., S. 82 ff. und Flory, Droit international, S. 290 ff. sowie eine Einzeldarstellung bei Fischer, Rohstofflenkung, S. 69 ff.

[226] Vgl. dazu Hager, S. 473.

[227] D. Carreau / Th. Flory / J. de la Rochère / P. Juilliard, Chronique de Droit international économique, AFDI 1975, S. 697; C. N. Brower, The Charter of Economic Rights and Duties and the American Constitutional Tradition: A Bicentennial Perspective on the „New International Economic Order", Int. Lawyer 1976, S. 704; vgl. andererseits Commonwealth Secretariat (Hrsg.), Towards a New International Economic Order, S. 39, wo Produzentenzusammenschlüsse in Analogie gesehen werden zu den Gewerkschaften in Industriestaaten, mit denen sich eine verarmte Arbeitnehmerschaft ihre Rechte habe erkämpfen müssen. Der Rückgriff auf innerstaatliche Rechts- und Sozialordnungen führt je nach dem Ausgangspunkt zu entgegengesetzten Ergebnissen und ist schon von daher als Methode anzweifelbar.

gegen Fehlentscheidungen oder eine geschützte gleichgewichtige Entwicklung aller Teilnehmer, wie sie etwa die innerstaatlichen Sozialordnungen garantieren. Dem Sozialgefüge des Staates steht auf der internationalen Ebene also nichts Vergleichbares gegenüber, das eine Übertragbarkeit bestimmter Regeln rechtfertigen könnte[228]. Ein Verbot von Produzentenzusammenschlüssen als „Kartelle" kann daher lediglich als rechtspolitische Forderung gesehen werden[229]. Erzeugerzusammenschlüsse sind vom internationalen Recht daher erlaubt[230].

cc) Die Zulässigkeit von Gegenmaßnahmen

Die Praxis kennt zahlreiche Gegenmaßnahmen der Abnehmerstaaten gegen Maßnahmen der Preis- und Absatzpolitik von Produzentenzusammenschlüssen[231]. In diesem Zusammenhang sei nur auf die verschiedentlich in den USA erhobene Forderung nach einem „Gegen-Kartell" für Lebensmittel hingewiesen. Diese Forderungen wurden nicht aus rechtlichen Gründen verworfen, sondern u. a. aus humanitären und binnenwirtschaftlichen Gründen[232].

Nach dem Völkergewohnheitsrecht haben Abnehmerstaaten daher das Recht, ein für sie nachteiliges Handeln von Produzentenzusammenschlüssen mit geeigneten Mitteln abzuwehren[233]. Dieses Recht der Abnehmerstaaten ist als Einzelrecht ihrer äußeren Souveränität zu qualifizieren.

dd) Ergebnis

Art. 5 enthält daher nur in Satz 1 geltendes Recht.

---

[228] Ch. Tomuschat, Internationale Abhängigkeiten im Rohstoffbereich, S. 158 f.; E.-U. Petersmann, Völkerrecht und „neue" Weltwirtschaftsordnung, RIW/AWD 1976, S. 526; im Ergebnis auch Flory, Droit international, S. 292; sowie Fischer, Rohstofflenkung, S. 74, da die Bezugnahme auf „Kartelle im internationalen Sinne" nur eine Unterscheidung zu nationalen Kartellen bedeuten kann; vgl. ferner R. C. A. White, S. 549, der eine Möglichkeit, Erzeugerzusammenschlüsse für unzulässig zu erklären, nicht sieht.

[229] Eine solche Forderung würde konsequenterweise zu den steuerungs- und sozialpolitischen Forderungen der Charta passen, die hinsichtlich dieser Forderung jedoch das genaue Gegenteil enthält. Denn gerade Produzentenzusammenschlüsse sollen nach dem Willen der Protagonisten der Charta ein gewisses Machtinstrument bilden, um den Forderungen der Erzeugerstaaten Nachdruck zu verleihen.

[230] Vgl. nur Shihata, Arab Oil Policies, S. 263; D. W. Bowett, International Law and Economic Coercion, VirgJIL 1976, S. 256 f.

[231] Tomuschat, Weltwirtschaftsordnung, S. 95.

[232] C. F. Bergsten, Access to Supplies and the New International Economic Order, S. 207.

[233] Tomuschat, Charta, S. 456; Wildhaber, Multinationale Unternehmen, S. 30 f.; Bowett, International Law, S. 256 f.; R. B. Lillich, Commentaries, VirgJIL 1976, S. 291; vgl. auch K. M. Meessen, Diskussionsbeitrag zu Tomuschat, Abhängigkeiten, S. 186 sowie Seidl-Hohenveldern, Völkerrecht, Rz 121; ders., „Soft Law", S. 219.

d) Ressourcen und Handelspolitik

Damit steht auch gleichzeitig fest, daß der Einsatz der Ressourcen in der Handelspolitik vom Völkergewohnheitsrecht nicht eingeschränkt wird[234]. Die Staaten können ihre Ressourcen daher zu allen ihnen angemessen erscheinenden Zwecken nutzen[235].

Das Völkerrecht muß deshalb Mittel bereithalten, um eine ungewollte Beeinträchtigung der Souveränität der Staaten zu verhindern. Vor Übergriffen auf den staatlichen Zuständigkeitssektor soll insbesondere das Verbot der Intervention schützen.

8. Der Schutz der Souveränität

Art. 32

„No State may use or encourage the use of economic, political or any other type of measures to coerce another State in order to obtain from it the subordination of the exercies of its sovereign rights."

a) Der Begriff der Intervention

Der Begriff der Intervention gehört zu den am wenigsten geklärten Problemen des Völkerrechts[236]. Die Untersuchung von Dicke hat gezeigt, daß eine allgemein anerkannte Definition der Intervention nicht zur Verfügung steht. Die Völkerrechtswissenschaft hat zwar verschiedene Versuche unternommen, die Intervention begrifflich von den zahlreichen Anwendungen politischer Einflußnahme abzugrenzen. Keines der dabei herausgearbeiteten Merkmale vermag indes völlig zu überzeugen.

aa) Der weite Interventionsbegriff im Schrifttum

Unabhängig von Einzelfragen der Abgrenzung wird im Schrifttum, besonders demjenigen östlicher Autoren, zunehmend ein weiter Interventionsbegriff vertreten. Dieser Interventionsbegriff umfaßt alle Formen der Einmischung und damit auch die Ausübung wirtschaftlichen Zwanges. Ein Teil des Schrifttums erkennt jedoch zugleich an, daß die Konturen des Tatbestandes und damit der Umfang des Verbotes verwischt werden, da eine Abgrenzung zu den sonstigen Formen der Einflußnahme bislang ungeklärt ist[237].

---

[234] Brownlie, Legal Status, S. 305.

[235] Zu den mögl. Einschränkungen siehe unten, B. II. 8. c) cc).

[236] Überblick über den Meinungsstand bei A. Gerlach, Die Intervention — Versuch einer Definition, S. 52 ff. sowie bei Dicke, S. 165 ff.; dazu neuestens auch B.-O. Bryde, Die Intervention mit wirtschaftlichen Mitteln, S. 241 f.

[237] Eingehend Dicke, S. 177 ff.; aus der neueren Literatur krit. Menzel / Ipsen, S. 197; Reinhard, S. 270 f., E. Wehser, Die Intervention nach gegenwärtigem Völkerrecht, S. 25.

bb) Der Interventionsbegriff der Praxis

Auch die Praxis hat zur Klärung nichts beizutragen vermocht. Die Resolutionspraxis der UN kennt zwar ebenso wie die einhellige Auffassung in der Literatur ein Interventionsverbot[238]. Seit 1966 sind mehrere Resolutionen[239] beschlossen worden, deren entsprechende Abschnitte nahezu wörtlich übereinstimmend mit Art. 32 der Charta ein Interventionsverbot aussprechen. Diese Interventionsverbote umfassen das Verbot wirtschaftlichen Zwanges jedoch nur zu einem geringen Teil und umgehen damit einen Großteil der Abgrenzungsschwierigkeiten. Die nicht eindeutige Haltung kommt in der Prinzipiendeklaration deutlich zum Ausdruck. Das dort ausgesprochene Verbot der Intervention mit politischen und wirtschaftlichen Mitteln traf während der Beratungen auf den Widerspruch westlicher Delegierter. Wenn dieser Widerstand auch im Verlauf der Beratungen nicht weiter aufrechterhalten wurde, so sind dahinter doch weniger rechtliche Erwägungen als vielmehr eine Kompromißbereitschaft der westlichen Staaten vermutet worden[240].

Auch die Ausklammerung des Verbotes wirtschaftlichen und politischen Druckes aus dem Gewaltverbot der Prinzipiendeklaration deutet in diese Richtung. Denn die Zurückweisung sowohl des Vorschlages westlicher Staaten, den Begriff „force“ durch „armed force“ zu konkretisieren, als auch das Scheitern der Bemühungen sozialistischer Staaten und der Entwicklungsländer, wirtschaftlichen und politischen Zwang einzuschließen, trägt für die inhaltliche Klärung des Gewaltbegriffes nichts bei[241]. Vielmehr entspricht der Wortlaut der Prinzipiendeklaration der nahezu einhelligen westlichen Auffassung, daß Maßnahmen des wirtschaftlichen Zwangs nicht unter den Gewaltbegriff des Art. 2 Abs. 4 UN-Charta fallen[242].

---

[238] Vgl. die Übersicht bei Dicke, S. 19 ff.; ein Interventionsverbot ist immer wieder deutlich von lateinamerikanischen Autoren begründet worden, vgl. P. Calvo, Le droit international. Théorique et pratique, Bd. 1, S. 226 ff., insbes. S. 308; Halajczuk / Moya Dominguez, S. 153 ff.; dazu Wehser, Intervention, S. 29 f.

[239] UN GA Res. 2131 (XX), abgedr. in AJIL 1966, S. 662—664 (Pkt. 2); UN GA Res. 2625 (XXV), abgedr. in AJIL 1971, S. 243—251 (Prinzip 3); UN GA Res. 3131 (XXVIII), abgedr. in AJIL 1974, S. 381—383.

[240] Näheres bei Dohna, S. 125 f.

[241] Vgl. auch die Kritik Brownlies, Legal Status, S. 305 f. und Wehsers, Intervention, S. 42; zweifelhaft daher die Annahme Bowetts, International Law, S. 245, daß die Diskussion einen Konsens erbracht habe, das Gewaltverbot des Art. 2 Abs. 4 UN-Charta nicht auf wirtschaftlichen Zwang auszudehnen.

[242] Bryde, S. 230 ff.; Brownlie, Legal Status, S. 306 f.; Seidl-Hohenveldern, Das Recht auf wirtschaftliche Selbstbestimmung, RIW/AWD 1974, S. 12; Tomuschat, Abhängigkeiten, S. 159; B. Lindemeyer, Das Handelsembargo als Zwangsmittel der staatlichen Außenpolitik, RIW/AWD 1981, S. 16; Dohna,

cc) Zwischenergebnis

Mit diesen Feststellungen ist zweierlei gewonnen. Der in der Literatur vertretene weite Interventionsbegriff hat in der Praxis nicht ohne weiteres seinen Niederschlag gefunden[243] und ist somit ersten Zweifeln ausgesetzt. Zugleich ist damit auch angedeutet, daß aus der Praxis, trotz ihrer Umfänglichkeit, kaum ein Satz wird sich herleiten lassen, der die Grenze zwischen völkerrechtlich Erlaubtem und Verbotenem auf dem Gebiet der internationalen Wirtschaftsbeziehungen definiert.

b) Das Schutzgut des Interventionsverbotes

Trotz des Fehlens eines anerkannten Interventionsbegriffes besteht im Schrifttum[244] weitgehend grundsätzliche Übereinstimmung darin, daß das Schutzgut des Interventionsverbotes die staatliche Souveränität ist. Diese Auffassung wird durch die Rechtsprechung des IGH und die Praxis der Internationalen Organisationen bekräftigt[245], so daß zunächst dieser Befund als gesichert anzusehen ist. Im folgenden wird daher unter Intervention eine Einmischung von Völkerrechtssubjekten in die inneren und äußeren Angelegenheiten anderer Völkerrechtssubjekte verstanden.

c) Die Mittel der Intervention

aa) Ausscheiden der Diplomatie

Nicht unter den Begriff der Intervention fallen verschiedene Tatbestände. Die Ausübung des diplomatischen Schutzes ist ein eigenes Recht des ausübenden Staates[246] und daher kein völkerrechtswidriges Mittel der Druckausübung. Ebenso ist das Anbieten „Guter Dienste", Vermittlung etc. nach einhelliger Auffassung in Theorie und Praxis[247] keine Intervention, da hierbei die betroffenen Staaten sowohl in der Wahl ihrer Mittel als auch in ihrer materiellen Entscheidungsfreiheit keinem Druck unterliegen.

S. 57 m. w. N.; nach S. C. Andrews, The Legitimacy of the United States Embargo of Uganda, JILE 1979, S. 660, kann u. U. wirtschaftlicher Zwang auch unter das Gewaltverbot des Art. 2 Abs. 4 fallen; demgegenüber enthält UN GA Res. 3314 (XXIX) — Aggressionsdefinition — nichts über Maßnahmen wirtschaftlichen Druckes, dazu R. C. A. White, S. 550.

[243] Zurückhaltend auch Wehser, Intervention, S. 25 ff.; vor allem fehlt es an einem universellen Vertrag, der ein Interventionsverbot statuiert, worauf etwa Castaneda, La Charta, S. 35, hinweist.

[244] Vgl. die Übersicht bei Dicke, S. 19 ff. sowie Wehser, Intervention, S. 32, 37.

[245] Ders., S. 34 ff.; Reinhard, S. 266, 303.

[246] Dazu unten C. III. 8. a).

[247] Oppenheim / Lauterpacht, S. 305; Berber, Bd. 1, S. 192; ders., Lehrbuch des Völkerrechts, Bd. 3, S. 38; Menzel / Ipsen, S. 197 f.; Wehser, Intervention, S. 44; Verdross / Simma, S. 249 m. w. N.; Pavithran, S. 118; Akademie der Wissenschaften der UdSSR, Völkerrecht, S. 395.

bb) Militärische Gewalt

Sicher ist dagegen, daß die Anwendung militärischer Gewalt unter das Interventionsverbot fällt[248]. Zwar kennt die Praxis zahlreiche militärische Auseinandersetzungen und Einmischungen. Zu den deutlichen Fällen der letzteren Art zählen vor allem die sowjetische Niederschlagung des mitteldeutschen Aufstandes 1953, die Maßnahmen gegenüber Ungarn 1956, das Eingreifen in der CSSR 1968 und der Einmarsch in Afghanistan 1979 einerseits und andererseits die vergleichbaren, wenn auch in ihrer Intensität abgemilderten Maßnahmen der USA insbesondere im lateinamerikanischen Raum[249]. Diese Praxis stützt sich auf eine Reihe von Rechtfertigungsversuchen, die sich nicht einwandfrei dem Recht zuordnen lassen. Zu nennen sind dabei vor allem die „Breschnew-Doktrin“[250] und die „Monroe-Doktrin“ bzw. die daraus hervorgegangene „Johnson-Doktrin“[251]. Diese eher politischen Lehrmeinungen sind von der Staatengemeinschaft nicht angenommen worden. So wurde der sowjetische Einmarsch in die CSSR auch von den sozialistischen Staaten nicht einhellig beurteilt und von Kuba sogar als rechtswidrig bezeichnet[252]. Scheidet man diese Lehrmeinungen also als nicht rechtserheblich aus[253], so konnte in Ermangelung von Rechtfertigungsgründen die Praxis auch nicht zur Bildung von Gewohnheitsrecht führen.

cc) Wirtschaftlicher Zwang

Ein weiteres Mittel der Einmischung ist die Ausübung wirtschaftlichen Zwanges. Hierunter fallen vor allem Boykott- und Embargomaßnahmen. In neuerer Zeit wird auch die Wirtschafts- und Entwicklungshilfe mit bestimmten Auflagen hinsichtlich der Wirtschaftspolitik des Empfängerlandes eingesetzt.

α) Boykott- und Embargomaßnahmen

Unter Handelsembargo ist eine staatliche Beschränkung des Außenhandels zu verstehen. Diese Beschränkung beinhaltet in aller Regel

[248] Aréchaga, S. 114 f.; M. S. Korowicz, Introduction to International Law, S. 234; anders J. M. Mössner, Einführung in das Völkerrecht, S. 198.

[249] Wehser, S. 31; zu letzteren vgl. Lewin, S. 270 ff.; sowie M. Schweitzer, Erleidet das Gewaltverbot Modifikationen im Bereich von Einflußzonen?, S. 238 ff.

[250] Dazu B. Meißner, Die „Breschnew-Doktrin“; Schweitzer, S. 231 ff.

[251] Vgl. Schweitzer, S. 235 ff.

[252] Schweisfurth, Sozialistisches Völkerrecht?, S. 155 ff.; vgl. dazu auch G. Kaminski, Neue Tendenzen der chinesischen Haltung zur Intervention, insbes. S. 492.

[253] Dazu T. Schweisfurth, Breschnjew-Doktrin als Norm des Völkerrechts, AP 1970, 523 ff.; nach Kröger / Seidel, S. 108, ist die „Breschnew-Doktrin“ lediglich eine Erfindung der westlichen Lehre und werde von den sozialistischen Staaten weder vertreten noch praktiziert. Man kommt mit dieser Ansicht zum gleichen Ergebnis.

ein Verbot des Abschlusses bestimmter Handelsgeschäfte mit einem Staat oder mit in seinem Gebiet ansässigen Personen. Ziel solcher Maßnahmen ist eine gewünschte Handhabung der Souveränität[254].

In der Staatenpraxis sind zahlreiche Embargos zu verzeichnen gewesen[255]. Zu den wichtigsten Maßnahmen der neueren Zeit zählen das Jugoslawien-Embargo der Sowjetunion, mit dem diese 1948 auf die eigenständige politische und ideologische Linie Jugoslawiens reagierte; das Israel-Embargo ebenfalls durch die Sowjetunion 1956 sowie der Boykott kommunistischer Staaten 1961 gegen Albanien wegen dessen Beziehungen zu China; das Export-Embargo gegenüber den sozialistischen Staaten vorwiegend durch die USA nach dem Zweiten Weltkrieg; das Kuba-Embargo ebenfalls überwiegend durch die USA nach 1960 aufgrund der prokommunistischen Haltung der kubanischen Regierung; das erwogene Handelsembargo seitens der EG-Staaten gegen Spanien im Zusammenhang mit den dortigen Hinrichtungen; sowie die Embargos von Entwicklungsländern, von denen zu nennen sind die der afrikanischen Staaten 1963 gegenüber Portugal, Südafrika und Großbritannien, das syrische Import-Embargo gegenüber der Schweiz 1970 und zuletzt das arabische Öl-Embargo 1973. Diese Übersicht zeigt, daß Staaten bzw. Staatengruppen jedweder ideologischer Ausrichtung mit dem Mittel des Handelsembargos zumindest versucht haben, die Politik des betroffenen Staates wenigstens zu beeinflussen. Proteste betroffener Staaten oder zu Einzelfällen geäußerte Bedenken von Völkerrechtlern der betroffenen Staaten[256] vermögen nicht zu widerlegen, daß das Embargo ein vom Völkerrecht nicht verbotenes Zwangsmittel ist. Denn einerseits gibt es ein völkerrechtliches Gebot der Handelsfreiheit oder ein allgemeines Diskriminierungsverbot nicht[257]. Ein Staat kann daher, sofern vertragliche Bindungen nichts anderes bestimmen, seinen Handel mit einem anderen Staat einschränken oder abbrechen. Auf der anderen Seite wird die These von der Zulässigkeit des Embargos von Völkerrechtlern der unterschiedlichsten Herkunft grundsätzlich verteidigt und auf Tagungen vorgetragen, ohne daß dem Vortrag durch

---

[254] G. Erler, Boykott, wirtschaftlicher, WVR Bd. 1, S. 238 ff.; Dicke, S. 205.

[255] Zum ganzen J. D. Muir, The Boycott in International Law, JILE 1974, 187 ff.; B. Lindemeyer, Schiffsembargo und Handelsembargo, S. 261 ff.; Dicke, S. 208 ff.

[256] Vgl. die Kontroverse über das arabische Öl-Embargo zwischen J. J. Paust / A. P. Blaustein, The Arab Oil Weapon — A Threat to International Peace, AJIL 1974, S. 410 ff.; dies., The Arab Oil Weapon — A Reply and Reaffirmation of Illegality, ColJTL 1976, S. 57 ff. und I. F. I. Shihata, Destination Embargo of Aral Oil: Its Legality under International Law, AJIL 1974, S. 591 ff.; ders., Arab Oil Policies; Tomuschat, Charta, S. 454, sieht darin wohl nur eine Unvereinbarkeit mit der Konzeption des weltweiten wirtschaftlichen Fortschritts.

[257] Erler, S. 239; Schwarzenberger, Principles, S. 49; zustimmend Lindemeyer, Schiffsembargo, S. 361 ff., 403; Dicke, S. 222; dazu noch unten, D. II. 5.

anwesende offizielle Vertreter von Staaten, auf deren Betreiben die Charta zustandegekommen ist (Mexiko, Kuweit), widersprochen worden wäre[258].

Boykott- und Embargomaßnahmen sind daher ein gängiges Instrument aller Staaten zur Verfolgung außenpolitischer Ziele[259].

β) Wirtschafts- und Entwicklungshilfe

Mit gleicher Zielrichtung wird seit dem Zweiten Weltkrieg auch die Wirtschafts- und Entwicklungshilfe eingesetzt[260]. Besonders deutlich trat die Verbindung politischer Ziele mit der Gewährung von Wirtschaftshilfe beim Marschall-Plan in Erscheinung[261], während als Gegenmaßnahme die Sowjetunion mit massivem Druck auf Finnland, Polen und die CSSR verhinderte, daß diese die Hilfe annahmen[262]. Ähnliche Bedeutung kam der Hallstein-Doktrin seit 1955 zu[263]; mit diesem Leitsatz brach die Bundesrepublik Deutschland die diplomatischen Beziehungen mit den Ländern ab, die die DDR völkerrechtlich anerkannten. Auch die Einbettung von Entwicklungshilfe in Kooperationsverträge, die die Souveränität des Hilfe empfangenden Staates erheblich beeinträchtigten, sind Praxis, ohne daß ihre Völkerrechtswidrigkeit von dem benachteiligten Staat behauptet worden wäre[264].

Die genannten Beispiele sind keineswegs erschöpfend. Anhand von Extremfällen ist jedoch deutlich geworden, daß der Einsatz der Wirtschaftshilfe für politische Zwecke die Praxis ist[265].

γ) Zwischenergebnis

Die Forderungen und Bemühungen, zu einem Verbot des wirtschaftlichen Zwanges zu gelangen, sind zwar Legion[266]. Maßnahmen des wirtschaftlichen Zwanges sind jedoch allgemeine Staatenpraxis und werden lediglich in einzelnen Fällen von dem jeweils betroffenen Staat für unerlaubt gehalten, ohne daß diese Staaten ihrerseits auf ent-

[258] A Symposium on the New International Economic Order, VirgJIL 1976, S. 233—253; insbes. Shihata, Arab Oil Policies, S. 268, der ein grundsätzliches Verbot nicht kennt und Einschränkungen wohl nur de lege ferenda versteht; ders., Diskussionsbeitrag, S. 295.

[259] Muir, S. 192.

[260] Eingehend J. Betz, Die Internationalisierung der Entwicklungshilfe, S. 206 ff., insbes. S. 223 ff. für bilaterale Geber.

[261] Loewenstein, S. 229 f.

[262] Dicke, S. 226.

[263] Ders., S. 202, 227.

[264] Ders., S. 202 f., 227.

[265] Mahiou, S. 428; David, 410 f.; sowie zur Einbettung der Wirtschaftshilfe in die Mittel des Kalten Krieges W. D. Verwey, Economic Development, Peace, and International Law, S. 118 ff.

[266] Vgl. Muir, S. 195 ff., 202.

sprechende Maßnahmen verzichtet hätten. Maßnahmen des wirtschaftlichen Druckes werden vom Völkergewohnheitsrecht nicht verboten[267].

d) Ergebnis

Art. 32 enthält daher nur beschränkt geltendes Recht.

9. Die Grenzen der Ausübung der Souveränität

Art. 3

„In the exploitation of natural resources shared by two or more countries each State must cooperate on the basis of a system of information and prior consultations in order to achieve optimum use of such resources without causing damage to the legitimate interest of others."

a) Vertragliche Regelungen

Grenzen für die wirtschaftlichen Aktivitäten eines Staates ergeben sich neben vertraglichen Bindungen auch aus dem völkerrechtlichen Nachbarrecht. Dieses bislang überwiegend in bi- und multilateralen Verträgen enthaltene Recht legt den Staaten verschiedene Verhinderungs- und Unterlassungspflichten auf[268]. In zahlreichen Fällen einer an sich erlaubten wirtschaftlichen Tätigkeit hat diese Tätigkeit Auswirkungen auf fremdes Territorium und trifft damit auf das Recht eines anderen Staates an der ungehinderten Ausübung seiner Gebietshoheit. Bislang kennt das Völkerrecht nur einzelne Pflichten, denen eine umfassende Ausgestaltung noch fehlt[269]. Als Mindestgrundsatz kann jedoch festgehalten werden, daß ein Staat zwar bis zu einer gewissen Grenze[270] Auswirkungen der wirtschaftlichen Tätigkeit ande-

---

[267] Seidl-Hohenveldern, Selbstbestimmung, S. 12; Lindemeyer, Handelsembargo, S. 16; Bowett, International Law, S. 249; Lillich, Commentaries, S. 291; im Grundsatz ebenso, allerdings mit Einschränkungen, Shihata, Arab Oil Policies, S. 268; ders., Diskussionsbeitrag, S. 295; M. Bedjaoui, Pour un nouvel ordre économique international, S. 155 ff.; Andrews, S. 657; so wohl auch Wehser, S. 254; Reinhard, S. 295 unter Berufung auf UN GA Res. 2131 (XX). Im Ergebnis wie hier Dicke, der der Praxis entnimmt, daß „.... — soweit ersichtlich — niemand durch wirtschaftliche Maßnahmen zu etwas gezwungen worden zu sein (scheint)", S. 151, und daher aufgrund seines Verständnisses von Zwang eine Staatenpraxis, die zu einem Verbot hätte führen können, nicht sieht, S. 240. Gegen Dickes Zwangsbegriff spricht jedoch die Resolutionspraxis der UN, nach der es genügt, wenn das eingesetzte Mittel geeignet erscheint, bei dem betroffenen Staat den Eindruck eines drohenden Nachteils zu erwecken, Reinhard, S. 270.

[268] Allgemein dazu E. Klein, Umweltschutz im völkerrechtlichen Nachbarrecht, insbes. S. 240 ff.

[269] L. Wildhaber, Die Öldestillieranlage Sennwald und das Völkerrecht der grenzüberschreitenden Luftverschmutzung, SchwJIR 1975, S. 101; Klein, S. 124, 243 f.; Verdross / Simma, S. 509.

[270] Etwa ästhetische und ideelle Interessen sind nach der Staatenpraxis nicht geschützt, J. P. Müller / L. Wildhaber, Praxis des Völkerrechts, S. 401;

rer Staaten hinnehmen muß, der Verursacherstaat aber bei Überschreiten dieser Grenze völkerrechtlich verantwortlich wird[271].

b) Nachbarrecht und grenzüberschreitende Ressourcen

Einen Sonderfall des völkerrechtlichen Nachbarrechts bilden die Erforschung und Ausbeutung grenzüberschreitender Ressourcen. Das Schrifttum enthält, soweit es überhaupt auf diese Frage eingeht, unterschiedliche Regelungsvorschläge, denen aber ein Konsens nicht entnommen werden kann[272].

Demgegenüber kennt die Praxis zahlreiche vertragliche Bestimmungen über die Zusammenarbeit bei der Erforschung und Nutzung gemeinsamer Ressourcen. Über die bilateralen Verträge hinaus ist die Pflicht zur Zusammenarbeit auch in mehreren Deklarationen und Prinzipienerklärungen internationaler Konferenzen und Organisationen genannt[273].

Eine Pflicht zur Zusammenarbeit setzt voraus, daß der aktiv werdende Staat mit dem Nachbarstaat in ein System der „information and prior consultation" eintritt[274]. Dabei sind unter „information" alle diejenigen technischen Informationen zu verstehen, die es dem Nachbarstaat ermöglichen, Auswirkungen auf sein Territorium berechenbar zu machen und im gegebenen Fall abzuwehren[275]. „Prior consultation" umfaßt eine gemeinsame Prüfung möglicher, mit dem geplanten Vorhaben verbundener Auswirkungen. In diesem hier definierten Sinne verfährt auch die allgemeine Praxis[276]. Sofern der zu informierende Staat eine Diskussion nicht wünscht, braucht der aktiv werdende Staat auch nicht darauf zu drängen. Sieht man darüber hinaus von einem gelegentlich vertraglich fixierten Zustimmungserfordernis für ein Vorhaben im Bereich der internationalen Wassernutzung[277] ab, so steht ein Vetorecht gegen das geplante Vorhaben völkergewohnheitsrechtlich in keinem Fall dem zu informierenden Staat zu[278].

---

anders A. Randelzhofer / B. Simma, Das Kernkraftwerk an der Grenze, S. 389 (optische Beeinträchtigung), dagegen zu Recht Wildhaber, grenzüberschreitende Luftverschmutzung, S. 118.

[271] UNRIAA III, S. 1965 (Trail-Smelter-Case); Klein, S. 123 f.; Menzel / Ipsen, S. 152; Wildhaber, grenzüberschreitende Luftverschmutzung, S. 102 m. w. N., 115 ff.; eingehend W. Lang, Haftung und Verantwortlichkeit im internationalen Umweltschutz; vgl. weiter A. Rest, Convention on Compensation for Transfrontier Environmental Injuries.

[272] Übersicht über den Meinungsstand bei R. Lagoni, Oil and Gas Deposits Across National Frontiers, AJIL 1979, S. 216 ff.

[273] Ders., S. 222 ff.; G. Handl, The Principle of „Equitable Use" as Applied to Internationally Shared Natural Resources, Rev. belge 1978/79, S. 59 f.

[274] Lagoni, S. 237; Handl, S. 60.

[275] Lagoni, S. 238; Handl, S. 61.

[276] Handl, ibid.

[277] Dazu Klein, S. 292 f.

Das Erfordernis der „information and prior consultation" ist gewohnheitsrechtlich indirekt anerkannt, da es Teil der Pflicht zur Zusammenarbeit ist, die ihrerseits für den hier in Rede stehenden Teilbereich des internationalen Rechts gewohnheitsrechtlich anerkannt ist[279]. Denn trotz der aus den Staatenäußerungen selten ableitbaren Rechtsüberzeugung läßt das aktuelle Verhalten der Staaten in ausreichendem Maße eine allgemeine opinio iuris erkennen[280]. So ist nicht nur das Abstimmungsverhalten in der UNO zu diesem Fragenkreis als Indiz für ein wachsendes Rechtsbewußtsein zu werten, sondern mehrere aktuell betroffene Staaten haben ihre Bereitschaft zu erkennen gegeben, daß Fragen über die Nutzung des Kontinentalsockels auf der Basis zwischenstaatlicher Zusammenarbeit gelöst werden sollen. Letztlich wird auch wegen der wirtschaftlichen Interessen an einer möglichst unbeeinträchtigten Nutzung und Ausbeutung gemeinsamer Ressourcen eine Reziprozitätserwartung[281] erkennbar.

Dieses Ergebnis entspricht der Resolutionspraxis der UNO. Die Pflicht zur „information and prior consultation" war in der Stockholmer Declaration on the Human Environment 1972 noch nicht aufgenommen, fand aber Eingang in nachfolgende Resolutionen der Generalversammlung der UN[282].

c) Ergebnis

Art. 3 entspricht neuem Völkergewohnheitsrecht.

III. Gesamtergebnis

1. Die Statuierung der Unveräußerlichkeit der Souveränität findet keine Stütze im geltenden Recht.
2. Die permanente Souveränität ist als Konzept anerkannt und findet zunehmend Eingang in die Praxis.

---

[278] Lac Lanaux-Fall, ILR 1961, S. 101, 132; jeweils unter Berufung darauf Handl, S. 62 und Wildhaber, grenzüberschreitende Luftverschmutzung, S. 113 m. w. N.; J. A. Barberis, Los recursos naturales compartidos entre estados y el derecho internacional, S. 48 m. w. N., S. 73; Lang, S. 529.

[279] Lagoni, S. 237; Handl, S. 61; im Ergebnis ebenso Wildhaber, grenzüberschreitende Luftverschmutzung, S. 108 f., 112; anders Reinhard, S. 94, der völkergewohnheitsrechtliche Kooperationspflichten allenfalls in akuten Notsituationen annimmt; im Ergebnis ebenso Lang, S. 528 f., der eine zwingend ableitbare Pflicht zur Information nicht sieht.

[280] Dazu und zum folgenden Lagoni, S. 233 ff.; zum Verhalten der Staaten in der UNO eingehend Seidl-Hohenveldern, „Soft Law", S. 189 f.

[281] Eingehend zur Rolle der Gegenseitigkeit im Rechtserzeugungsverfahren unten, S. 162 ff.

[282] Dazu Barberis, S. 164, 166; Reinhard, S. 88 f.

3. Von der Begrenzung der Souveränität durch völkerrechtliche Normen bleibt die Ausgestaltung der inneren Ordnung ausgenommen. Die Zulassung ausländischer Investitionen fällt in den vorbehaltenen Bereich des Staates. Das Eigentum des Investors ist sozialpflichtig; Eingriffe des Staates in das Management berühren das Eigentumsrecht des Investors. Multinationale Unternehmen unterstehen keinem völkerrechtlichen Sonderrecht.

4. Die Ausübung der Souveränität nach außen wird durch die Verpflichtungen des Völkerrechts begrenzt. Die Gestaltung der auswärtigen Beziehungen steht im Ermessen des Staates. Erzeugerzusammenschlüsse sind daher ebenso zulässig wie Maßnahmen gegen deren Preis- und Absatzpolitik. Der Einsatz von Ressourcen in der Handelspolitik ist nicht eingeschränkt.

5. Eine übereinstimmende Auffassung der Staaten zur Reichweite eines Interventionsverbotes und über dessen Rechtscharakter ist nicht nachweisbar. Maßnahmen wirtschaftlichen Druckes sind Praxis und durch das Völkerrecht nicht verboten.

6. Das Erfordernis der „information and prior consultation" bei der Ausbeutung grenzüberschreitender Ressourcen ist gewohnheitsrechtlich anerkannt. Eine darüber hinausgehende Zusammenarbeit ist gewohnheitsrechtlich nicht verankert.

7. Die Art. 1, 2 para. 2 lit. a und b, 4, 5, 26 Satz 2 und 32 geben teilweise Völkergewohnheitsrecht wieder. Art. 2 para. 1 entspricht nicht geltendem Recht. Neuem Völkergewohnheitsrecht entspricht dagegen Art. 3.

C. Die Rechtsstellung des ausländischen Eigentums im Völkerrecht

Art. 2 para. 2 lit. c

„Each State has the right:

(c) To nationalize, expropriate or transfer ownership of foreign property, in which case appropriate compensation should be paid by the State adopting such measures, taking into account its relevant laws and regulations and all circumstances that the State considers pertinent. In any case where the question of compensation gives rise to a controversy, it shall be settled under the domestic law of the nationalizing State and by its tribunals, unless it is freely and mutually agreed by all States concerned that other preaceful means be sought on the basis of sovereign equality of States and in accordance with the principles of free choice of means."

Die Enteignungsregelung des Art. 2 para. 2 lit. c war die weitaus am heftigsten umstrittene Bestimmung der Charta, ohne daß, wie das Abstimmungsergebnis zeigt, eine Annäherung der Standpunkte hätte erreicht werden können.

I. Die Vorarbeiten in der Arbeitsgruppe und die Stellungnahmen im Zweiten Ausschuß

Während das Recht zur Vermögensentziehung zu keinem Zeitpunkt bestritten wurde, wurden Einzelfragen schon auf der zweiten Sitzungsperiode der Arbeitsgruppe kontrovers behandelt. Der mexikanische Formulierungsvorschlag[1], der die Endfassung des Art. 2 para. 2 lit. c wesentlich beeinflußt haben dürfte, sah bereits vor, daß der entziehende Staat Höhe und Modalitäten der Entschädigungssumme bestimmt und daß Streitfragen von den nationalen Gerichten beigelegt werden; eine Bezugnahme auf internationales Recht enthielt der Vorschlag nicht. Demgegenüber unterstellten sowohl der US-amerikanische[2] wie auch der britische[3] Entwurf die Vermögensentziehung dem Völkerrecht. Während der US-amerikanische Vorschlag jedoch in Übereinstimmung mit der Kompromißformulierung der UNGA Res. 1803

[1] TD/B/AC. 12/2 Add. 1, S. 58.

[2] Ibid., S. 55.

[3] Ibid., S. 56.

(XVII) vom 14. 12. 1962 eine Entschädigung vorsah, die „appropriate" sein solle[4], forderte der britische Vorschlag eine Entschädigung, die „prompt, adequate and effective" sein solle. Auch in anderer Hinsicht erscheint der US-amerikanische Vorschlag kompromißbereiter, wenn er die Entschädigungszahlung auch dem Recht des entziehenden Staates unterstellt. Dagegen enthielt der britische Vorschlag die Nationalisierungsvoraussetzungen des öffentlichen Nutzens, der Sicherheit und des nationalen Interesses, die der mexikanische Vorschlag gleichfalls enthielt. Auch während der dritten Sitzungsperiode ließen die westlichen Staaten keine gemeinsame Linie erkennen. Die USA hielten ihren Vorschlag als Alternative 6 weiterhin aufrecht[5], während der britische Vorschlag leicht modifiziert als Alternative 4 von der Europäischen Gemeinschaft vertreten wurde[6]. Der mexikanische Vorschlag aus der zweiten Sitzungsperiode wurde in Alternative 1 von Irak, Jugoslawien u. a.[7] bzw. in Alternative 7 von Brasilien[8] wieder aufgegriffen. Der brasilianische Vorschlag wich allerdings insofern ab, daß er auch auf Res. 1803 verwies und damit eine gewisse Kompromißbereitschaft erkennen ließ. Einen erneuten Kompromiß legte der philippinische Delegierte Brillantes als Vorsitzender der Verhandlungsgruppe 2 zur vierten Sitzungsperiode der Arbeitsgruppe vor. Seine Alternative[9] sah vor, daß eine gerechte Entschädigung im Lichte aller wesentlichen Umstände vorzusehen sei; Streitigkeiten sollten nur dann vor den nationalen Gerichten des entziehenden Staates beigelegt werden, wenn nichts anderes vereinbart ist. Eine ausdrückliche Bindung an das Völkerrecht war in diesem Vorschlag durch die Verpflichtung des entziehenden Staates umgangen, seine internationalen Verpflichtungen nach Treu und Glauben zu erfüllen. Daß ein Kompromiß aber tatsächlich in weiter Ferne lag, wird durch die insgesamt vier Alter-

---

[4] Die Resolution wird nach verbreiteter Auffassung insoweit als Bestätigung geltenden Rechts oder zumindest doch als tragfähiger Kompromiß angesehen; I. Seidl-Hohenveldern, Modernes Völkerrecht und der Schutz ausländischen Eigentums, S. 657; I. Brownlie, Legal Status of Natural Resources in International Law, S. 261; R. J. Dupuy, Sentence arbitrale au fond (19 Janvier 1977), JDI 1977, S. 379; K. N. Gess, Permanent Sovereignty over Natural Resources, ICLQ 1964, S. 406; F. O. Vicuna, Some International Law Problems Posed by the Nationalization of the Copper Industry by Chile, AJIL 1973, S. 712; G. Feuer, Réflexions sur la charte des droits et devoirs économiques des Etats, RGDIP 1975, S. 291; zurückhaltender E. Menzel / K. Ipsen, Völkerrecht, S. 178; kritisch zu dieser Auffassung H. Reinhard, Rechtsgleichheit und Selbstbestimmung der Völker in wirtschaftlicher Hinsicht, S. 43; Brower / Tepe, The Charter of Economic Rights and Duties of States, Int. Lawyer 1975, S. 304 halten die Resolution dagegen für eine Bestätigung der westlichen Auffassung.

[5] TD/B/AC. 12/3, S. 16.

[6] Ibid.

[7] Ibid., S. 15.

[8] Ibid., S. 16.

[9] TD/B/AC. 12/4, S. 9.

nativen belegt, eine Anzahl, die in diesem Stadium nur der Entwurf des Art. 5 aufwies[10].

Auch im Ausschuß für Wirtschafts- und Finanzfragen — Second Committee — konnten die gegensätzlichen Auffassungen nicht ausgeräumt werden.

Die Position einer Gruppe der wichtigsten marktwirtschaftlich orientierten Staaten[11] kommt in einem Änderungsantrag zu dem von der Arbeitsgruppe vorgelegten Entwurf des Art. 2 zum Ausdruck. Im Gegensatz zu dem Entwurf der Arbeitsgruppe sah dieser Vorschlag[12] zunächst vor, daß zu einem öffentlichen Zweck enteignet werden könne, wenn unter Berücksichtigung aller wesentlichen Umstände eine Entschädigung gezahlt werde, die „just" sei. Im Falle von Streitigkeiten, die die Behandlung ausländischer Investitionen oder die Frage der Entschädigung betreffen, war die Pflicht des Ausländers statuiert, zunächst die Gerichtsbarkeit des Aufenthaltsstaates anzurufen und zu erschöpfen. Darüber hinaus habe im Falle einer entsprechenden Vereinbarung jeder Staat das Recht, auf der Grundlage des Prinzips der souveränen Gleichheit der Staaten und des Prinzips der freien Wahl der Mittel die Streitigkeit mit friedlichen Mitteln beizulegen.

Diese Positionen zum Enteignungsrecht waren, worauf der französische Delegierte[13] auch namens der anderen westlichen Staaten hinwies, für diese Staatengruppe unverzichtbar. Dieser Aspekt der Unverzichtbarkeit wurde insbesondere von dem australischen Delegierten[14] dahingehend aufgegriffen, daß Australien als ein sowohl kapitalexportierendes wie -importierendes Land die Notwendigkeit des Gaststaates sehe, ausländischen Investoren eine allen Beteiligten gerecht werdende Chance zu bieten. Seine Delegation war daher der Ansicht, daß zu einer Nationalisierung eine Entschädigung gehöre, die „just" und ohne „undue delay" sei. Eine ähnliche Haltung nahm der dänische Delegierte[15] ein. Er wies darauf hin, daß Regelungen, die die Interessen aller Mitglieder der internationalen Gemeinschaft widerspiegelten, für alle Staaten von Nutzen seien. Voraussetzung sei allerdings ein Ausgleich der beteiligten Interessen, der über das internationale Recht erzielt werden könne.

---

[10] Ibid., S. 12.

[11] Australien, Belgien, Kanada, Dänemark, Bundesrepublik Deutschland, Frankreich, Griechenland, Irland, Italien, Japan, Luxemburg, Niederlande, Vereinigtes Königreich, USA.

[12] A/C. 2/L. 1404, abgedr. in Doc. A/9946, S. 6.

[13] (Rouge) A/C. 2/SR. 1650 para. 6.

[14] (Sturkey) A/C. 2/SR. 1650 para. 15.

[15] (Kjeldgaard-Olesen) A/C. 2/SR. 1650 para. 27.

Die Entschädigungsmodalitäten des westlichen Änderungsantrages konkretisierte der niederländische Delegierte[16]. Eine der grundlegenden Bedingungen einer rechtmäßigen Nationalisierung war nach seiner Auffassung die Zahlung einer Entschädigung, die „prompt, adequate and effective“ sein müsse. Diese weitgehend einseitig auf die Interessen des Investors abstellende Auffassung wurde von anderen westlichen Vertretern allerdings nicht geteilt. So räumte der kanadische Delegierte[17] ein, daß die Frage der Entschädigung von den Umständen des Einzelfalles abhängig sein könne. Nicht akzeptabel war dagegen eine Regel, nach der ohne jegliche Entschädigung ausländisches Eigentum nationalisiert werden könne.

Die kompromißbereite kanadische Auffassung kam noch deutlicher in der Generalversammlung zum Ausdruck. Der kanadische Delegierte[18] wies zunächst darauf hin, daß das Recht, ausländisches Eigentum zu nationalisieren, durch die Zahlung einer Entschädigung bedingt sei. Die Höhe dieser Zahlung hänge jedoch von den Umständen des Einzelfalles ab. Gleichzeitig erkannte er an, daß altes Recht, soweit es ungerecht oder unzweckmäßig ist, geändert werden müsse, um die wirtschaftliche Interdependenz und die Entwicklungsbedürfnisse der Entwicklungsländer widerzuspiegeln.

Ein Abrücken von starren Positionen signalisierte gleichfalls der japanische Delegierte[19], der darauf hinwies, daß der von den westlichen Staaten eingebrachte Vorschlag das Maximum dessen sei, was diese zugestehen könnten. Die Diskussionsbeiträge westlicher Vertreter lassen damit erkennen, daß die Entschädigungsformel „prompt, adequate and effective“ zwar nicht ausdrücklich aufgegeben wurde, aber doch zugunsten der Umstände des Einzelfalles eine Einschränkung erfuhr.

Eine gemäßigte Haltung ließ ebenfalls eine Reihe von Delegierten aus Entwicklungsländern erkennen. Am deutlichsten wurde diese Position durch den indonesischen Delegierten[20] vertreten, der das Recht auf die Nationalisierung ausländischen Vermögens mit der Zahlung einer „appropriate“ Entschädigung verband. In jedem Falle erkenne die Regierung Indonesiens die Bedeutung ausländischen Kapitals für die Entwicklung des Landes an und würde daher die diesbezüglichen multilateralen oder bilateralen Übereinkommen, deren Partei Indonesien sei, voll respektieren. In ähnlicher Weise betonten sowohl der iranische[21] als auch der kuweitische Delegierte[22], daß Art. 2 para. 2 lit. c

[16] (van der Tak) A/C. 2/SR. 1650 para. 43.
[17] (Berlis) A/C. 2/SR. 1649 para. 46.
[18] (Hays) A/PV. 2315, S. 57.
[19] (Kanazawa) A/C. 2/SR. 1649 para. 79.
[20] (Darsa) (A/C. 2/SR. 1644 para. 27 und SR. 1649 para. 72.
[21] (Shemirani) A/C. 2/SR. 1650 para. 33.
[22] (Bishara) A/C. 2/SR. 1642 para. 38.

ohne Präjudiz auf jedwede Übereinkommen sei, die den Schutz von Investitionen beträfen sowie die Modalitäten einer Entschädigung im Falle einer Nationalisierung oder Enteignung ausländischen Vermögens. Eingehend setzte sich der jordanische Vertreter[23] mit der vorgesehenen Regelung kritisch auseinander. Es sei das souveräne Recht eines jeden Staates, ausländisches Vermögen zu nationalisieren, wenn legitime Umstände dies verlangten. Entsprechend seien die Rechte ausländischer Investoren in Übereinstimmung mit dem internationalen Recht und dem Interesse an der internationalen Zusammenarbeit zu garantieren[24]. Die internationale „collective security“[25] sei ein grundlegendes Prinzip einer solchen Zusammenarbeit. Da dieses Prinzip die internationale Entwicklung beinhalte, könne es nicht durch einzelne Entwicklungsstufen begrenzt sein, wie es der siebte Vorspannparagraph impliziere. Auch der afghanische Delegierte[26] betonte, daß ausländisches Kapital eine bedeutsame Rolle in der Entwicklung aller Länder spiele. Um den Zufluß solchen Kapitals nicht abzuschrecken, sollten im Falle von Nationalisierungen die Staaten ihre Übereinkommen und internationalen Verpflichtungen nach Treu und Glauben erfüllen.

Auffällig an diesen Stellungnahmen ist, daß eine Entschädigungspflicht nicht bestritten wird, hinsichtlich ihrer Modalitäten allerdings jeder Hinweis auf etwaige Normen des Völkergewohnheitsrechts vermieden wird. Unterschwellig kommt darin eine Ablehnung der Formen „prompt, adequate and effective“ zum Ausdruck. Dagegen zeigt die Berufung vor allem auf abgeschlossene Verträge, die häufig angemessenen Wertersatz vorsehen[27], daß der Standpunkt der genannten Entwicklungsländer dem der Gruppe westlicher Staaten nicht unähnlich ist.

Diese Auffassung wurde von der Mehrheit der Entwicklungsländer offenbar nicht geteilt. Denn anders wäre es nicht zu erklären, daß der Entwurf, worauf auch der britische Delegierte[28] hinwies, keinerlei Bestimmungen enthielt, nach denen Staaten, die die genannten Maßnahmen ergreifen, einer Pflicht zur Erfüllung ihrer internationalen Verpflichtungen unterliegen.

Daß auch von seiten einiger Entwicklungsländer die Statuierung des in Kap. I lit. j enthaltenen Prinzips als nicht ausreichend[29] angesehen

---

[23] (Sharaf) A/C. 2/SR. 1650 para. 38.

[24] Ähnlich der zyprische Delegierte (Christophi) A/C. 2/SR. 1650 para. 56.

[25] Siehe dazu K. Ipsen, Entwicklung zur „collective economic security“ im Rahmen der Vereinten Nationen?, S. 11 ff.

[26] (Mansoor) A/C. 2/SR. 1650 para. 55.

[27] Siehe dazu unten, C. III. 6. d) cc).

[28] (Freeland) A/C. 2/SR. 1650 para. 48; ähnlich der dänische Delegierte (Kjeldgaard-Olesen) A/C. 2/SR. 1649 para. 27.

[29] Vgl. demgegenüber J. Castaneda, La Charte des droits et devoirs économique des Etats, AFDI 1974, S. 55; S. A. Tiewul, The United Nations Charter

wurde, wird neben den bereits genannten Stellungnahmen Indonesiens, Irans, Kuweits und Afghanistans am deutlichsten durch den Delegierten Singapurs[30] belegt, der ausdrücklich darauf hinwies, daß Singapur den Grundsatz der Vertragstreue als Basis seiner Politik betrachte, woran auch die Zustimmung zur Charta nichts ändere.

Gerade die Frage, ob alle Staaten an zumindest behauptete Normen des Völkergewohnheitsrechts gebunden sind oder nur an vertragliche Normen, bleibt durch Kap. I lit. j ungeklärt[31]. Eine Klärung dieser Kontroverse hätte im Rahmen des Art. 2 auch nicht erwartet werden können. Der völlige Verzicht auf eine Bezugnahme zu den Normen des internationalen Rechts rechtfertigt daher, auch im Hinblick auf den in Art. 4 enthaltenen Bezug und die Entstehungsgeschichte, die Annahme, daß Art. 2 eine Absage an Normen des Völkergewohnheitsrechts enthält[32].

Deutlich Kritik übte der argentinische Delegierte[33] an der Auffassung der westlichen Staaten. Er unterstrich, daß ausländische Investitionen durch Art. 2 nunmehr dem innerstaatlichen Recht des Gaststaates unterworfen seien. Die Forderung der kapitalexportierenden Staaten, daß die Gaststaaten die vom internationalen Recht vielleicht geforderten Pflichten beachteten, von denen sie einige nicht einmal mitgeschaffen hätten, könne daher nur auf einer Unzufriedenheit über den politischen Rollenwechsel beruhen. Dieses neugefundene Selbstverständnis kam auch in der Stellungnahme des kubanischen Delegierten[34] klar zum Ausdruck. Er begrüßte das festgeschriebene Recht, ausländisches Vermögen zu entziehen, als eine Bestimmung, deren Wert in einer Förderung der Entwicklung eines Landes liege. Dieses souveräne Recht schließe auch die Frage der Entschädigung ein. In diesem Zusammenhang entnehme er Art. 2 Abs. 2 lit. c, daß im Falle von Übergewinnen oder Steuerschulden des ausländischen Investors eine Entschädigung unangemessen sei. Konsequenterweise könne man der Zu-

of Economic Rights and Duties of States, JILE 1975, S. 679; J.-F. Lalive, Un grand arbitrage pétrolier entre un Gouvernement et deux sociétés privées étrangères, JDI 1977, para. 90; P. Ver Loren van Themaat, Some Basic Legal Issues of a New International Economic Order, NIRL 1977, S. 524.

[30] (Wong) A/C. 2/SR. 1650 para. 52.

[31] Vgl. die Kritik von Brower / Tepe, S. 302; ferner Brownlie, Legal Status, S. 265 f.

[32] Vgl. dagegen I. Seidl-Hohenveldern, Die „Charta“ der wirtschaftlichen Rechte und Pflichten, RIW/AWD 1975, S. 239; anders Reinhard, S. 69; zur Erklärung der Haltung der Entwicklungsländer, P. J. I. M. de Waart, Permanent Sovereignty over Natural Resources as a Corner-Stone for International Economic Rights and Duties, NILR 1977, S. 305 f., sowie E. J. de Aréchaga, International Law in the Past Third of a Century, RdC 1978 I, S. 303.

[33] (Oliveri Lopez) A/C. 2/SR. 1647 para. 2.

[34] (Martinez) A/C. 2/SR. 1649 para. 71.

stimmung seiner Delegation zu Art. 2 Abs. 2 lit. c nicht entnehmen, daß eine Entschädigungspflicht in jedem Fall bestehe; im Gegenteil bestünde die Möglichkeit einer umgekehrten Entschädigung. Als Zusammenfassung des Standpunktes dieser Staatengruppe kann schließlich die Auffassung des libyschen Delegierten[35] gelten, der es als ein Prinzip bezeichnete, daß im Falle einer Nationalisierung der entziehende Staat in Übereinstimmung mit seinem innerstaatlichen Recht eine etwaige Entschädigung zu zahlen habe.

Angesichts dieser Meinungsunterschiede wird verständlich, daß die Kontroversen über die Enteignungsentschädigung bis zuletzt nicht ausgeräumt werden konnten.

Nicht weniger umstritten war die Frage des Rechtsschutzes für den ausländischen Investor im Falle von Streitigkeiten über die Entschädigung.

Der Delegierte Venezuelas[36] wies auf die venezolanische Verfassung hin, auf Grund derer Streitigkeiten nach innerstaatlichem Recht beizulegen seien, ohne daß der ausländischen Partei ein weitergehender Rechtsanspruch eingeräumt werde.

Deutlich wurden die Absichten der Entwicklungsländer in der Stellungnahme des mexikanischen Delegierten[37] in der Generalversammlung zum Ausdruck gebracht. Danach lehnte es die Mehrheit der Staaten ab, daß nicht-nationale Entscheidungen an die Stelle des nationalen Rechtssystems treten oder dieses auch nur ergänzen. Denn die Anerkennung eines solchen nicht-nationalen Systems würde bedeuten, daß Staaten mit Unternehmen auf eine gleiche rechtliche und politische Stufe gestellt würden. Vordergründig ist zunächst multinationalen Unternehmen damit die Anerkennung einer Völkerrechtssubjektivität verweigert. Bedeutsamer ist jedoch, daß eine international-rechtliche Streitbeilegung zusätzlich zur nationalen Jurisdiktion nicht mehr vorgesehen ist. Der angestrebte völlige Ausschluß des Völkerrechts bei Streitigkeiten über Enteignungen wurde auch von dem libyschen Delegierten[38] in der Generalversammlung bestätigt, indem er diese Regelung aus dem absoluten Souveränitätsverständnis herleitete.

Gegen eine derartige Auslegung wandte sich von den Vertretern der Entwicklungsländer vor allem der indonesische Delegierte[39]. Art. 2 para. 2 lit. c wurde von seiner Delegation so ausgelegt, daß Streitigkeiten über Nationalisierungen und Entschädigungszahlungen nicht nur

[35] (Omar) A/C. 2/SR. 1649 para. 31.

[36] (Consalvi) A/C. 2/SR. 1649 para. 33.

[37] (Rabasa) A/PV. 2315, S. 73—75.

[38] (Omar) A/PV. 2315, S. 66.

[39] (Darsa) A/C. 2/SR. 1644 para. 37.

durch innerstaatliche Gerichte, sondern, wenn es nötig sei, auch durch andere friedliche Mittel beigelegt werden könnten. Der Delegierte Singapurs[40] wies zudem darauf hin, daß seine Regierung weiterhin an den Bestimmungen der „International Convention on the Settlement of Investment Disputes Between States and Nationals of Other States“[41] festhalte. Auch der kuweitische Delegierte[42] zeigte sich nicht erleichtert über die durch Art. 2 para. 2 lit. c den innerstaatlichen Gerichten zugewiesene Rolle. Seine Delegation interpretierte die Bestimmung des Art. 2 in diesem Zusammenhang jedoch so, daß Bestimmungen bilateraler Verträge, die zwischen Kapitalexporteuren und Empfängern geschlossen wurden, nicht berührt würden[43].

Deutliche Kritik an der Bestimmung übte auch der Delegierte Fidschis[44] in der Generalversammlung. Daß die Bestimmung keinen Bezug auf allgemein anerkannte Normen des internationalen Rechts nehme, diene nicht dem sozialen und wirtschaftlichen Fortschritt, denn letztlich sei eine Ungerechtigkeit durch die andere ersetzt.

Daß der Hinweis auf Art. I lit. j den Vertretern westlicher Staaten nicht ausreichend erschienen haben dürfte, zeigt die Anzahl ihrer Stellungnahmen. Vor allem der norwegische Delegierte[45] verwies auf die spezifischen internationalen Aspekte der Streitigkeiten über Entschädigungszahlungen bei Vermögensentziehungen. Diese Streitigkeiten seien daher entsprechend den relevanten internationalen Rechtsnormen beizulegen. Auch der kanadische Delegierte[46] kritisierte, daß eine Regelung über die Anwendbarkeit des internationalen Rechts völlig fehle.

Eine Streitbeilegung vor einem geeigneten innerstaatlichen Gericht könne jedoch nur subsidiär sein und könne auch dann nur im Einklang mit den völkerrechtlichen Verpflichtungen stehen. Ähnlich äußerten sich die Vertreter Italiens[47], der USA[48], Australiens[49], der Niederlande[50], Finnlands[51], Dänemarks[52] und Schwedens[53]. Der schwedische

[40] (Wong) A/C. 2/SR. 1650 para. 53.

[41] UNTS 575, S. 160 ff.

[42] (Bishara) A/C. 2/SR. 1642 para. 38.

[43] Eine entsprechende Zusage gab auch der thailändische Delegierte (Kasemsri) in der Generalversammlung, A/PV. 2315, S. 46.

[44] (Kacimaiwai) A/PV. 2315, S. 13—15.

[45] (Arvesen) A/C. 2/SR. 1649 para. 24.

[46] (Berlis) A/C. 2/SR. 1649 para. 47.

[47] (Cavaglieri) A/C. 2/SR. 1650 para. 11.

[48] (Percy) A/C. 2/SR. 1649 para. 75.

[49] (Sturkey) A/C. 2/SR. 1650 para. 15.

[50] (van der Tak) A/C. 2/SR. 1650 para. 43.

[51] (Karhilo) A/C. 2/SR. 1649 para. 14.

[52] (Kjeldgaard-Olesen) A/C. 2/SR. 1649 para. 27.

Delegierte verwies über seine Kritik hinaus auf Res. 1803 (XVII), nach der Streitigkeiten vor einer internationalen Instanz beizulegen seien.

II. Der Inhalt der Bestimmung

Die Regelung der Entschädigungsfrage ist im Laufe der Beratungen mehrfach geändert worden. Der weitgehend als Verhandlungsbasis angesehene Kompromißvorschlag des philippinischen Delegierten Brillantes[54] sah vor, daß „just compensation shall be paid in the light of all relevant circumstances". Dem Zweiten Ausschuß wurde ein durch zwischenzeitliche informelle Gespräche modifizierter Entwurf einer Charta[55] vorgelegt, der nur noch die Regelung enthielt, daß „appropriate compensation should be paid ... provided that all relevant circumstances call for it". Die Entschädigungspflicht wurde damit in zweifacher Hinsicht modifiziert. Drückt schon „should" gegenüber „shall" lediglich eine Möglichkeit aus, so wurde auch diese bloße Möglichkeit unter den Vorbehalt gestellt, daß wesentliche Umstände überhaupt eine Entschädigung erfordern.

Der zweite Ausschuß empfahl auf Grund seiner Diskussionen der Generalversammlung schließlich einen Entwurf einer Charta[56] zur Annahme, nach dessen Fassung des Art. 2 para. 2 lit. c der entziehende Staat bei der Bemessung der Entschädigung seine einschlägigen Gesetze und Vorschriften sowie alle ihm wesentlich erscheinenden Umstände[57] berücksichtigen soll.

Diese Formulierung vermied zwar den direkten Vorbehalt des Entwurfes A/C.2/L. 1386, ermöglicht dem entziehenden Staat jedoch, worauf auch die bereits genannte kubanische Stellungnahme hinweist, letztlich doch keine Entschädigung zahlen zu müssen[58]. Darüber hinaus ist im Gegensatz zu den vorherigen Entwürfen ausgeschlossen, daß der Investor oder sein Heimatstaat an der Findung und Bewertung der

---

[53] (Skoglund) A/C. 2/SR. 1649 para. 59, erneut der schwedische Delegierte (Rydbeck) in der Generalversammlung, A/PV. 2315, S. 23.

[54] TD/B/AC. 12/4, S. 8 f.

[55] A/C. 2/L. 1386, abgedr. in Doc. A/9946, S. 1 ff.

[56] Abgedr. in Doc. A/9946, S. 26 ff.; der Entwurf des Art. 2 para. 2 lit. c wurde unverändert angenommen.

[57] Ob die „wesentlich erscheinenden Umstände" einer inhaltlichen Festlegung zugänglich sind, wird zu Recht bezweifelt; vgl. M. Salem, Vers un nouvel ordre économique international, JDI 1975, S. 789. Die Entschädigungsregelung der Charta dürfte damit in der Praxis zu nicht immer begründbaren Auslegungen führen.

[58] In dieser Richtung auch ders., ibid.; unzutreffend daher I. Brownlie, Principles of Public International Law, S. 543, wenn er feststellt: „The compensation principle is not, as such, denied.".

Umstände und damit an der Berechnung der Entschädigungssumme teilnehmen können. Konsequenterweise ist auch die Regelung der Streitbeilegung so auszulegen, daß der Heimatstaat des Investors von der Streitbeilegung so lange ausgeschlossen bleibt, wie der entziehende Staat nicht zustimmt.

Entstehung und Wortlauf des Art. 2 para. 2 lit. c bestätigen damit nur zu einem Teil die Auslegung, die die Bestimmung im Schrifttum[59] gefunden hat.

Unzutreffend ist schon die Auffassung, daß nach der Formulierung der Charta die Feststellung der Entschädigungssumme den Umständen des Einzelfalles gerecht wird[60]. Die Charta ist allenfalls ein Versuch dazu, denn der intendierte Ausschluß des betroffenen Investors birgt von vornherein die Gefahr einer einseitig an den Interessen des entziehenden Staates berechneten Entschädigung — eine Möglichkeit, die nach Wortlaut und Entstehung des Art. 2 para. 2 lit. c wohl bewußt zumindest in Kauf genommen worden ist. Unzutreffend ist gleichfalls die Feststellung, daß der Heimatstaat des Enteigneten auch nach der Charta einen international-rechtlichen Anspruch erheben könne, falls der Heimatstaat mit der Entscheidung des Falles nicht einverstanden sei[61]. Denn die Feststellung der Charta: „... it shall be settled under the domestic law ..." sei nur als Bekräftigung der local remedies-rule aufzufassen[62]. Richtig ist daran die Feststellung, daß die local remedies-rule ein Satz des Völkergewohnheitsrechts ist[63]. Der Grundsatz der Erschöpfung des innerstaatlichen Rechtsweges als eine der Voraussetzungen für die Geltendmachung des diplomatischen Schutzrechtes kann von der hier in Rede stehenden Bestimmung aber gar nicht bekräftigt werden, da nach Entstehung und Wortlaut ein diplomatisches Schutzrecht überhaupt nicht gewollt ist. Art. 2 para. 2 lit. c bekräftigt daher nicht die local remedies-rule, sondern beinhaltet die Calvo-Doktrin[64]. Im übrigen würde man der Calvo-Doktrin nicht gerecht, würde man ihre Bedeutung auf die Bestätigung der local remedies-rule reduzieren[65]. Denn die local remedies-rule ist häufig in Verträgen niedergelegt,

---

[59] De Aréchaga, International Law, S. 301 ff.

[60] Ders., S. 302; treffender R. C. Hingorani, Modern International Law, S. 253, der darin ein Abstellen auf die lokalen wirtschaftlichen Bedingungen sieht. Die Interessen des Investors sind damit negiert.

[61] de Aréchaga, International Law, S. 303 f.

[62] Ders., S. 301; vgl. dens., International Responsibility, S. 583 f.

[63] ICJ Rep. 1959, S. 27 (Interhandel-Case); H. Kelsen / R. W. Tucker, Principles of International Law, S. 370 f.; L. Oppenheim / H. Lauterpacht, International Law, S. 361; F. Berber, Lehrbuch des Völkerrechts, Bd. 3, S. 22; W. Wengler, Völkerrecht, Bd. 1, S. 653 ff. m. w. N.

[64] Eingehend s. dazu unten, C. III. 8.

[65] Wozu die Gesetzgebung der USA allerdings auch ihren Beitrag geleistet haben mag, vgl. F. M. Lacey, Protection of Foreigners' Rights in Mexico, Int. Lawyer 1979, S. 93.

die gleichzeitig die Unterwerfung unter die obligatorische Gerichtsbarkeit vorsehen[66]; gerade die Verbindung zur internationalen Streitbeilegung will die Calvo-Doktrin aber ausschließen.

III. Das Eigentum in Schrifttum und Praxis

1. Allgemeines

Soweit Ausländer unter Berücksichtigung der jeweiligen staatlichen Rechtsvorschriften eine Tätigkeit aufgenommen, Vermögen oder andere Rechte erworben haben, richtet sich ihre Rechtsstellung nach westlicher Ansicht nicht mehr ausschließlich nach innerstaatlichem Recht. Bei der Behandlung von Ausländern hat der Aufenthaltsstaat, anders als bei der Behandlung seiner Inländer, auf die Personalhoheit des fremden Staates Rücksicht zu nehmen. Die Rechtsstellung der Ausländer ist damit in einem zu großen Umfange dem Völkerrecht unterworfen, als daß eine Gleichbehandlung mit den Inländern ausreichend wäre[67]. Der internationale Mindeststandard, d. h. ein völkerrechtlich gewährleistetes Niveau, unter das die Rechtsstellung eines Ausländers nicht absinken darf, hat sich aus zahlreichen europäischen bilateralen Handels-, Niederlassungs- und Konsularverträgen entwickelt[68]. Die internationale Judikatur[69] hat in einer Reihe von Schiedssprüchen, die Streitigkeiten mit latein-amerikanischen Staaten betrafen, den Grundsatz des Mindeststandards bestätigt. Eine Reihe weiterer Judikate[70] bejahte speziell den Schutz des Eigentums und Vermögens des Ausländers. Diesem Ergebnis nähert sich die südamerikanische Lehre der Inländerbehandlung[71]. Die Gleichstellung des Ausländers mit dem Inländer, nicht dessen Besserstellung, ist in der Praxis der südamerikanischen Staaten zwar einmütiger Standpunkt. Dieses Prinzip ist auf einer Reihe internationaler Konferenzen der amerikanischen Staaten bekräftigt worden und ist in zahlreichen südamerikanischen Verfassun-

---

[66] Oppenheim / Lauterpacht, S. 361.

[67] Dazu Seidl-Hohenveldern, Modernes Völkerrecht, S. 658 f.; Bin Cheng, The Rationale of Compensation for Expropriation, Transactions of The Grotius Society 1959, S. 281; G. White, Nationalisation of Foreign Property, S. 38.

[68] Vgl. zum ganzen A. Verdross, Régles internationales concernant le traitement des étrangeres, RdC 1931 III, S. 323 ff.

[69] Vgl. nur Neer Claim, UNRIAA IV, S. 60 (61); Roberts Claim, ibid., S. 77 (80); Hopkins Claim, ibid., S. 41 (47).

[70] Vgl. die bei W. Veith / K.-H. Böckstiegel, Der Schutz von ausländischem Vermögen im Völkerrecht, S. 37 ff. genannten Judikate.

[71] B. T. Halajczuk / M. T. del R. Moya Dominguez, Derecho internacional publico, S. 364 f.; C. Calvo, Le droit international. Theorique et pratique, Bd. 2, S. 226; vgl. ferner die Übersicht bei K. Krakau, Lateinamerikanische Doktrinen zur Realisierung staatl. Unabhängigkeit und Integrität, VRÜ 1975, S. 117 ff.

gen verankert. Der Grundsatz der Inländerbehandlung soll nach südamerikanischer Lehre aber dann nicht gelten, wenn fundamentale Rechte des einzelnen Ausländers berührt sind. Zu diesen Rechten zählt die Lehre meist Leben, Freiheit und Eigentum, wenn auch gleichzeitig darauf hingewiesen wird, daß diese Rechte einer gewissen Regelungsfreiheit des Staates unterliegen. Dieser offeneren Ausgestaltung des Grundsatzes der Inländerbehandlung ist die südamerikanische Praxis[72] bislang allerdings nicht gefolgt; sie stützt sich weiterhin auf den Grundsatz der Inländerbehandlung[73].

Die überwiegende Praxis und Lehre stimmen darin überein, daß der Grundsatz der Inländergleichbehandlung nicht allgemein akzeptiert ist, sondern der Minimumstandard den Vorzug genießt[74].

Die im Gefolge des Dekolonisierungsprozesses durchgeführten Nationalisierungen haben den Minimumstandard, soweit der Schutz ausländischen Eigentums betroffen ist, in neuerer Zeit allerdings erheblich eingeschränkt erscheinen lassen. Als ein Indiz für einen schwächer werdenden Schutz ausländischen Eigentums ist es gewertet worden, daß der Schutz des privaten Eigentums in den UN-Menschenrechtspakten über bürgerliche und politische Rechte vom 16. 12. 1966 keinen Eingang gefunden hat[75]. Der menschenrechtliche Ansatz[76] sollte jedoch nicht überbewertet werden. Weder hat die ILC diesen Gedanken weiterverfolgt noch ist der weltweite Ausbau der Menschenrechte abgeschlossen[77]. Eine „Draft Declaration on the Human Rights of Individuals Who Are Not Citizens of the Country in Which They Live" im Rahmen der UNO sieht wiederum „the right to own property alone as well as in association with others" (Art. 4 vi) vor[78].

Eine Beurteilung des Eigentumsrechts — als nicht bestehend — aus dem Pakt heraus bleibt daher immer mit einer Unsicherheit behaftet,

[72] Die häufig auch über Verfassungsbestimmungen hinwegsicht, G. Foeth / G. Zieger, Investitionen in Lateinamerika, S. 35.

[73] Vgl. zum ganzen M. Bothe, Die Behandlung ausländischer Investitionen in Lateinamerika, ZaöRV, 1968, S. 731 ff.

[74] S. P. Sinha, New Nations and the Law of Nations, S. 94 f.; R. N. Swift, International Law: Current and Classic, S. 340 f.; G. Schwarzenberger, The Principles and Standards of International Economic Law, RdC 1966 I, S. 78; Kelsen / Tucker, S. 366; A. Favre, Principes du droit des gens, S. 599; F. Berber, Lehrbuch des Völkerrechts, Bd. 1, S. 407 m. w. N.

[75] So Menzel / Ipsen, S. 177.

[76] Entwickelt in: Doc. A/CN. 4/106, International responsibility. Second report by F. V. Garcia Amador, YBILC 1957 II, S. 1975; dem zustimmend Brownlie, Principles, S. 527 f.

[77] Eingehend R. B. Lillich / S. C. Neff, The Treatment of Aliens and International Human Rights Norms, GYIL 1978, S. 97 ff.; ferner W. Lauff, Der Schutz bürgerlicher und politischer Rechte durch die Vereinten Nationen, NJW 1981, S. 2612 f.

[78] Zit. nach Lillich / Neff, S. 117.

auch wenn nicht übersehen werden kann, daß der Pakt überwiegend die von der Judikatur herausgearbeiteten Regeln des Mindeststandards enthält, gerade aber im Bereich des Eigentumsschutzes die Spruchpraxis nicht einheitlich ist und der IGH im Barcelona-Traction-Case die geschwächte Stellung des Eigentums bestätigt hat[79].

2. Der Begriff der Nationalisierung

Art. 2 para. 2 lit. c nennt zwar drei Arten einer Vermögensentziehung. Da Nationalisierungen in der Staatenpraxis die weitaus überwiegende Maßnahme darstellen, konzentriert sich die folgende Untersuchung auf diese Maßnahmen.

Aus der Theorie des völkerrechtlichen Mindeststandards hat die Lehre in den westlichen Staaten hinsichtlich des Eigentums den Schluß gezogen, daß Enteignungen und Nationalisierungen nur unter bestimmten Voraussetzungen zulässig seien. Nach dieser Lehre ist eine Enteignung nur dann völkerrechtsgemäß, wenn sie im öffentlichen Interesse vorgenommen wird und die zu zahlende Entschädigung „prompt, adequate and effective" sei[80]. Dabei wurde unter Enteignung die Entziehung eines einzelnen Vermögensrechtes verstanden[81]. Mit dem Aufkommen von Maßnahmen der Verstaatlichung aller oder einzelner Wirtschaftszweige war fraglich geworden, ob die für Enteignungen aufgestellten Voraussetzungen auch für Nationalisierungen galten[82]. Eine Unterscheidung ist in der Praxis jedoch wenig hilfreich[83]. Beide Maßnahmen sind eine Ausübung der Souveränität und haben eine Übertragung des Eigentums zur Folge. Als Unterscheidungskriterium das Ausmaß heranzuziehen, hat sich als ebenso schwierig erwiesen wie die Heranziehung anderer Kriterien[84]. Da auch, wie noch gezeigt wird, vor

---

[79] ICJ Rep. 1970, S. 32; I. Seidl-Hohenveldern, Der Barcelona-Traction-Fall, ÖZÖR 1971, S. 305, erblickt darin eine Konzession an die Entwicklungsländer.

[80] Schwarzenberger, Principles, S. 32; Lord A. McNair, The Seizure of Property and Enterprises in Indonesia, NILR 1959, S. 243; K.-H. Böckstiegel, Enteignungs- oder Nationalisierungsmaßnahmen gegen ausländische Kapitalgesellschaften, S. 9; die Formel wurde als die sog. „Hull-Formel" bekannt, vgl. die an Mexiko gerichtete Note der USA vom 22. August 1938, AJIL 1938, Suppl. S. 193.

[81] M. Domke, Foreign Nationalizations, AJIL 1961, S. 588; G. White, S. 43; H. Rolin, Avis sur la validité des mesures des nationalisation décrétées par le gouvernement indonesien, NILR 1959, S. 265.

[82] Zu dieser Frage K. Katzarov, The Theory of Nationalisation, S. 147.

[83] Domke, S. 588; G. White, S. 50; Böckstiegel, Enteignungsmaßnahmen, S. 9 f.; Veith / Böckstiegel, S. 175 m. w. N. Auch die Investitionsschutzabkommen der Bundesrepublik Deutschland unterscheiden nicht zwischen Enteignungen und Nationalisierungen, dazu J. Alenfeld, Die Investitionsförderungsverträge der Bundesrepublik Deutschland, S. 153.

[84] White, S. 43, 50.

1945 ein Entschädigungsstandard nicht bestanden hat, der auf eine — möglicherweise — andere Art der Eigentumsentziehung anwendbar wäre, braucht hier auf die Frage der Gleichstellung von Maßnahmen der Enteignung und der Nationalisierung nicht weiter eingegangen werden.

Eine allgemein anerkannte Definition für den Begriff der Nationalisierung ist bis heute nicht gefunden[85]. Teilweise wurde die Begriffsbestimmung so weit eingeengt, daß nur „... biens ou droits privés d'un certaine catégorie ...“[86] umfaßt sind. Andere Definitionsversuche verlangen, daß eine Nationalisierungsmaßnahme einen „legal process“ in Gang setzen müsse[87]. Diese Voraussetzung findet jedoch, wie später gezeigt wird, im Völkergewohnheitsrecht keine Stütze, so daß darauf auch im Rahmen einer Definition verzichtet werden sollte. Weitere Begriffsbestimmungen[88] lassen die Zweckbestimmung der Vermögensentziehung unberücksichtigt und verwischen damit die Grenze zu Eigentumsentziehungen als Rechtsfolge des Strafrechts[89], die hier nicht interessieren. Als umfassendste Definition kann die folgende von Garcia Amador entwickelte, gelten: „... nationalization measures reflect changes brought about in the State's socio-economic structure (land reforms, socialization of industry or of some of its sectors, exclusion of private capital from certain branches of the national economy); or ... nationalization measures constitute the instruments through which those changes in the former liberal economy are introduced[90].“ Von dieser Definition wird im folgenden ausgegangen.

3. Das Recht auf Nationalisierung

Das Recht eines Staates, ausländisches Vermögen einzuziehen, ist heute unbestritten[91]. Im Rahmen der UNO ist das Recht auf Nationali-

[85] Dazu K. Wellens, Enkele problemen in verband met de uitoefening van het recht op nationalisatié, Rev. belge 1977, S. 44 ff.

[86] AnnIDI 1952, S. 283; ähnlich Katzarov, S. 160.

[87] G. White, S. 50; anders J. Foighel, Nationalization, Nordisk Tidsskrift 1956, S. 97.

[88] Vgl. etwa F. Przetacznik, Responsibility of the State for Nationalization of a Foreign Property, S. 162.

[89] Vgl. Bothe, S. 793 f.

[90] Doc. A/CN. 4/119: International responsibility: Fourth report by F. V. Garcia Amador, para. 48; ähnlich Berber, Bd. 1, S. 426.

[91] E. Wehser, Völkerrechtswidrige Verstaatlichung der Kupferminen in Chile?, JZ 1974, S. 118; P. Behrens, Rechtsfragen im chilenischen Kupferstreit, RabelsZ 1973, S. 402; G. Brehme, Souveränität der jungen Nationalstaaten über Naturreichtümer, S. 103 f.; H. Dölle / F. Reichert-Facilides / K. Zweigert, Internationalrechtliche Betrachtungen zur Dekolonisierung, S. 51; Seidl-Hohenveldern, Modernes Völkerrecht, S. 656; G. White, S. 35 f.; C. F. Amerasinghe, The Ceylon Oil Expropriations, AJIL 1964, S. 446; J. H. W.

sierung erstmals in UNGA Res. 626 (VII) anerkannt worden. Diese Resolution beeinflußte nachhaltig die Staatenpraxis. So berief sich 1953 die guatemaltekische Regierung darauf, als der Landbesitz der „United Fruit Company" nationalisiert wurde[92]. Ebenso bejahten die Zivilgerichte von Rom[93] und Tokio[94] die Übereinstimmung der iranischen Nationalisierungsgesetze mit der Resolution[95].

4. Nationalisierungsvoraussetzungen

a) „legality" und Entschädigungszahlung

Neben den bereits genannten Nationalisierungsvoraussetzungen ist im westlichen Schrifttum die „legality" einer Vermögensentziehung von der Zahlung einer Geldsumme abhängig gemacht worden[96]. Danach soll eine Maßnahme der Eigentumsentziehung nur dann Gültigkeit besitzen, wenn eine Entschädigung gezahlt ist, andernfalls sei sie nichtig. Eine solche Auffassung findet im Völkergewohnheitsrecht jedoch keine Stütze.

Die Staatenpraxis kennt einige ältere Fälle, in denen zwar zu Beginn des Prozesses die Forderung nach einer restitutio erhoben wurde, später jedoch mit dem Ziel der Zahlung einer Geldsumme verhandelt wurde[97].

England und Frankreich dagegen begründeten im Suez-Kanal-Fall die „Illegalität" der ergriffenen Maßnahmen mit einer Reihe von Argumenten[98], die jedoch alle nicht die generelle Zulässigkeit der Nationalisierungsmaßnahmen gegen Entschädigungsleistung betrafen. Nur in diesem Zusammenhang kann das spätere Verlangen Großbritanniens „... to restore the Anglo-Iranian Oil Company Limited to the position as it existed prior ..."[99] gesehen werden. Denn Großbritannien verlangte nicht die Rückgängigmachung der Entziehung, sondern forderte den Ersatz des negativen Interesses. Soweit versucht worden ist, daraus

---

Verzijl, International Law in Historical Perspective, Bd. V, Nationality and other Matters Relating to Individuals, S. 472; Doc. A/CN. 4/119, para. 41.

92 J. N. Hyde, Permanent Sovereignty over Natural Wealth and Resources, AJIL 1956, S. 854.

93 ILR 1955, S. 23—45 (41).

94 ILR 1953, S. 305—316 (307).

95 Anders Supreme Court of Aden, ILR 1953, S. 316—328 (328).

96 A. A. Fatouros, Legal Security for International Investment, S. 729; McNair, Seizure, S. 250; Domke, S. 611 ff,; D. P. O'Connell, International Law, Bd. 2, S. 790; D. W. Greig, International Law, S. 576; vgl. auch Walter Fletcher Smith-Case, UNRIAA II, S. 913 (918).

97 Vgl. H. W. Baade, Indonesian Nationalization Measures Before Foreign Courts — A Reply, AJIL 1960, S. 811 f.

98 ICJ Pleadings 1952, S. 100.

99 Ibid., S. 124.

eine Völkerrechtsregel mit dem Inhalt einer „restitutio in integrum" nachzuweisen[100], wird übersehen, daß die Streitigkeit eben nicht durch eine restitutio beigelegt worden ist, sondern durch ein Entschädigungsabkommen[101]. Auch die libysche Regierung hielt sich nach 1977 nicht an die behauptete Regelung, obwohl diese in einem Libyen betreffenden Schiedsspruch[102] enthalten ist, entschädigte aber später eine der enteigneten Gesellschaften[103].

Die Praxis belegt also, daß die „legality" einer Maßnahme einer Vermögensentziehung nicht von der Zahlung einer Entschädigung abhängig ist. Das Abhängigmachen der „legality" von einer Geldzahlung bedeutet daher nicht, daß eine Maßnahme andernfalls null und nichtig ist. Die „legality" einer Maßnahme der Vermögensentziehung kann somit nur die Abwesenheit einer Pflicht zur Entschädigung bedeuten, eben wenn und weil eine Entschädigung schon geleistet ist[104].

Als Voraussetzungen der Zulässigkeit einer Maßnahme der Vermögensentziehung können daher lediglich die Forderung nach „public utility", nach einem „due process of law" und das Diskriminierungsverbot in Frage kommen.

b) „public utility"

Nach traditioneller Auffassung darf eine Eigentumsentziehung nur im öffentlichen Interesse vorgenommen werden. Diese Ansicht kann sich auf vorwiegend ältere Entscheidungen[105] stützen sowie auf die entsprechenden Klauseln in modernen Investitionsförderungsverträgen.

Das Prinzip der „public utility" taucht wohl erstmals bei Grotius auf, ohne daß Grotius eine Definition anbot[106]. Die Klausel fand sich ab dem 18. Jahrhundert in den innerstaatlichen Rechten der Individualenteignung wieder. Sie diente u. a. dazu, auch die gerichtlichen Kontrollmöglichkeiten zu gewährleisten[107].

---

[100] Dupuy, S. 382 ff.; vgl. auch Rolin, S. 271; gegen eine solche behauptete Regel zu Recht H. J. Gruss, Enteignung und Aufhebung von Erdölkonzessionen, ZaöRV 1979, S. 800 ff., der darauf hinweist, daß sie weder der herrschenden Lehre noch der Praxis entspricht.

[101] G. White, S. 227.

[102] Dupuy, S. 382 ff.

[103] D. W. Bowett, Libyan Nationalisation of American Oil Companies' Assets, CLJ 1978, S. 8; ILM 1978, S. 2.

[104] Baade, Nationalization Measures, S. 809 f.; vgl. dazu auch G. Fouilloux, La nationalisation et le droit international public, S. 420; eine Konfiskation besitzt daher keine „legality".

[105] Nachweise bei Bin Cheng, General Principles of Law as Applied by International Courts and Tribunals, S. 37 f. sowie Doc. A/CN. 4/119, para. 58.

[106] Nach G. White, S. 145.

[107] G. Hartmann, Nationalisierung und Enteignung im Völkerrecht, S. 99 f.; Brehme, S. 112.

Diese Aufgabe kann der Klausel im internationalen Recht nicht zukommen. Die Ausgestaltung der innerstaatlichen Wirtschafts- und Sozialordnung bleibt allein der „domestic jurisdiction" der Staaten überlassen. Es sind daher staatliche Organe, die über das Vorliegen einer „public utility" entscheiden[108]. Für diese Entscheidung hält das Völkerrecht keine Hilfsmittel bereit. Ein völkerrechtliches Streitschlichtungsorgan kann die Entscheidung des souveränen Staates daher auch nicht am völkerrechtlichen Maßstab kontrollieren[109]. Die Klausel „public utility", die eine Bestimmung des liberalistischen nationalen Wirtschaftsrechts ist, vermag im internationalen Recht daher keine Wirkung zu entfalten.

Entsprechend ist es der Wissenschaft bislang nicht gelungen, das Erfordernis der „public utility" zu konkretisieren[110]. Es wird überwiegend nur negativ festgestellt, daß nicht lediglich im Interesse Dritter oder zur Aufbesserung der nationalen Finanzen ausländisches Vermögen entzogen werden darf[111]. Andere Versuche, auf die Grenzen von Rechtsmißbrauch und des guten Glaubens abzustellen, sind einer Konkretisierung kaum zugänglich und bleiben insgesamt inhaltsleer[112].

Die Klausel wird in der Praxis ebenfalls in einer kaum konkretisierungsfähigen Weise verwendet. Das indonesische Nationalisierungsgesetz von 1958 verwies offen auf die politische Frage West-Irians, woraus die niederländische Regierung und ihr folgend ein Teil des westlichen Schrifttums den Schluß zogen, durch die Nationalisierung habe lediglich politischer Druck ausgeübt werden sollen[113]. In ähnlicher Weise ist das kubanische Nationalisierungsgesetz von 1960 als Gegenmaßnahme zu einer behaupteten US-amerikanischen wirtschaftlichen Aggression zu werten[114]. Auch die Nationalisierung der British Petroleum durch Libyen im Jahre 1971 beruhte auf politischen Motiven, mit denen auf die Okkupation der Inseln in der Meerenge von Hormuz durch Iran reagiert werden sollte[115]. Mit einer Provokation, die gegen die erdölproduzierenden Staaten gerichtet sei, begründete

[108] Vgl. dazu H. Reinhard, S. 41.

[109] Hartmann, S. 100, vgl. auch G. White, S. 149.

[110] Dazu Wellens, S. 51, 53; Veith / Böckstiegel, S. 167.

[111] Dazu Wehser, S. 119; Foeth / Zieger, S. 29; vgl. auch Böckstiegel, Enteignungsmaßnahmen, S. 30; McNair, Seizures, S. 243 ff. und Bin Cheng, Compensation, S. 289 sowie Principles, S. 39, bieten eine Reihe, die nicht erschöpfend sein muß, von möglichen Einzelfällen.

[112] Wellens, S. 53.

[113] Zum ganzen Rolin, S. 265.

[114] Dazu C. Garreau de Loubresse, De quelques éléments de la legislation de la République de Cuba en matiere d'intervention économique et de nationalisation, Rev. int. dr. comparé 1961, S. 773 ff.

[115] Dazu P. J. O'Keefe, The United Nations and Permanent Sovereignty over Natural Resources, JWTL 1974, S. 245, 278 f.

Libyen 1974 die Nationalisierung von Erdölkonzessionen US-amerikanischer Gesellschaften[116]. Peru wiederum begründete verschiedene Nationalisierungsmaßnahmen mit schlechten Arbeitsbedingungen, korrupten Praktiken und dem Verkauf minderwertiger Produkte[117].

Insgesamt ergibt sich, daß die Voraussetzung „public utility" im international-rechtlichen Enteignungsrecht dogmatisch zumindest zweifelhaft ist und ihr praktisch wenig Wert beikommt[118]. Eine als „constant et uniforme" zu bezeichnende Praxis ergibt sich daraus jedenfalls nicht.

c) *„due process of law"*

Über die Voraussetzung des „due process of law" besteht keine Einigkeit.

Soweit das Schrifttum dazu überhaupt Stellung bezieht, wird teils abgestellt auf einen materiell rechtmäßigen Verlauf des gesamten Verfahrens[119], teils wird mehr auf den Zeitpunkt Bezug genommen, ab dem nach der Investition die Vermögensentziehung vorgenommen werden darf[120], teils wird allgemein auf Treu und Glauben zurückgegriffen[121].

In der Praxis läßt sich die Klausel „due process of law" verschieden lokalisieren. Südamerikanische Nationalisierungsgesetze sehen zum Teil die Möglichkeit einer Berufung gegen die Entschädigungssumme und die Zahlungsmodalitäten vor[122]. Statt des Begriffes „public utility" enthalten einzelne Investitionsschutzverträge der USA[123] das Erfordernis des „due process of law", womit allgemein auf die innerstaatliche Ausgestaltung des Verfahrens hingewiesen ist und speziell die Einräumung einer richterlichen Überprüfung der Entzugsmaßnahme verlangt ist[124]. Die Bestimmungen der deutschen Investitionsschutzverträge lassen darauf schließen, daß ein detailliertes Verfahren und möglicherweise auch ein Zeitplan vorgesehen sein müssen[125].

---

116 Wellens, S. 52; dazu weiter Lalive, S. 321 f.

117 Wellens, S. 52 f. mit Fn. 60; Kelsen / Tucker, S. 367 mit Fn. 64.

118 B. H. Weston, The Charter of Economic Rights and Duties of States and the Depreviation of Foreign-Owned Wealth AJIL 1981, S. 439 f.; Z. A. Kronfol, Protection of Foreign Investment, S. 26; H. W. Baade, Permanent Sovereignty over Natural Wealth and Resources, S. 23; kritisch auch Böckstiegel, Enteignungsmaßnahmen, S. 30, zurückhaltender Veith / Böckstiegel, S. 51.

119 Veith / Böckstiegel, S. 156; Dölle / Reichert-Facilides / Zweigert, S. 51.

120 Vgl. S. E. Abdel-Waheb, Economic Development Agreements and Nationalization, zit. nach Wellens, S. 55 bei Fn. 68 mit Fn. 64.

121 Veith / Böckstiegel, S. 158 f., 165.

122 Wellens, S. 56.

123 Dazu H. Frick, Bilateraler Investitionsschutz in Entwicklungsländern, S. 18, 140.

124 Ders., S. 140 f.

125 Ders., S. 216.

Angesichts der in der Praxis wenig übereinstimmenden Verwendungen sowie des auch dogmatisch wenig geklärten Inhalts der Klausel „due process of law“ kann von einem Satz des Gewohnheitsrechts nicht gesprochen werden[126].

d) *Diskriminierungsverbot*

Das Verbot der Diskriminierung kann als die negative Formulierung eines Gebotes zur Gleichbehandlung angesehen werden. Damit untersagt das Diskriminierungsverbot eine Ungleichbehandlung in gleicher rechtserheblicher Situation[127]. Dabei sind zwei Fälle zu unterscheiden: Zunächst dürfen die Angehörigen des einen fremden Staates nicht anders behandelt werden als die des anderen; darüber hinaus muß sich der staatliche Eingriff gleichermaßen auf das Eigentum der In- und Ausländer erstrecken[128].

Das absolute Verbot der traditionellen Lehre[129] ist zunehmend entwertet worden. Im Rahmen des Dekolonisierungsprozesses ist die Auffassung vertreten worden, daß Maßnahmen der Dekolonisierung, die sich lediglich gegen Angehörige der fremden Kolonialmacht richten, keine Diskriminierung bedeuten[130]. Ohne auf Dekolonisierungen abzu-

---

[126] Wellens, S. 57; a. A. Veith / Böckstiegel, S. 158 f.; daraus folgt allerdings nicht, daß der betroffene Ausländer in verfahrensmäßiger Hinsicht völlig schutzlos gestellt ist. Zwar ist das Rechtsmißbrauchsverbot, das einigen Begriffsbestimmungen des „due process of law“ zugrunde liegt, nicht als allgemeiner Rechtsgrundsatz anzusehen. Denn zum einen kennen auch entwickelte Rechtsordnungen ein solches Verbot nicht. Zum anderen sind in den übrigen Rechtsordnungen gemeinsame Inhalte nicht auszumachen; so Menzel / Ipsen, S. 345. Demgegenüber ist dem Ausländer der innerstaatliche Rechtsweg und die Gewährleistung eines ordnungsgemäßen Verfahrens über den völkerrechtlichen Mindeststandard gewährleistet; so Sinha, S. 95; A. F. Schnitzer, Mindeststandard, S. 537, Menzel / Ipsen, S. 537 m. w. N. Ansprüche hinsichtlich der Feststellung der Rechtmäßigkeit der Enteignung und der Höhe der Entschädigung können damit vorgebracht und verfolgt werden. Eine Verletzung dieses Rechtes würde einen „denial of justice“ darstellen und damit zur völkerrechtlichen Verantwortlichkeit führen. Der Mindeststandard stellt daher ein grundlegendes Bedürfnis sicher, ohne daß es der wenig konkretisierten Forderung des „due process of law“ bedarf.

[127] Frick, S. 89; W. Kewenig, Der Grundsatz der Nichtdiskriminierung im Völkerrecht der internationalen Handelsbeziehungen, S. 51 ff., 196.

[128] G. White, S. 119; Hartmann, S. 104; Brehme, S. 123; Veith / Böckstiegel, S. 136 ff.

[129] G. Jaenicke, Gleichbehandlung, S. 691; F. A. Mann, Völkerrechtswidrige Enteignungen vor nationalen Gerichten, NJW 1961, S. 705; Verzijl, International Law, Bd. V, S. 472.

[130] Dölle / Reichert-Facilides / Zweigert, S. 56; Hartmann, S. 105 ff.; Brehme, S. 129; C. F. Amerasinghe, L'expropriation des compagnies pétrolières de Ceylan et le droit international, RGDIP 1965, S. 407; OLG Bremen, RIW/AWD 1959, S. 207 ff. mit Anm. Seidl-Hohenveldern; ders., Internationales Enteignungsrecht, S. 273 f., kritsch zum Urteil; ebenso K.-H. Böckstiegel, Die allgemeinen Grundsätze des Völkerrechts über Eigentumsentziehungen, S. 113; zum ganzen s. auch Baade, Permanent Sovereignty, S. 24.

stellen, wird im Schrifttum[131] auch die Auffassung vertreten, daß das Diskriminierungsverbot nach der Wirtschaftsstruktur des entziehenden Staates auszulegen und anzuwenden sei. Denn häufig befänden sich gewisse oder alle Industrien im ausländischen Besitz, so daß die strikte Anwendung des Diskriminierungsverbots eine Eigentumsentziehung verhindern könne. Auch hier wird das behauptete Verbot erheblich abgeschwächt.

Die Staatenpraxis kennt im Bereich der Vermögensentziehung ein Diskriminierungsverbot nicht. Die Verstaatlichungsmaßnahmen der osteuropäischen Länder unmittelbar nach dem Zweiten Weltkrieg umfaßten zunächst lediglich deutsches bzw. ungarisches Eigentum[132]. Im Fall der Nationalisierung der Suez Canal Company[133] richteten sich die Maßnahmen gegen einzelne Unternehmen, ohne daß zwischen Eigentumsrechten von Ausländern und Inländern differenziert worden war. Im Fall der Anglo-Iranian Oil Company war ebenfalls nicht zwischen betroffenen Ausländern und anderen differenziert. Ungeachtet der Tatsache, daß die Oil Company wohl den weitaus größten Teil der iranischen Erdölindustrie beherrschte, hielt Großbritannien die Nationalisierung für diskriminierend. In der Praxis ist diese Frage allerdings nicht entschieden worden, da der IGH seine Zuständigkeit verneint hatte[134]. Britisches und französisches Eigentum war 1957 aber wieder Gegenstand einer diskriminierenden Behandlung durch ägyptische Nationalisierungsdekrete[135].

Die Nationalisierungsmaßnahmen Indonesiens 1958[136] und Kubas[137] 1960 richteten sich einzig gegen niederländisches bzw. US-amerikanisches Eigentum. Auch die algerischen Nationalisierungsmaßnahmen 1963 betrafen ausschließlich französisches Eigentum[138]. Libyen verstaatlichte 1973/74 zwei private US-amerikanische Erdölgesellschaften, ohne daß andere ausländische Gesellschaften zunächst betroffen waren[139].

Auch neueste Nationalisierungsmaßnahmen bilden daher keine Ausnahme, wobei die entziehenden Staaten die einschlägigen Proteste auch vor dem Inkrafttreten der Nationalisierungsgesetze außer acht ließen[140].

---

[131] Alenfeld, S. 130; die Problematik wird auch von W. Wengler, Völkerrecht, Bd. 2, S. 1007 sowie von H. Thierry / J. Cambacau / S. Sur / Ch. Vallée, Droit International Public, S. 318, aufgezeigt.

[132] Vgl. G. White, S. 121 ff.

[133] Dazu o. V., Note: Nationalization of the Suez Canal Company, HarvLR 1957, S. 484 f.

[134] Dazu G. White, S. 121 ff.

[135] Vgl. dies., S. 138 f.

[136] Dazu dies., S. 143 f.

[137] Dazu dies., S. 141 ff.

[138] Dazu Brehme, S. 125.

[139] Lalive, S. 322; Dupuy, S. 372.

[140] Wellens, S. 57 f. mit Fn. 76.

Diese Proteste, die in verschiedenen Fällen von den Heimatstaaten der betroffenen Ausländer eingeleitet wurden, behaupteten zwar einen Verstoß gegen ein Diskriminierungsverbot. Sie verwiesen jedoch lediglich pauschal auf ein solches Verbot und ließen eine fallbezogene Konkretisierung nicht erkennen, blieben daher also insgesamt inhaltsleer[141].

Das absolute Verbot einer Diskriminierung im Falle einer Vermögensentziehung findet damit in der Staatenpraxis und im Schrifttum keine sichere Stütze. Von einer gewohnheitsrechtlichen Verankerung kann daher nicht gesprochen werden[142].

e) Zwischenergebnis

Die Entziehung ausländischen Eigentums ist an keine Voraussetzungen gebunden. Insbesondere hängt die „legality" nicht von einer Entschädigungszahlung ab.

5. Entschädigungspflicht

a) Die Stellungnahmen im Schrifttum

Während die westliche Literatur die Verpflichtung zur Zahlung einer vollen Entschädigung überwiegend bejaht[143], besteht nach Ansicht sozialistischer Völkerrechtler eine solche Pflicht nicht[144].

Soweit die Pflicht zur vollen Entschädigung bejaht wird, wird sie theoretisch unterschiedlich begründet. Zurückgegriffen wird dabei auf die Theorie der wohlerworbenen Rechte[145], den völkerrechtlichen Mindeststandard[146] sowie auf den Grundsatz der ungerechtfertigten Bereicherung[147].

---

[141] Vgl. dens., S. 58.

[142] Ders., S. 60; Baade, Permanent Sovereignty, S. 23 f.; vgl. auch Kewenig, Nichtdiskriminierung, der bei der Untersuchung der gewohnheitsrechtlichen Verankerung eines Diskriminierungsverbotes in Teilbereichen des Völkerrechts ein Diskriminierungsverbot bei Vermögensentziehungen nicht nennt; ähnl. H. Kipp, Das Verbot der Diskriminierung im modernen Völkerrecht, AVR 1961/62, S. 154 ff.; vgl. dazu auch Weston, Charter, S. 440 ff.

[143] Verzijl, International Law, Bd. V, S. 472; Böckstiegel, Enteignungsmaßnahmen, S. 30; Brower / Tepe, S. 304.

[144] Brehme, S. 157 f.; s. auch G. Kaeckenbeeck, La protection internationale des droits acquis, RdC 1937 I, S. 360 ff.

[145] McNair, Seizure, S. 221 ff.; Böckstiegel, Allgemeine Grundsätze, S. 60 ff. m. w. N.

[146] Böckstiegel, ibid., S. 75 ff. m. w. N.

[147] G. Schwarzenberger, International Law, S. 230 ff.; Bin Cheng, Principles, S. 46 ff.; W. Friedmann, Some Impacts of Social Organization on International Law, AJIL 1956, S. 505 f.

Die Theorie des Mindeststandards verfolgt den Zweck, die Rechtsstellung des Ausländers nicht unter bestimmte, allein vom Völkerrecht gesetzte Grenzen sinken zu lassen. Die Höhe der Entschädigung wird danach durch eine Regel des Völkerrechts bestimmt, die durch die Theorie des Mindeststandards gefordert, aber nicht statuiert wird. Über die Höhe der Entschädigung besagt die Theorie des Mindeststandards also nichts. Die Theorie vermag daher die Pflicht zur Zahlung einer vollen Entschädigung nicht zu begründen[148].

Geht man von der zivilrechtlichen Grundlage der Theorie der ungerechtfertigten Bereicherung aus, so kann diese lediglich besagen, daß die Bereicherung dann ungerechtfertigt ist, wenn sie auf einer entschädigungslosen Vermögensentziehung, die damit der fehlende Rechtsgrund wäre, beruht. Damit ist aber nicht das Vorhandensein eines Rechtsgrundes bewiesen, sondern nur gefordert[149]. Darüber hinaus ist mit dieser Theorie für die Höhe der Entschädigung allenfalls so viel gewonnen, daß der Grundsatz der ungerechtfertigten Bereicherung sowohl auf den Investor als auch auf den nationalisierenden Staat anzuwenden ist und damit bei Abwägung der beiderseitigen möglichen Bereicherungen die Entschädigungssumme eben nicht voll sein muß.

Auch die Theorie der wohlerworbenen Rechte führt nicht weiter. Zwar vermag die gelegentlich geäußerte Kritik[150], man könne sich nicht auf Rechte berufen, die unter einer inzwischen revolutionär aufgehobenen Rechtsordnung erworben sind, nicht zu überzeugen. Denn gerade diesen Schutz im Falle revolutionärer Umgestaltungen bezweckt die Theorie, auch wenn richtigerweise nicht übersehen werden kann, daß alle Eigentumsrechte letztlich auf einer staatlichen Rechtsordnung beruhen[151]. Entscheidend ist, daß die Theorie auf den Wirtschaftsvorstellungen des Liberalismus beruht. Diese Vorstellungen waren zur Zeit des auch praktisch umgesetzten Liberalismus die einzig anerkannten und konnten daher jedem Anwender auch im umgekehrten Falle entgegengehalten werden, da die damalige Staatenwelt in ihrer Struktur diejenige Homogenität besaß, an der es heute angesichts der unterschiedlichen sozialen Systeme und des Wohlstandsgefälles fehlt. Wenn sich aber die wirtschaftlichen Grundlagen einer Maxime völlig ändern, so ist auch deren Aufrechterhaltung nicht überzeugend[152].

---

[148] Vgl. die Kritik von G. Schwarzenberger, Foreign Investments and International Law, S. 4.

[149] Hartmann, S. 122; die Praxis kennt wohl nur einen Fall, der nach den Grundsätzen dieser Theorie entschieden wurde, zum ganzen W. Friedmann, The Changing Structure of International Law, S. 206 ff.

[150] Hartmann, S. 120.

[151] Vgl. Bin Cheng, Compensation, S. 280 f.

[152] Foighel, Nationalization, Nordisk Tidsskrift 1956, S. 130; ders., Diskussionsbeitrag, S. 41; Aréchaga, International Law, S. 298; zurückhaltend auch

Eine andere Ansicht[153] schließlich stellt darauf ab, daß die territoriale Souveränität des Staates von dem Eigentumsrecht des einzelnen zu unterscheiden ist. Diese Theorie begegnet Bedenken, da sie die Ausübung der Souveränität letztlich von der Zahlungsfähigkeit des nationalisierungswilligen Staates abhängig macht. Die Zahlungsfähigkeit eines Staates kann aber die Vornahme von Vermögensentziehungen nicht beeinflussen. Denn das internationale Recht überläßt es den einzelnen Staaten, ihre Wirtschafts- und Sozialordnung frei zu wählen und anerkennt demzufolge ein Recht zur Vornahme von Vermögensentziehungen. Dieses Recht liefe aber leer, würde zugleich die Ausübung von der Zahlungsfähigkeit abhängig gemacht[154]. Damit geht auch gleichzeitig der Einwand ins Leere, daß Vermögensentziehungen dann nicht vorgenommen werden könnten, wenn der Staat zur Zahlung einer vollen Entschädigung nicht in der Lage sei[155].

Diese Gesichtspunkte greift eine vermittelnde Ansicht[156] auf, nach der nur eine Teilentschädigung geschuldet werde. Zudem könne dem Zweck der sozialen und wirtschaftlichen Umgestaltung, die dem Wohl der Nation diene, die Zahlung einer vollen Entschädigung zuwiderlaufen. Daß der Ausländer nicht von dem möglichen Nutzen der Umgestaltung erfaßt sei, sei insofern unproblematisch, als der Ausländer sich durch seine Niederlassung in gewissem Maße dem Schicksal der Inländer unterwerfe.

Der letzte Gedanke ist nicht überzeugend. Dem internationalen Recht kann nicht entnommen werden, daß zwischen staatlichen Interessen und dem Schutz des Ausländers ein rangmäßiger Unterschied besteht[157]. Auch daß sich der Ausländer dem Schicksal der Inländer

G. White, S. 30; Vicuna, S. 713; Ch. Tomuschat, Die Charta der wirtschaftlichen Rechte und Pflichten der Staaten, ZaöRV 1976, S. 458; s. ferner R. de Nova, Völkerrechtliche Betrachtungen über Konfiskation und Enteignung, FW 1954, S. 130.

[153] Wortley, Observations on the Public and Private International Law Relating to Expropriation, AJCL 1956, S. 588.

[154] Zum ganzen Seidl-Hohenveldern, Modernes Völkerrecht, S. 656; ders., Völkerrecht, Rz. 1190; de Nova, S. 128; Fouilloux, S. 279; Wengler, Bd. 2, S. 1007 f.; Verdross / Simma, S. 592 f.; Berber, Bd. 1, S. 427 f. m. w. N.

[155] So aber Veith / Böckstiegel, S. 177 f.; Böckstiegel, allgemeine Grundsätze, S. 90 f.; weitere Nachweise bei F. G. Dawson / B. H. Weston, „Prompt, Adequate and Effective“: A Universal Standard of Compensation?, FordhamLR 1962, S. 733 in Fn. 27 a, b; in dieser Hinsicht nicht konsequent R. L. Bindschedler, Verstaatlichungsmaßnahmen und Entschädigungspflicht nach Völkerrecht, S. 111, wenn ausgeführt wird, daß bei der Bemessung der Entschädigung unbeschadet des Rechtsanspruches auf gerechte Entschädigung den wirtschaftlichen und finanziellen Umständen in dem nationalisierenden Staat Rechnung getragen werden müsse.

[156] Fatouros, S. 731; Berber, Bd. 1, S. 427 f.; jeweils m. w. N., ebenso bei Dawson / Weston, S. 735 f.

[157] Dazu Dawson / Weston, S. 754 f.; Verdross / Simma, S. 593; Bin Cheng, Principles, S. 48, die sich bei der Bemessung der Entschädigung für eine Be-

unterwirft, kann nicht allein bedeuten, daß, wenn Inländer nicht entschädigt werden, er auch keine volle Entschädigung beanspruchen könne. Denn einerseits müßte er dann auch an den möglichen Vorteilen der Nationalisierung beteiligt werden, andererseits ließe sich mit der gleichen Begründung im Falle eines Fehlschlagens der Umgestaltung und damit verbundener wirtschaftlicher Schäden auch eine Beteiligung des Ausländers an diesen Schäden konstruieren. Will man also den ausländischen Investor den Inländern gleichstellen, so gelangte man bei konsequenter Weiterverfolgung dieses Gedankens zu Ergebnissen, die in der Praxis völlig unhaltbar wären.

Hinsichtlich der theoretischen Begründung einer Entschädigungspflicht bietet das Schrifttum damit ein uneinheitliches und in den Ansätzen wenig überzeugendes Bild[158].

b) *Die Entschädigungspflicht in der Praxis*

Die Praxis[159] kennt eindeutig das Bestehen einer Pflicht zur Entschädigung.

Die Friedensverträge nach dem Zweiten Weltkrieg mit Ungarn[160] und Bulgarien[161] forderten in ähnlichen Bestimmungen, daß, soweit eine Rückgängigmachung bestimmter Maßnahmen, einschließlich „... seizures, sequestration ..“, nicht möglich sei, eine Entschädigung zu zahlen sei in Höhe von zwei Dritteln derjenigen Summe, die erforderlich sei, ähnliches Eigentum zum Zeitpunkt der Zahlung zu erwerben. Vertragspartner war u. a. die UdSSR. Insgesamt hat Ungarn bis 1973 insgesamt 17 Globalentschädigungsabkommen geschlossen, darunter mit Jugoslawien und der UdSSR[162]. 1956 schloß die CSSR mit Jugoslawien einen Vertrag über die Entschädigung enteigneten Auslandseigentums[163], 1958 mit Polen[164]. Beide Verträge ähneln in ihrer Struktur und Entwurfstechnik den Globalentschädigungsabkommen, wie sie von

rücksichtigung der Interessen sowohl des Einzelnen als auch der Gemeinschaft aussprechen; ebenso Favre, S. 526, allerdings unter dem Rückgriff auf die hier abgelehnte Theorie der wohlerworbenen Rechte.

158 K. M. Meessen, Völkerrechtliches Enteignungsrecht im Nord-Süd-Konflikt, S. 11 f.; zurückhaltend auch Brownlie, Principles, S. 519.

159 Für die Zwischenkriegszeit s. N. R. Doman, Postwar Nationalization of Foreign Property in Europe, ColLR 1948, S. 1133 ff.; Doc. A/CN. 4/119, para. 68; weitere Nachweise bei Bin Cheng, Principles, S. 47.

160 UNTS 41, S. 135 ff.

161 UNTS 41, S. 21 ff.

162 R. B. Lillich, The United States-Hungarian Claims Agreement of 1973, AJIL 1975, S. 552.

163 A. Drucker, Compensation Treaties between Communist States, ICLQ 1961, S. 247.

164 Ibid., S. 238; 1961 wurde mit Rumänien ein entsprechender Vertrag geschlossen, ibid., S. 251.

westlichen Staaten abgeschlossen werden[165]. Auch westliche Staaten untereinander haben Globalentschädigungsabkommen abgeschlossen[166]. Insgesamt waren bis 1965 etwa 90 derartiger Abkommen geschlossen, die überwiegend Ansprüche aus Eigentumsentziehung regeln[167].

Gelegentlich ist behauptet worden, der Abschluß eines Entschädigungsabkommens mit westlichen Staaten beruhe nicht auf der Anerkennung einer Pflicht zur Entschädigung, sondern auf dem Druck seitens westlicher Staaten[168]. Es läßt sich jedoch nachweisen, daß nur ein Teil der Vertragsabschlüsse durch wirtschaftliche Zwangsmaßnahmen erreicht wurde, wobei wegen der bestehenden Pflicht zur Entschädigung die Zwangsmaßnahmen als Selbsthilfe zulässig sind[169].

Zahlreiche Abkommen sind vor allem deshalb geschlossen worden, weil die nationalisierenden sozialistischen Staaten sich von einem ungestörten Verhältnis zu dem anspruchstellenden Staat erhebliche eigene Vorteile versprachen[170]. Vor allem aber auch hat das blockierte Auslandsvermögen des nationalisierenden Staates in der Regel nicht ausgereicht, die Ansprüche der betroffenen Investoren zu befriedigen und lag teilweise noch erheblich unter der schließlich gezahlten Summe[171].

Insbesondere ein Beispiel jüngeren Datums belegt zusätzlich, daß nicht pauschal davon gesprochen werden kann, nur unter wirtschaftlichem Druck sei entschädigt worden.

Peru nationalisierte ab 1968 zahlreiche US-amerikanische Unternehmen zunächst entschädigungslos. Trotz daraufhin verhängter Maßnahmen wirtschaftlichen Druckes seitens der USA konnte Peru ein wirtschaftliches Wachstum erreichen und die wirtschaftliche Abhängigkeit von den USA verringern. Das schließlich 1974 unterzeichnete Entschädigungsabkommen steht daher in keinem sichtbaren Zusammenhang zu den wirtschaftlichen Gegenmaßnahmen[172].

---

165 Ibid., S. 252; Doc. A/CN. 4/152, App. II, The duty to compensate for the nationalization of foreign property, by Mr. Eduardo Jiménez de Aréchaga, para. 27.

166 Vgl. etwa I. Seidl-Hohenveldern, Austrian Practice on Lump Sum Compensation by Treaty, AJIL 1976, S. 771 ff.

167 Angaben nach R. B. Lillich, International Claims: Their Settlement by Lump Sum Agreements, Liber Amicorum, S. 144.

168 Brehme, S. 149 f.; vgl. dazu auch A. Drucker, Compensation for Nationalized Property: The British Practice, AJIL 1955, S. 477 ff.

169 R. B. Lillich / B. H. Weston, International Claims, Part. I, S. 229.

170 Foighel, Nationalization, Nordisk Tidsskrift 1957, S. 147 ff.; Seidl-Hohenveldern, Investitionen, S. 28.

171 Dazu G. A. Christenson, The United States-Rumanian Claims Settlement Agreement of March 30, 1960, AJIL 1961, S. 621; Lillich, Hungarian Claims, S. 538; Bindschedler, S. 86.

172 Zum ganzen V. L. Arnold / J. Hamilton, The Greene Settlement: A Study of the Resolution of Investment Disputes in Peru, TexILJ 1978, S. 280 ff.

Wenn als Motiv i. d. R. wirtschaftlicher Druck ebenso ausscheidet wie die kaum anzunehmende Vermutung einer nachsichtigen Haltung der nationalisierenden Staaten gegenüber den westlichen Staaten, so kann eine Entschädigung nur noch auf Grund einer angenommenen Verpflichtung geleistet worden sein[173]. Die Abkommen der sozialistischen Staaten untereinander bestätigen dieses Ergebnis.

Darüber hinaus wird das Bestehen einer Pflicht zur Zahlung einer Entschädigung nicht weiter bestritten. So haben etwa Iran, Ägypten, Indonesien, Kuba[174] und Ceylon[175] eine Entschädigungsleistung für ihre Nationalisierungsmaßnahmen vorgesehen. Auch nach der Verabschiedung der Charta hat sich nichts an der grundsätzlichen Anerkennung einer Entschädigungspflicht geändert. Am 1. 12. 1975 wurde zwischen Kuweit und den Gesellschaften „British Petroleum" und „Gulf Oil" ein Entschädigungsabkommen unterzeichnet. Mitte 1976 verpflichtete sich Saudi-Arabien gegenüber der Gesellschaft ARAMCO zu einer Entschädigung[176]. Libyen schließlich gewährte im Oktober 1977 einer der 1973/74 nationalisierten Ölgesellschaften eine Entschädigung[177].

Über diese Einzelfälle hinaus ist allgemein festzuhalten, daß die neuen unabhängigen Staaten eine Pflicht zur Zahlung einer bestimmten Entschädigung anerkennen[178].

c) Zwischenergebnis

Insgesamt ergibt sich daraus, daß in der Praxis eine Entschädigungspflicht gewohnheitsrechtlich anerkannt ist[179].

d) Umfang der Entschädigungspflicht

Diese Erstreckung der Entschädigungspflicht wird gelegentlich auch auf zukünftige Gewinne gefordert[180]. Ein solcher Gedanke ist der Völ-

[173] Seidl-Hohenveldern, Investitionen, S. 31; Dawson / Weston, S. 752 f.; S. D. Metzger, Property in International Law, VirgLR 1964, S. 598.

[174] Dazu Domke, S. 603.

[175] Vgl. Amerasinghe, Expropriations, S. 446.

[176] P. Fischer, Das internationale Wirtschaftsrecht — Versuch einer Systematik, GYIL 1976, S. 155 mit Fn. 69.

[177] Bowett, Libyan Nationalisation, S. 8.

[178] F. C. Okoye, International Law and the New African States, S. 182.

[179] Vicuna, S. 721; Kronfol, S. 27; V. D. Mahajan, Public International Law, S. 285; Hingorani, S. 138; Salem, S. 786; Aréchaga, International Law, S. 299; Bin Cheng, Compensation, S. 288; Y. Takano, Einführung in das Völkerrecht, S. 395; Wehser, S. 121; Seidl-Hohenveldern, Internationales Enteignungsrecht, S. 276 f.; Lillich / Weston, Part. I, S. 247; Brownlie, Legal Status, S. 268.

[180] A. Mahiou, Les implications du nouvel ordre économique et le droit international, Rev. belge 1976, S. 436 f.; Bindschedler, S. 55; vgl. P. de Visscher, Les aspects juridiques fondamentaux de la question de Suez, RGDIP 1958, S. 434 f.

kerrechtspraxis nicht völlig fremd. Mehrfach ist von der internationalen Schiedsgerichtsbarkeit[181] die Entschädigung entgangener Gewinne zugestanden worden. Allen Fällen lag eine als nicht rechtmäßig beurteilte Schiffsentziehung durch den entschädigungspflichtigen Staat zugrunde. Selbst wenn man diese Fälle wegen des jeweils betroffenen Eigentums mit Nationalisierungsmaßnahmen gedanklich verbinden will, so kann nicht übersehen werden, daß das Völkerrecht Nationalisierungen grundsätzlich erlaubt. Erlaubte Nationalisierungen und nicht erlaubte Schiffsentziehungen sind völlig verschiedene Tatbestände, deren Rechtsfolgen nicht gleichgesetzt werden können. Die Praxis läßt jedenfalls erkennen, daß bei Nationalisierungen allenfalls der aktuelle Verlust zu entschädigen ist[182].

Umgekehrt ist versucht worden, von der grundsätzlich zugestandenen Entschädigungssumme behauptete Übergewinne abzuziehen. Derartige Versuche können auf die theoretische Konstruktion der ungerechtfertigten Bereicherung[183] zurückgreifen, wonach bei der Festlegung der Entschädigungssumme die von dem Investor erzielten Gewinne einerseits, andererseits die dem entziehenden Staat durch die Investition entstandenen Vorteile zu berücksichtigen sind. Die Praxis kennt jedoch nur den Fall Chile[184] und den Fall Peru[185]. Abgesehen von der in Chile unter Allende nicht vorgesehenen rechtlichen Überprüfung[186], die den Verdacht des fehlenden Rechtsbewußtseins nahegelegt hat[187], ist das Konzept gewohnheitsrechtlich nicht anerkannt[188].

e) Ergebnis

Die Pflicht zur Zahlung einer Entschädigung ist gewohnheitsrechtlich anerkannt. Die Entschädigungspflicht erstreckt sich allenfalls auf den aktuellen Verlust; die Erstreckung auf zukünftige Gewinne ist ebenso wenig anerkannt wie der Abzug behaupteter Übergewinne.

---

181 UNRIAA VI, S. 68 (76), The Wanderer; S. 77 (81), The Kate; S. 82 (85), Laughlin McLean; S. 153 (154), The Horace B. Parker.

182 Amerasinghe, Expropriations, S. 448; Reinhard, S. 44.

183 Eingehend Friedmann, Changing Structure, S. 208 f.

184 Dazu Wehser, S. 122.

185 Dazu Foeth / Zieger, S. 31; E.-U. Petersmann, „Entwicklungsvölkerrecht", „Droit International Du Développement", „International Economic Development Law": Mythos oder Wirklichkeit?, JIR 1974, S. 146.

186 Vgl. dazu einerseits Behrens, insbesondere S. 416; andererseits I. Seidl-Hohenveldern, Chilean Copper Nationalization Cases before German Courts, AJIL 1975, insbes. S. 115; Peru hat eine Überprüfung später zugesagt, Foeth / Zieger, S. 31.

187 So Seidl-Hohenveldern, „Charta", S. 239.

188 Behrens, S. 414; zur problematischen Verrechtlichung der These Meessen, S. 15; Vicuna, S. 724; R. B. Lillich, The Valuation of the Copper Companies in the Chilean Nationalizations, ASIL Proc. 1972, S. 216.

6. Die Entschädigungsmodalitäten

Nach der traditionellen westlichen Auffassung[189] muß die zu leistende Entschädigung die Kriterien „prompt, adequate and effective" erfüllen.

a) Allgemeines

Dieser als Hull-Formel bekannte Entschädigungsstandard erhält im neueren Schrifttum zunehmend eine von der traditionellen Lehre abweichende Interpretation. Nach überkommener Ansicht bedeutet die Hull-Formel, daß die Entschädigungsleistung „full" sein, also den Wert des entzogenen Eigentums voll entsprechen müsse. Im neueren Schrifttum wird das Merkmal „adequate" nicht mehr im Sinne von „full" verstanden, sondern einer Auslegung Raum gegeben, die einen Ermessensspielraum eröffnet und damit die Umstände des Einzelfalles in die Berechnung einfließen läßt[190].

b) „prompt"

Das Merkmal „prompt" wird nicht eindeutig bestimmt. Die Judikatur hat „prompt" umschrieben mit „immediate"[191], „le plus rapidement possible"[192] und mit „reasonable period"[193]. Eine eindeutige Festlegung ist hieraus ebensowenig zu entnehmen wie aus den im Schrifttum enthaltenen Definitionen. Danach ist eine Zahlung „prompt", wenn sie vor oder unmittelbar nach der Maßnahme der Eigentumsentziehung gezahlt wird[194]; wenn sie mit den Maßnahmen gleichzeitig oder doch nur unwesentlich später ausgezahlt wird[195]; wenn sie „without undue delay", „as quickly as possible"[196] oder innerhalb einer „reasonable period"[197] gezahlt wird. Eine Zahlung dagegen, die sich über mehrere Jahre erstreckt, sei nicht mehr als „prompt" zu bewerten[198]. Gemein-

---

189 Bin Cheng, Compensation, S. 289; H. W. Shawcross, The Problems of Foreign Investment, RdC 1961 I, S. 344; I. Seidl-Hohenveldern, Internationales Konfiskations- und Enteignungsrecht, S. 173 f.; Böckstiegel, Enteignungsmaßnahmen, S. 30; für die Formel „prompt, adequate and effektive" werden auch „just", „fair", „reasonable", „equitable" verwendet, ohne daß sich sachliche Unterschiede ergäben, vgl. B. H. Weston, Community Regulation of Foreign Wealth-Depreviations: A Tentative Framework for Inquiry, S. 120.

190 Zum ganzen Wellens, S. 76 ff.; Dawson / Weston, S. 737; Menzel / Ipsen, S. 178 f.

191 Nachweise bei Domke, S. 605.

192 Norwegian Shipowners, UNRIAA I, S. 307 (329).

193 Goldenberg-Case, UNRIAA II, S. 901 (906).

194 Fatouros, S. 731.

195 Hartmann, S. 123.

196 Domke, S. 605.

197 Wellens, S. 72.

198 Foighel, Nordisk Tidsskrift 1957, S. 188 ff.

sam ist den Umschreibungen, daß zwar eine gewisse Verzögerung zugestanden wird, die aber doch eine „reasonable period" nicht überschreiten darf. Eine definitive Festlegung daraus zu erschließen ist nicht möglich[199].

c) *„adequate"*

Das Merkmal „adequate" läßt sich noch weniger klar fassen[200]. Überwiegend wird im Schrifttum unter dem Eindruck des zu verzeichnenden Wandels verstanden, daß die Entschädigungsleistung in einem angemessenen Verhältnis zum Wert des entzogenen Vermögens stehen[201] oder — nach heute gleichfalls vertretener traditioneller Lehre[202] — dem Wert voll entsprechen müsse.

aa) In der Literatur benutzte Maßstäbe

Wie der Wert des Vermögens zu bemessen ist, wird im Schrifttum nicht einhellig beurteilt. Häufig wird auf den Markt- oder Verkehrswert hingewiesen[203], doch zugleich festgestellt, daß bei Eigentumsentziehungen ein Marktwert häufig nicht mehr besteht oder wenigstens nicht mehr zuverlässig zu ermitteln ist.

Die Bezugnahme auf den Marktwert ist lediglich dann erfolgreich, wenn es sich um individuelle Enteignungen beschränkten Ausmaßes handelt, da sich hierbei der geldmäßige Wert im einzelnen bestimmen läßt[204]. Bei Nationalisierungen ganzer Wirtschaftssektoren versagt diese Methode jedoch, weil der Wegfall einer von wirtschaftlichen Gesichtspunkten bestimmten Nachfrage die Bildung eines Marktpreises gar nicht mehr zuläßt[205].

Ähnliches gilt für die weiteren möglichen Berechnungsgrundlagen: Substanzwert, Kostenwert, Liquidationswert, Ertragswert, Leistungswert und good-will[206]. Unter betriebswirtschaftlichen Gesichtspunkten ist keine dieser Methoden allein in der Lage, zu einer zuverlässigen Wertermittlung zu führen[207]. Es ist daher vorgeschlagen worden, die

---

[199] White, S. 13, vgl. jedoch Dawson / Weston, S. 737.

[200] Vgl. die Kritik bei Seidl-Hohenveldern, Investitionen, S. 30 sowie G. White, S. 13 f.

[201] So G. White, S. 13.

[202] Vgl. etwa Verdross / Simma, S. 589; Fatouros, S. 727.

[203] G. White, S. 13; Kronfol, S. 111; Foighel, Nordisk Tidsskrift, S. 183 f.

[204] U. Ammann, Der Schutz ausländischer Privatinvestitionen in Entwicklungsländern, S. 60; krit. zum Marktwert auch UNRIAA I, 307 (339) — Norwegian Shipowners.

[205] Ammann, S. 69.

[206] Vgl. im einzelnen Ammann, S. 70 ff.

[207] Ders., S. 73 ff.; R. J. Smith, The United States Government Perspective on Expropriations and Investment in Developing Countries, VandJTL 1976, S. 519 f.

Entschädigungssumme auf Grund einer umfassenden Finanzrechnung zu bemessen, in die zahlreiche Einzelpositionen einzufließen hätten[208]. Wenn auch, was hier nicht näher erörtert werden kann, eine solche differenzierende Wertbemessung als die sachgerechteste Methode erscheint, so ist dennoch nicht ausgeschlossen, daß die Bezugsnahme auf Einzelpositionen umgekehrt auch zu einer Fehlerhaftigkeit der Berechnung führen kann. Auch unter Zugrundelegung einer differenzierten Bewertung wird der Wert des entzogenen Vermögens daher selten in der nötigen Klarheit feststellbar sein[209].

bb) In der Praxis gebräuchliche Bewertungen

Die Praxis läßt hinsichtlich der zugrunde liegenden Bewertungsmethoden kein klares Bild erkennen und macht damit deutlich, daß international anerkannte Bewertungsstandards nicht zur Verfügung stehen[210].

Maßstab für die Festsetzung der Entschädigungssumme war im chilenischen Kupferstreit unter Allende[211], im Falle der Nationalisierung von Ölgesellschaften in Venezuela[212] und bei den Nationalisierungen der Ölgesellschaften 1975 in Kuweit[213] der Buchwert[214] der jeweiligen Vermögen. Demgegenüber stellte Ceylon bei der Nationalisierung von Ölge-

[208] Ammann, S. 78; im Ergebnis ebenso Dawson / Weston, S. 752; in die gleiche Richtung zielen Fatouros, S. 728 sowie Lillich / Weston, Part I, S. 255; anders Bindschedler, der verschiedene der genannten Faktoren ausscheidet, weil zu eng auf Nationalisierung in kriegszerstörten Ländern abstellend, S. 70 f.

[209] Zum ganzen Lillich / Weston, Part I, S. 217.

[210] Dies., S. 239; Hingorani, S. 138.

[211] Behrens, S. 398.

[212] Dazu Ch. Rousseau, Chronique des faits, S. 315 f.

[213] Dazu Fischer, Rohstofflenkung, S. 70.

[214] Der Buchwert ist zu definieren als „Vermögens- und Schuldteile in der Bilanz einer kaufmännischen Unternehmung, bewertet nach den Anschaffungs- bzw. Herstellungskosten, korrigiert um Abschreibungen und Zuschreibungen entsprechend den handels- und steuerrechtlichen Bewertungsvorschriften (deshalb auch als ‚Restwert' bezeichnet)." Zit. nach R. Sellien (Hrsg.), Gablers Wirtschafts-Lexikon, Bd. 1, Stichwort „Buchwert". Die Verteilungsgremien der USA bemessen die Entschädigungssumme i. d. R. nach dem Buchwert des Vermögens, haben jedoch auch festgestellt, daß „alone exclusive, reliance on book values would in most cases be inconsistent with ... international law, ..., and generally accepted principles governing the valuation of property." Zit. nach R. B. Lillich, The Valuation of Nationalized Property by the Foreign Claims Settlement Commission, S. 109, Fn. 58. Für die Kommission der USA vgl. allgemein dens., ibid., S. 95 ff.; welche Maßstäbe die Claims Settlement Commissions bei der Anerkennung angelegt haben, kann im einzelnen hier nicht nachgeprüft werden. Soweit aber nicht ausgeschlossen werden kann, daß im Hinblick auf Investitionsgarantien ein strikter Maßstab angelegt wurde, sind auch die anerkannten Verlusthöhen mit einer gewissen Unsicherheit behaftet. Zu den Garantiesystemen H. Goltz, Förderung privater Kapitalanlagen (Direktinvestitionen) in Entwicklungsländern, insbes. S. 81 ff. zu den US-amerikanischen.

sellschaften auf den Kaufpreis ab[215], während Guatemala nach der Entziehung des Landbesitzes der United Fruit Company 1953 eine dem Steueraufkommen entsprechende Entschädigung anbot[216]. Gelegentlich ist bei der Wertbestimmung auch auf die Börsennotierungen zurückgegriffen worden[217].

Geht man von den verschiedenen Ansätzen aus, so läßt sich zeigen, daß die einzelnen Ansätze in ein und demselben Fall zu durchaus unterschiedlichen Ergebnissen kommen[218].

Im weiteren soll daher auf die Verlusthöhen abgestellt werden, die die jeweiligen nationalen Verteilungsgremien anerkannt haben.

c) „effective"

Die Zahlung einer Entschädigung ist dann „effective", wenn sie für den betroffenen Eigentümer praktisch von Nutzen ist. Die Entschädigungszahlung darf demnach etwa nicht aus unverkäuflichen oder schlecht verzinsten Staatspapieren des entziehenden Staates bestehen, sondern muß in einer transferierbaren Währung gezahlt werden[219], so daß auch eine Entschädigungszahlung in der Währung des entziehenden Staates zugelassen sein kann[220].

d) Die Entschädigungspraxis

aa) Der Entschädigungsstandard vor 1945

Das Bestehen eines Entschädigungsstandards vor 1945 wurde in der damaligen Literatur nicht einhellig bewertet[221]. Zum Teil wurde geltend gemacht, daß sich aus den bekannten Fällen kein Satz des Gewohnheitsrechts ableiten lasse, daß entschädigungslose Enteignungen von Ausländern verboten seien[222]; lediglich auf Grund einzelner Fälle wird die Existenz partikularen Gewohnheitsrechts zugestanden[223]. Sofern

[215] Amerasinghe, Expropriations, S. 447.

[216] W. Bishop, International Law: Cases and Materials, S. 690; die mexikanische Verfassung bindet die Entschädigungssumme grundsätzlich an die Höhe des Steueraufkommens, dazu Lacey, S. 92.

[217] Vgl. Fatouros, S. 727 f., jedoch ohne Angabe von Beispielen.

[218] Behrens, S. 412 f.

[219] Seidl-Hohenveldern, Investitionen, S. 28 f.; Fatouros, S. 731.

[220] Behrens, S. 411 f.

[221] Instruktiv dazu die Kontroverse zwischen A. P. Fachiri, Expropriation and International Law, BYIL 1925, S. 159 ff.; ders., International Law and the Property of Aliens, BYIL 1929, S. 32 ff., und J. Fischer Williams, International Law and the Property of Aliens, BYIL 1928, S. 1 ff.; vgl. ferner International Law Association, Report of the Thirty-Sixth Conference, S. 359 f. sowie Ann. IDI 1950 I, S. 42 ff.

[222] V. Knapp, Diskussionsbeitrag, S. 176 f.

entschädigungslose Enteignungen aber nicht verboten waren, konnte ein Entschädigungsstandard auch nicht abgeleitet werden. Demgegenüber erkannte ein Teil der Lehre[224] unter Bezugnahme auf die überwiegend gleichen Fälle ein Verbot der entschädigungslosen Vermögensentziehung. Beruhend auf dieser Annahme wurde in einer weitergehenden Analyse der Schluß gezogen, daß eine „proper compensation" geschuldet sei[225]. Dagegen wandte sich die Auffassung, daß das Verlangen nach „adequate compensation" sich aus einer Reihe von Einzelfällen ableitet, bei denen die anspruchstellenden Staaten auf Grund ihrer machtpolitischen Stellung eine andere Lösung gar nicht zugelassen hätten[226].

In ihrer Mehrheit bestätigten die Judikate[227] zwar den besonderen Schutz des ausländischen Vermögens[228]. Soweit jedoch auf die Entschädigung eingegangen wurde, ist erheblich zu differenzieren. Ausdrücklich anerkannt wurde das Erfordernis einer „just compensation" durch Schiedsgerichte in einigen Fällen[229].

In einem weiteren Fall beruhte der Anspruch auf Entschädigung und die Verurteilung zur Zahlung einer Summe auf vertraglichen Bestimmungen[230] oder die Hauptfrage war die Rechtmäßigkeit eines Konzessionsentzuges, der gegen eine ausdrückliche Bestimmung der Konzession verstieß[231]. Im Chorzow-Fall 1926 ist die Frage, ob eine Entschädigungspflicht besteht, nicht Gegenstand des Verfahrens gewesen: Der

---

[223] E. Marburg, Der rumänisch-ungarische Optantenstreit vor dem Gemischten Schiedsgericht und dem Völkerbund, S. 105; diese Auffassung kann sich auf eine Stelle des Schiedsspruches im Norwegian Shipowners-Case stützen, in der es heißt: „... common ground between the parties that just compensation should be liberally awarded ...", UNRIAA I, S. 307 (339).

[224] A. Verdross, Die Völkerrechtswidrigkeit der Enteignung ausländischer Grundstücke ohne volle Entschädigung, JW 1924, S. 1321.

[225] Bin Cheng, Compensation, S. 288.

[226] De Nova, S. 128; Krakau, S. 118 f.; vgl. zu letzterem auch Schwarzenberger, Principles, S. 23: „The rest could be left ... to the British Navy." Für eine zurückhaltende Bewertung von Schiedssprüchen Judge Ammoun im Barcelona Traction-Case, ICJ Rep. 1970, S. 315 f.; dagegen Seidl-Hohenveldern, Der Barcelona-Traction-Fall, ÖZÖR 1971, S. 268 ff.

[227] Vgl. die Übersichten bei Fachiri; Expropriation, S. 163 ff.; E. Vitta, Espropriazione e nazionalizzazione nel diritto internazionale, Rivista di diritto internazionale 1953, S. 124 ff.; Veith / Böckstiegel, S. 37 ff.

[228] Anders Reparation Commission v. Government of the United States; Cadenhead-Case (zu beiden Fischer Williams, S. 10 f.); Dickson Car Wheel Company-Case (UNRIAA IV, S. 669; s. Veith / Böckstiegel, S. 49).

[229] Norwegian Shipowners, UNRIAA I, S. 307 ff.; Spanisch Marokko, UNRIAA II, S. 615 ff.; Upton-Case, UNRIAA IX, S. 234 ff.

[230] Fall des sizilianischen Schwefelmonopols 1839, dazu Fischer Williams, S. 2 und Veith / Böckstiegel, S. 32.

[231] Fall der Delagao-Railway 1897, dazu Fischer Williams, S. 3 und G. White, S. 170; insoweit ähnlich gelagert der Shufeldt-Case 1930, UNRIAA II, S. 1079 ff., vgl. Veith / Böckstiegel, S. 48; G. White, S. 163 f.

vorgelegte Streit beruhte überwiegend auf Fragen der Vertragsauslegung[232]. In einem weiteren Fall wurde ausdrücklich nach Billigkeit entschieden[233]. Auch der Fall des italienischen Versicherungsmonopols läßt keine klaren Schlüsse über das Bestehen eines Entschädigungsstandards zu. Italien wollte 1912 ein Versicherungsmonopol schaffen, ohne daß für bestehende Versicherungsgesellschaften eine Entschädigung vorgesehen war. In einem Gutachten von Clunet war zwar die Zahlung einer Entschädigung gefordert worden. Italien stand dann jedoch lediglich eine Frist von zehn Jahren zum Zwecke der Geschäftsauflösung zu, ohne sich zur Zahlung einer Entschädigung zu verstehen[234].

Von Interesse ist auch die Beilegung der US-amerikanisch-mexikanischen Streitigkeiten über die Höhe der Entschädigungen für Eigentumsentziehungen durch Mexiko. Die Streitigkeiten wurden mit einem Notenwechsel vom 19. 11. 1941 beigelegt. Die USA und Mexiko kamen darin überein, daß Mexiko für die „general claims", die nach dem 1. 1. 1869 entstanden waren, sowie für die „agrarian claims", die nach dem 30. 8. 1927 entstanden waren, eine Summe von 40 Mio. Dollar zahlen solle, zahlbar in mehreren Jahresraten[235]. Zur Begleichung der Ansprüche, die aus der Nationalisierung der Erdölindustrie 1938 entstanden waren, hinterlegte Mexiko weitere 9 Mio. Dollar. Gleichzeitig stimmten die USA zu, über ein Handelsabkommen zu verhandeln sowie die mexikanische Wirtschaft durch eine Reihe von Maßnahmen zu stützen bzw. zu fördern[236].

Hatten am 30. 8. 1931 noch Ansprüche in Höhe von 514 Mio. Dollar vorgelegen[237], so gaben sich die USA letztendlich mit 49 Mio. Dollar zufrieden, nicht ohne Mexiko eine Reihe von Zugeständnissen gemacht zu haben. Diese Zahlungen sind als „just" bezeichnet worden, da die Claims Commission im Falle der „agrarian claims" auch nur Ansprüche in Höhe von 40 Mio. Dollar anerkannt habe, ohne daß eine ungerechtfertigte Verkürzung der Ansprüche unterstellt werden könne[238]. Selbst wenn man sich auf diese Vermutung stützen will, so kann aber nicht übersehen werden, daß das Abkommen die Klausel enthält: „... nothing

---

[232] Dazu Doman, S. 1138; Fischer Williams, S. 6 ff.; G. White, S. 10 f.

[233] Kongregationsvermögen in Portugal 1910, UNRIAA I, S. 7; Veith /Böckstiegel, S. 37.

[234] Zum ganzen Fischer Williams, S. 3.

[235] Vgl. im einzelnen L. H. Woolsey, The United States — Mexican Settlement, AJIL 1942, S. 117 ff. sowie H. W. Briggs, The Settlement of Mexican Claims Act of 1942, AJIL 1943, S. 222 ff.

[236] Woolsey, S. 118.

[237] Briggs, S. 223.

[238] So Bothe, S. 731, an anderer Stelle, S. 811, wird allerdings darauf hingewiesen, daß Mexiko den vollen, von einer Kommission nach „Gerechtigkeit und Billigkeit" geschätzten Entschädigungsbetrag gezahlt habe.

contained in this note shall be regarded or be invoked by either of the two governments in the settlement, between them, of any future difficulty, conflict, controversy, or arbitration[239]." Eine Präzedenzwirkung kann dem Abkommen daher selbst im Falle der Vermutung einer „just" — im Sinne von voll — Entschädigung nicht zukommen, da das Abkommen die Lösung künftiger Streitigkeiten, also auch die Höhe möglicher Entschädigungen nicht präjudizieren will.

Schließlich sei auf die Nationalisierungsgesetze der europäischen Staaten nach 1918 verwiesen. Dort waren wohl die Zahlungen von Entschädigungen vorgesehen, deren Höhe mit den tatsächlichen Eigentumswerten allerdings in einem Verhältnis stand, das die Bezeichnung als „just" nicht zugesprochen bekommen hat[240].

bb) Zwischenergebnis

Angesichts der wenig einheitlichen Praxis und ihrer kontroversen Beurteilung im Schrifttum kann eine Regel, daß eine Entschädigung „just" sein müsse, nicht nachgewiesen werden. Der als Hull-Formel bezeichnete Entschädigungsstandard „prompt, adequate and effective" kann daher für die Zeit vor 1945 nicht als Satz des Völkergewohnheitsrechts gelten[241].

cc) Der Entschädigungsstandard nach 1945

α) Abkommen über Globalentschädigung

Seit dem Zweiten Weltkrieg sind zahlreiche Streitigkeiten aus Vermögensentziehungen vertraglich beigelegt worden. Hatten die Staaten in zahlreichen Fällen dazu die Form der Globalentschädigungsabkommen gewählt, so stellt diese Form heute das vorherrschende Instrument zur Beilegung von Streitigkeiten aus Vermögensentziehungen dar[242].

Unter einer Globalentschädigung ist zu verstehen, daß eine Anzahl von aus gleichen Umständen entstandenen Ansprüchen dadurch bei-

---

[239] Zit. nach Bishop, S. 689.

[240] Dazu Fachiri, Expropriation, S. 159; Berber, Bd. 1, S. 430, weist mit Recht darauf hin, daß die anglo-amerikanische Praxis der entschädigungslosen Einziehung des feindlichen Eigentums während der Weltkriege zu einer Schwächung der Position „prompt, adequate and effective" beigetragen habe.

[241] Vgl. Fischer Williams, S. 3; zweifelnd W. Rudolf, Neue Staaten und das Völkerrecht, AVR 1976/78, S. 37; Dawson / Weston, S. 729; anders etwa A. Verdross, Die Nationalisierung niederländischer Unternehmungen in Indonesien im Lichte des Völkerrechts, NILR 1959, S. 281 ff.

[242] R. B. Lillich, Liber Amicorum, S. 144; vgl. auch I. Seidl-Hohenveldern, Vermögensrechtliche Auswirkungen der politischen Umwälzung im Iran auf die Bundesrepublik Deutschland, RIW/AWD 1979, S. 155, der in dem von ihm behandelten Fall den Abschluß eines Globalentschädigungsabkommens für die am meisten geeignete Lösung hält.

gelegt wird, daß der auf diplomatischem Wege in Anspruch genommene Staat dem beanspruchenden Staat eine Globalsumme zahlt. Dieser akzeptiert die gezahlte Summe im Interesse seiner Angehörigen, denen er aus der Summe anteilige Beträge zuweist. Im Verhältnis der Staaten zueinander werden weitere Ansprüche ausgeschlossen[243].

Die Entschädigungshöhen, wie sie in den jeweiligen Verträgen festgelegt sind, decken i. d. R. nur einen Teil der geltend gemachten Ansprüche ab[244]. Dabei kann allerdings nicht übersehen werden, daß die Ansprüche nicht immer den tatsächlichen Wert des nationalisierten Vermögens trafen, sondern eher überschätzten[245]. Besonders deutlich wird diese Feststellung im Falle der jugoslawischen Nationalisierungen. Seitens der USA hatten Ansprüche in Höhe von 150 Mio. Dollar[246] vorgelegen, von denen die Claims Settlement Commission bei der Verteilung der gezahlten Summe von 17 Mio. Dollar Ansprüche in Höhe von insgesamt 18,82 Mio. Dollar „exclusive of interest" anerkannte[247]. Aber auch ausgehend von der anerkannten Gesamthöhe konnten die Ansprüche nicht voll befriedigt werden.

Ähnlich ist das Abkommen Jugoslawiens mit Großbritannien vom 23. 12. 1948 zu bewerten[248]. Vorgelegen hatten Forderungen in Höhe von 25,5 Mio. Pfund Sterling, von denen schließlich 11,7 Mio. Pfund Sterling anerkannt wurden. Lediglich 4,5 Mio. Pfund Sterling hat Jugoslawien jedoch gezahlt.

Im Falle des Abkommens mit der CSSR[249] vom 28. 9. 1949 waren 100 Mio. Pfund Sterling beansprucht, von denen die Kommission 1954 etwa 35 Mio. Pfund Sterling anerkannt hatte, während die CSSR 8 Mio. Pfund Sterling gezahlt hatte.

Sieht man von der Divergenz zwischen geltend gemachten und anerkannten Ansprüchen ab, so ist in allen zugänglichen Fällen nur eine teilweise Entschädigung, zahlbar über einen längeren Zeitraum, teilweise bis zu 20 Jahren[250], vereinbart worden[251].

---

[243] Lillich, Liber Amicorum, S. 145; Foighel, Nordisk Tidsskrift 1957, S. 165; Seidl-Hohenveldern, Investitionen, S. 28; Veith / Böckstiegel, S. 65; Doc. A/CN. 4/152, App. II, para. 20.

[244] Vgl. aus der neuesten Staatenpraxis das Abkommen Bundesrepublik Deutschland — Honduras vom 14. 12. 1978 und das Abkommen Bundesrepublik Deutschland — Ägypten vom 28. 4. 1980, BT-Drucks. 9/990.

[245] Dazu Foighel, Nordisk Tidsskrift 1957, S. 185; Bindschedler, S. 71.

[246] Z. R. Rode, The International Claims Commission of the United States, AJIL 1953, S. 622.

[247] M. G. Coerper, The Foreign Claims Settlement Commission and Judicial Review, AJIL 1956, S. 870.

[248] Dazu Drucker, British Practice, S. 485.

[249] Ibid.

[250] Abkommen USA — Ungarn von 1973, dazu Lillich, Hungarian Claims, S. 539; Abkommen USA — Polen von 1960, dazu Rode, Polish Claims Agreement, S. 455.

β) Freundschafts-, Handels- und Schiffahrtsverträge

Auch die Freundschafts-, Handels- und Schiffahrtsverträge, die von einer Anzahl westlicher Staaten als bilaterale Kapitalschutzverträge abgeschlossen worden sind, weisen in diese Richtung. Die Abkommen sehen überwiegend vor, daß bei Nationalisierungen eine „adequate" Entschädigung zu zahlen ist[252].

Gelegentlich sind die Verträge vor allem der USA zum Nachweis herangezogen worden, daß die dort statuierte Entschädigungsregelung die traditionelle Auffassung als eine Regel des Völkergewohnheitsrechts verfestige[253].

Diese Auffassung könnte sich zudem noch darauf stützen, daß der genannte Entschädigungsstandard nicht nur in den Verträgen der westlichen Industriestaaten enthalten ist. So bestimmt das irakisch-kuweitische Protokoll über die Förderung des Kapital- und Investitionsflusses vom 25. 10. 1964[254], daß Enteignungen nur gegen eine „just and immediate" Entschädigung zulässig sind (Art. 4).

Kapitalschutzabkommen deuten darauf hin, daß das betreffende Kapitalimportland den Wert ausländischer Investitionen erkannt hat[255]. Da die Entwicklungsländer auf den Kapitalimport angewiesen sind, ergibt sich für kapitalexportierende Staaten dadurch eine günstige Verhandlungsposition, daß Kapitalschutzverträge zur Voraussetzung von Investitionsgarantien erhoben werden können[256] und dadurch für Investoren überhaupt erst ein gewisser Investitionsschutz und damit Anreiz geschaffen wird. Diese gestärkte Position versetzt kapitalexportierende Staaten in die Lage, die Abkommen ihren Vorstellungen entsprechend auszugestalten[257]. Zudem sehen nicht alle amerikanischen

---

[251] Vgl. Dawson / Weston, S. 743 ff.; Foighel, Nordisk Tidsskrift 1957, S. 185; G. N. J. van Wees, Compensation for Dutch Property nationalized in Eastern European Countries, NYIL 1972, S. 32 ff.; Rode, Claims Commission, S. 620; ders., The American Polish Claims Agreement of 1960, AJIL 1961, S. 455; Doc. A/CN. 4/119, para. 86; E. E. Murphy, Oil Operations in Latin America: The Future of Private Enterprise, VandJTL 1976, S. 493; sowie die Übersicht bei D.-M. Polter, Auslandsenteignungen und Investitionsschutz, S. 36 f.; vgl. ferner Rousseau, RGDIP 1976, S. 315 f.; Bolivia: Decree concerning Compensation for Mina Matilde Corporation, ILM 1973, S. 980 ff.

[252] Übersicht bei Frick, S. 142 f., 216 f.; für die Abkommen der Schweiz s. Favre, S. 533. Zwischen 1975 und 1979 sind etwa 23 weitere Abkommen zwischen Industriestaaten und Entwicklungsländern abgeschlossen worden, die teilweise eine „full" Entschädigung vorsehen; I. Seidl-Hohenveldern, International Economic „Soft Law", RdC 1979 II, S. 223 mit Fn. 275.

[253] Veith / Böckstiegel, S. 179; Mann, Enteignungen, S. 705.

[254] Abgedr. in ILM 1966, S. 1142 f.

[255] Fatouros, S. 709; Banerjee, S. 545.

[256] Vgl. J. P. Müller / L. Wildhaber, Praxis des Völkerrechts, S. 344; Schwarzenberger, Foreign Investments, S. 103; sowie allg. Goltz.

Verträge[258] einen vollen Wertersatz vor, sondern lassen teilweise wohl lediglich eine angemessene Entschädigung zu. Die Abkommen sind daher nicht als Präjudiz rechtlicher Positionen anzusehen[259]. Dieses Ergebnis wird durch das Scheitern aller bisherigen multilateralen Kodifikationsversuche[260] bestätigt. Denn hierbei sind die Entwicklungsländer nicht gezwungen, zugunsten greifbarer materieller Vorteile auf Rechtspositionen zu verzichten.

dd) Schlußfolgerungen

Die Praxis der Globalentschädigung ergibt zunächst, daß die Zahlungen nicht als „prompt" im Sinne der Definition anzusehen sind, da sie sich i. d. R. über mehrere Jahre erstrecken. Eine Zahlung, die „prompt" ist, kann daher nach der Staatenpraxis nicht verlangt werden[261].

Nicht ganz so unproblematisch ist die Frage zu beantworten, ob der Umstand der teilweisen Entschädigung dem Merkmal „adequate" genügt.

Die Globalentschädigungsabkommen selbst geben für eine Beantwortung nichts her. Einige der Verträge stellen ausdrücklich fest, daß die gezahlte Entschädigungssumme „just" ist, andere bezeichnen die Zahlung ausdrücklich als „partial". Im allgemeinen enthalten die Verträge jedoch über diese Frage keine Bestimmung[262].

In der Literatur ist zunehmend versucht worden, den Begriff „just/ adequate" so zu verstehen, daß die Entschädigung nicht mehr in jedem Falle „full" sein müsse, sondern unter realitätsbezogener Berücksichtigung des Einzelfalles auch weniger als „full" sein könne[263].

Zuzustimmen ist diesem Ansatz darin, daß der Wert des enteigneten Vermögens in einer realitätsbezogenen Weise zu bestimmen ist, wenn auch gezeigt wurde, daß diese Berechnungsmethode ihre Schwierig-

[257] G. White, S. 250; F. Francioni, Compensation for Nationalisation of Foreign Property: The Borderland Between Law and Equity, ICLQ 1975, S. 264; R. R. Baxter, Treaties and Custom, RdC 1970 I, S. 88 f.; Sinha, S. 96.

[258] Deren Wert zunehmend bezweifelt wird, dazu Youngquist, United States Commercial Treaties in Foreign Economic Policy, zit. nach J. H. Jackson, Legal Problems of International Economic Relations-Cases, Materials and Text, S. 366.

[259] Francioni, S. 264; K. M. Meessen, Völkerrechtliches Enteignungsrecht, S. 21; K. Ipsen, Diskussionsbeitrag, S. 46; vgl. oben Fn. 252.

[260] Dazu Schwarzenberger, Foreign Investments, S. 109 ff., 135 ff., 153 ff., 162 ff.; sowie Kronfol, S. 30 ff.

[261] Seidl-Hohenveldern, Modernes Völkerrecht, S. 656.

[262] Lillich / Weston, S. 218, 252 f.

[263] Ders., S. 253 ff., insbes. 255; Bindschedler, S. 69; Seidl-Hohenveldern, Investition, S. 30; ders. jetzt anders, Modernes Völkerrecht, S. 656; dazu auch Wellens, S. 78.

keiten aufweisen kann[264]. Geht man allerdings davon aus, daß der volle Wert des entzogenen Vermögens dem Marktwert entspricht[265], so ist schon dieser Wert nach dem oben[266] Gesagten nicht mit der erforderlichen Zuverlässigkeit zu ermitteln, so daß unter diesem Blickwinkel eine realitätsbezogene Berechnung des vollen Wertes nicht gewährleistet ist.

Angreifbar ist zudem die Verwendung der Begriffe „just/adequate“ für Entschädigungsleistungen, die eindeutig nicht dem Erfordernis „just/adequate“ im Sinne von „full“ entsprechen. Die Entschädigungsleistungen der Praxis sind „partial“. Man kann letztlich jeden Begriff so definieren, daß er eigenen Wünschen gerecht wird[267]. Es sollten aber nicht Begriffe mit einem festen Inhalt in der Weise uminterpretiert werden, daß sie unterschiedliche Sachverhalte nunmehr gleichermaßen abdecken. Gewonnen ist damit gar nichts.

Geht man demgegenüber von den durch die einzelnen Settlement Commissions anerkannten Ansprüchen aus, so ist das Ergebnis in Übereinstimmung mit dem überwiegenden Schrifttum festzuhalten, daß die Höhe der Entschädigungen, wie sie in den jeweiligen Abkommen festgelegt sind, dem Merkmal „adequate“ in seiner neueren Interpretation nicht entspricht[268].

Erfüllt ist durch die Globalentschädigungsabkommen dagegen das Erfordernis der Effektivität. Die Entschädigungszahlungen sind i. d. R. in der Währung des beanspruchenden Staates geleistet worden[269]. Einzeln vorgekommene Zahlungen in Naturalien[270] oder die vereinzelte Ausgabe von Staatspapieren[271] vermögen an diesem Befund nichts zu ändern.

Insgesamt widerspricht die Praxis damit der traditionellen Formel „prompt, adequate and effective“[272]. Sie ist als „partial and effective“ zu beschreiben.

---

[264] Siehe bei Fn. 209.

[265] So K. M. Meessen, Völkerrechtliches Enteignungsrecht, S. 26, 34.

[266] Siehe oben, C. III. 6. a) aa).

[267] Krit. zu derartigen Versuchen H. Kelsen, The Principle of Sovereign Equality as a Basis for International Organizations, YaleLJ 1943/44, S. 212.

[268] Vgl. Dawson / Weston, S. 738; S. Oda, The Individual in International Law, S. 488 f.; Przetacznik, S. 183.

[269] Foighel, Nordisk Tidsskrift 1957, S. 190 ff.

[270] Abkommen Frankreich — Polen von 1948 und Belgien — Polen von 1948; zu beiden G. White, S. 205 f.

[271] Burma 1948, Guatemala 1952, Kuba 1959; dazu Brehme, S. 164.

[272] Dawson / Weston, S. 757, haben sie daher zu Recht auf eine Verhandlungsmaxime reduziert.

7. Völkergewohnheitsrecht aus Verträgen?

Mit diesem Ergebnis ist zugleich die Frage aufgeworfen, ob der Entschädigungsstandard eine Verfestigung im Gewohnheitsrecht erfahren hat. Zwar ist die Praxis ein wesentliches Element, das den Rückschluß auf einen Satz des Gewohnheitsrechts zuläßt, umgekehrt ist jedoch nicht zu verkennen, daß Verträge vorwiegend dann geschlossen werden, wenn die zu regelnde Materie durch Gewohnheitsrecht noch nicht erfaßt ist.

Die Möglichkeit der Schöpfung von Völkergewohnheitsrecht aus Verträgen ist anerkannt[273]. Eine umfassende Lehre ist, soweit ersichtlich, dagegen bislang nicht entwickelt.

a) Das Festlandsockel-Urteil des IGH

Im Rahmen seiner Prüfung, ob eine Bestimmung des Genfer Abkommens über den Festlandsockel eine Norm des Völkergewohnheitsrechts geworden sei, griff der IGH auf eine Reihe von Kriterien zurück. Zunächst sei zu untersuchen, ob die betreffende Bestimmung „norm creating/normatif" sei. Zusätzlich forderte der IGH, daß „a very widespread and representative participation might suffice of itself, provided it included that of states whose interests were specially affected".

Dieser Ansatz begegnet Kritik. Bleibt unklar, wie der Gerichtshof eine „widerspread and representative participation" bestimmen will, so ist das Merkmal des Einschlusses der am meisten interessierten Staaten nicht generalisierungsfähig. Konnte man im zu entscheidenden Fall noch auf die Anliegerstaaten eines bestimmten Küstengebietes als besonders interessierte Staaten abstellen, so versagt dieses Kriterium etwa im Bereich des allgemeinen Vertragsrechts völlig[274].

b) Die Interessenlage der Staaten

Ein anderer Ansatz wird im Schrifttum[275] versucht. Dort wird nach einer Systematisierung einschlägiger Verträge auf die Interessenlage[276] der Mitglieder der Staatengemeinschaft als Kriterium verwiesen. Danach ist der Kreis der Rechtserzeugung dann geschlossen, wenn die „Nichtausdehnung von allgemein üblichen Vertragsklauseln auf das

[273] Dazu und zum folgenden IGH im Festlandsockel-Fall, ICJ Rep. 1969, S. 41 f.

[274] Ausführlich K. Marek, Le problème des sources du droit international dans l'arrêt sur la plateau continental de la mer du nord, Revbelge 1970, S. 63.

[275] K. Doehring, Gewohnheitsrecht aus Verträgen, ZaöRV 1976, S. 77 ff.

[276] Ähnlich A. Bleckmann, Zur Feststellung und Auslegung von Völkergewohnheitsrecht, ZaöRV 1977, S. 516; E.-U. Petersmann, Die Dritte Welt und das Wirtschaftsvölkerrecht, ZaöRV, 1976, S. 503.

Gewohnheitsrecht der Interessenlage ... unerträglich (widerspricht) und also eine unerträgliche Lücke (läßt)“[277].

Richtigerweise wird allerdings zugleich festgestellt, daß das gesteigerte Interesse der Staatengemeinschaft sich wohl primär auf die Herausbildung von ius cogens bezieht. Denn tatsächlich wird mit dem Ansatz die Grenze zum ius cogens verwischt. Bei ius cogens handelt es sich um Normen, deren eine Voraussetzung die Geltung im Interesse aller Staaten ist[278]. Im Gegensatz dazu spricht Art. 38 Abs. I lit. b des IGH-Statut lediglich von einer „general practice“, die der Bildung von Gewohnheitsrecht vorangeht. Einen Hinweis auf ein Interesse der Staatengemeinschaft enthält Art. 38 Abs. I lit. b nicht. Ein unabweisbares Interesse, eine Anerkennung als unabdingbar, wird einer Norm also nicht in diesem Stadium der Rechtserzeugung und -fortbildung zuteil. Damit ist auch zugleich gesagt, daß ein unabweisbares Interesse erst einer bestehenden Rechtsnorm zuteil werden kann.

Im Rahmen der Rechtserzeugung spielt ein Interesse der Staatengemeinschaft daher eine andere Rolle als mit diesem Ansatz angenommen wird.

Auch aus einem anderen Aspekt erscheint der Ansatz zweifelhaft. Soweit auf das „Interesse der Staatengemeinschaft“[279] verwiesen wird, kann dies nur so verstanden werden, als sei damit die Staatengemeinschaft als Ganze gemeint. Sieht man davon ab, daß hier erneut ein Aspekt des ius cogens auftaucht (Art. 53 WVK: „Staatengemeinschaft als Ganze“), so ist die Möglichkeit der Bildung regionalen Gewohnheitsrechts nicht ausreichend berücksichtigt. Selbst wenn man später[280] im Abstellen auf die „Interessenlage der Mitglieder“ — also nicht auf die „Staatengemeinschaft als Ganze“ — eine Berücksichtigung dieses Aspektes sehen will, wird ähnlich wie beim Ansatz des IGH nicht klar, welche Mitglieder in welcher Anzahl gemeint sind.

Letztlich ist die Heranziehung von Gedanken der Interessenjurisprudenz für die Rechtserzeugung[281] wenig abgesichert. Bislang wurden Methoden der Interessenjurisprudenz teilweise bei Auslegungsfragen herangezogen, ohne das daraus schon eine umfassende Lehre von der Interessenabwägung im Völkerrecht entwickelt worden ist[282]. Solange im Bereich der Auslegung die Grundgedanken der Interessenjurispru-

---

277 Doehring, Gewohnheitsrecht, S. 93.

278 Vgl. nur Verdross / Simma mit zahlr. w. N.

279 Doehring, Gewohnheitsrecht, S. 93.

280 Ibid.

281 Ders., S. 94.

282 A. Bleckmann, Die Aufgaben einer Methodenlehre des Völkerrechts, S. 10 f.

denz nur ansatzweise verwendet werden, ist eine Übertragung in die Rechtsquellenlehre gegenwärtig nicht möglich.

c) Die Lehre Günthers

Einen anderen Weg der Bildung von Gewohnheitsrecht zeigt Günther[283]. Danach bildet sich Gewohnheitsrecht zwischen Vertragsstaaten und Dritten nur dann, wenn aus deren Verhalten der Schluß gezogen werden kann, daß sie auch künftig und ohne Vertrag sich in einer bestimmten Weise verhalten wollen. Dieser Ansatz wird in seiner Allgemeinheit nicht anfechtbar sein, führt hier jedoch nicht weiter. Denn wie aus den Entschädigungsabkommen deutlich wird, enthalten diese nicht nur die eigentliche Entschädigungsregel, sondern eine Reihe weiterer, die Wirtschaftsbeziehungen oder Zahlungserleichterungen betreffende Klauseln, ohne die die Entschädigung als solche nicht denkbar wäre. Diese Einbettung verhindert, daß Staaten ohne vertragliche Grundlage eine Entschädigung für Eigentumsentziehungen leisten werden. Im Zusammenhang mit den Globalentschädigungsabkommen kann daher lediglich nach einem allgemeinen Entschädigungsstandard gefragt werden, der im einzelnen der vertraglichen Ausformung bedarf. Dieser Konstellation wird der Ansatz jedoch nicht gerecht.

d) Eigener Lösungsversuch

Da also zur Frage der Bildung von Völkergewohnheitsrecht aus Vertragsklauseln eine geeignete Lehre nicht zur Verfügung steht, soll nachfolgend versucht werden, verwendbare Kriterien zu finden.

Dabei hat die Untersuchung von der Frage auszugehen, auf welche Weise Vertragsklauseln bestimmt werden können, die überhaupt geeignet sind, eine Norm des Völkergewohnheitsrechts zu werden. Denn offenbar gibt es Vertragsklauseln, die aus bestimmten Gründen nicht in das Gewohnheitsrecht eingegangen sind oder eingehen werden[284].

aa) Auslegung des Festlandsockel-Urteils

Einen Ansatz könnte das bereits genannte Urteil des IGH im Festlandsockel-Fall bieten, wenn man die Ausführungen des IGH in einer dafür geeigneten Weise auslegen kann.

Abgestellt hatte der IGH zunächst darauf, ob die betreffende Bestimmung „norm-creating/normatif" sei.

Als „norm-creating/normatif" ist aber jede Bestimmung anzusehen, da sie andernfalls keine rechtserhebliche Bestimmung ist. Einen Sinn

---

[283] H. Günther, Zur Entstehung von Völkergewohnheitsrecht, insbes. S. 121.
[284] Vgl. das Festlandsockel-Urteil des IGH, ICJ Rep. 1969, S. 41 f.

erhält man daher erst, wenn man die Stelle des Urteils so auslegt, als habe der Gerichtshof eine Unterscheidung in eine „règle général" und eine „règle individuelle" bezweckt[285].

Folgt man dieser Interpretation, so müßte sich ein Kriterium finden lassen, nach dem die Generalisierbarkeit einer Vertragsklausel bestimmt werden kann. Hierfür könnte die Lehre von der Gegenseitigkeitserwartung im Völkerrecht herangezogen werden.

bb) Das Reziprozitätselement im Völkerrecht

Verdross[286] hat gezeigt, daß die verschiedenen Theorien über die Entstehung des Völkergewohnheitsrechts nie die Entstehung des gesamten Normenkomplexes, sondern immer nur einzelner Teilbereiche des Gewohnheitsrechts erklären können. Darauf aufbauend und unter Rückgriff auf das „mutual claims and tolerances"-Schema Mc Dougals[287] hat Simma[288] die Bedeutung der Gegenseitigkeit bei der Bildung von Völkergewohnheitsrecht nachgewiesen. Nach dieser Lehre wird eine Norm des Völkergewohnheitsrechts in einem bisher weder vertraglich noch gewohnheitsrechtlich normierten Gebiet derart gebildet, daß Staaten zu einer bestimmten Übung übergehen, wobei die Motive nicht unbedingt rechtlicher Natur sein müssen. In diesem Stadium kann das Präzedenzverhalten etwa durch eine konstante, entgegengesetzte Praxis zurückgewiesen werden. Wird auf verschiedene Weise in das Präzedenzverhalten eingewilligt, so ist ein Rechtserzeugungsverfahren in Gang gesetzt[289]. Dabei ist entscheidend, daß von den beteiligten Staaten eine Gegenseitigkeit vorweggenommen wird[290]. Unter Gegenseitigkeit ist zu verstehen, daß sich zwei Staaten gegenseitig in einer bestimmten Weise behandeln, wobei unerheblich ist, ob die bestimmte Weise gerade auf alle Seiten angewendet wird; sie muß nur bei Vorliegen aller Voraussetzungen reziprok anwendbar sein[291].

---

285 Zum ganzen Marek, S. 58.

286 Entstehungsweise und Geltungsgrund des universellen völkerrechtlichen Gewohnheitsrechts, ZaöRV 1969, S. 642 ff.; vgl. auch dens.; Die Quellen des universellen Völkerrechts, S. 114 ff. sowie Verdross / Simma, S. 276 ff., 293 ff.

287 M. S. McDougal, The Hydrogen Bomb Tests and the International Law of the Sea, AJIL 1955, S. 357.

288 Das Reziprozitätselement in der Entstehung des Völkergewohnheitsrechts; so auch G. Schwarzenberger / E. D. Brown, A Manual of International Law, S. 10.

289 Simma, S. 40.

290 Ders., S. 51.

291 Ders., S. 47 f.; dieser Gedanke klingt auch an bei R. B. Lillich, Commentaries, VirgJIL 1976, S. 291: „... the law which States create to their benefit today may work to their detriment tomorrow." Damit stimmt überein, daß Foighel, Nordisk Tidsskrift 1956, S. 111 und Swift, S. 341, das Reziprozitätselement insbesondere im Bereich der Ausländerbehandlung als gegeben ansehen.

Die Bedeutung des Reziprozitätselements bei der Entstehung und Geltung des Völkergewohnheitsrechts ist im Schrifttum[292] bestritten worden. Diese Ansicht stützt sich insbesondere auf die Rechtsprechung von StIGH und IGH, aus der geschlossen wird, daß das Völkergewohnheitsrecht „durch eine auf die Übung selbst bezogene communis opinio iuris"[293] bestimmt wird und nicht durch reziproke Erwägungen[294]. Zutreffend daran ist, daß die Gerichte von einer Praxis darauf schließen, ob eine vorhandene oder im Werden begriffene Norm anerkannt wird[295]. Die Gerichte sind also aufgrund der Staatenpraxis von einem gewissen Normenbestand ausgegangen. Auf welche Weise die Übung sich zu Gewohnheitsrecht verdichtet hat und aus welchen Erwägungen heraus die Norm Geltung besitzt, ist von den Gerichten dagegen nicht erörtert worden. Diese Methodik hat ihren Grund offenbar darin, daß der Nachweis einer opinio iuris zu wenig erfolgreich ist, da die Staatenäußerungen selten die Gründe für die verfolgte Praxis darlegen und dann auch nicht immer ausreichend sind, eine Rechtüberzeugung nachzuweisen. Als geeigneter wird daher die Ableitung einer allgemeinen opinio iuris aus dem Staatenverhalten angesehen[296]. Die Methodik der internationalen Gerichte beruht daher auf Praktikabilitätserwägungen und nicht darauf, daß die einzelnen opiniones iuris für unerheblich gehalten werden. Die im Schrifttum herangezogene internationale Spruchpraxis ist daher nicht beweiskräftig.

Fehl geht auch das Bestreiten des Reziprozitätselements mit dem Hinweis, die generellen Normen des Gewohnheitsrechts gälten erga omnes und nicht inter partes[297]. Die Geltung erga omnes betrifft die Bindungswirkung und hat mit der Frage der Entstehung einer Norm des Gewohnheitsrechts nur insofern zu tun, als Staaten durch eine entgegengesetzte Praxis die Entstehung einer generellen Norm verhindern können und damit auch eine spätere Bindung an eine von ihnen nicht gewünschte Norm. Grundsätzlich ist die Frage der Bindung aber von der der Entstehung zu trennen.

Die weitere These, die opinio iuris sei auf die betreffende Verhaltensweise selbst gerichtet und nicht auf die Verhaltensweise in der Beziehung zu einem anderen Staat[298], begegnet Bedenken. Friedmann[299]

---

[292] R.-F. Unger, Völkergewohnheitsrecht — objektives Recht oder Geflecht bilateraler Beziehungen: Seine Bedeutung für einen „persistent objector", insbes. S. 149.

[293] Ders., S. 53.

[294] Ders., S. 42 ff., 52 f.

[295] Verdross, Quellen, S. 107.

[296] R. Lagoni, Oil and Gas Deposits Across National Frontiers, AJIL 1979, S. 233.

[297] Unger, S. 63.

[298] Ders., S. 42.

[299] Changing Structure, S. 322.

hat die Auffassung vertreten, daß Entwicklungsländer dann rechtliche Positionen ähnlich denen der Industriestaaten einnehmen, wenn sie in einem späteren Entwicklungsstadium eine vergleichbare wirtschaftliche Position innehätten und etwa als Kapitalexporteure aufträten. Die Ansicht fand ihre Bestätigung in den Äußerungen der Vertreter Kuweits[300] und Irans[301], daß die Bestimmungen des Art. 2 nicht die von ihren Ländern eingegangenen internationalen Verpflichtungen berühren. Beide Länder haben nennenswerte Beträge im Ausland investiert[302]. Der Grund für diese Verhaltensweisen kann realistischerweise nur darin gesehen werden, daß das im eigenen Land befindliche ausländische Vermögen deshalb vertragsgemäß behandelt wird, weil das eigene Kapital im Ausland den gleichen Schutz genießen soll.

Staaten betrachten also nicht aus ideellen Erwägungen eine Verhaltensweise als solche als rechtlich verbindlich, sondern immer in Beziehung zu anderen Staaten auch aus wirtschaftlichen Motiven[303] heraus.

Die Bedeutung des Reziprozitätselementes bei der Entstehung von Völkergewohnheitsrecht kann daher nicht bestritten werden.

cc) Kriterien für eine allgemein anwendbare Klausel

Haben also alle generellen Normen des Völkergewohnheitsrechts eine potentielle reziproke Anwendbarkeit[304], so ist damit ein Kriterium gefunden, das eine Bestimmung derjenigen Vertragsklauseln ermöglicht, die Grundlage einer Norm des Gewohnheitsrechts sein können: Der Inhalt der Klausel muß so beschaffen sein, daß er nicht nur den konkreten Fall zu regeln vermag, sondern in allen gleichen oder ähnlichen Situationen auf alle Staaten gleichermaßen anwendbar ist. Dabei spielt es keine Rolle, ob die Norm des Gewohnheitsrechts auf einen bilateralen oder multilateralen Vertrag zurückgeht[305].

dd) Die allgemein anwendbare Klausel in den Globalentschädigungsabkommen

Betrachtet man die Globalentschädigungsabkommen unter diesem Aspekt, so ergibt sich das folgende Bild.

---

[300] Siehe oben bei Fn. 22.

[301] Siehe oben bei Fn. 21.

[302] Foeth / Zieger, S. 247; in die gleiche Richtung geht die Algier-Erklärung der OPEC vom 6. März 1975. In dieser Erklärung fordern die OEPEC-Staaten eine Garantie der Sicherheit ihrer Investitionen in den entwickelten Staaten, Ch. Tomuschat, Die neue Weltwirtschaftsordnung, VN 1975, S. 94.

[303] Für eine Beschränkung auf rechtliche Motivationen Unger, S. 149; Katzarov, S. 84.

[304] Simma, S. 48.

[305] Vgl. dazu Doehring, Gewohnheitsrecht, S. 85.

Angesichts der in ihrer Bandbreite stark schwankenden Relationen der entzogenen Werte zu den jeweils gezahlten Entschädigungen ist es nicht möglich, die Höhe der geschuldeten Summe exakt anzugeben[306], etwa daß sie einem bestimmten Prozentsatz des Vermögens entsprechen müsse. Vordergründig erscheint eine solche Feststellung auch nicht notwendig. Denn der Praxis könnte der Satz entnommen werden, daß eine gewisse Entschädigung zu zahlen sei, deren Höhe und Zahlungsweise von den Umständen des Einzelfalles abhänge[307].

ee) Zwischenergebnis

Eine solche Auffassung ließe jedoch außer Acht, daß eine derartige Regel so lange nichts anderes wäre als eine Leerformel, wie ungeklärt ist, was unter den Umständen des Einzelfalles zu verstehen ist[308]. Die Vorarbeiten haben deutlich werden lassen, daß auch in den marktwirtschaftlich orientierten Staaten keine Einigkeit dahingehend besteht, in welchem Umfang die Interessen des Investors als mögliche „Umstände des Einzelfalles" zu berücksichtigen sind[309]. Auch die vorgetragenen Forderungen nach einer Berücksichtigung von Übergewinnen oder Steuerschulden[310] fallen in die Kategorie „Umstände des Einzelfalles", ohne allerdings weitgehende Billigung gefunden zu haben. Die genannte Formel enthält daher nach dem gegenwärtigen Stand der Diskussion derart zahlreiche „ambiguities"[311], daß es nicht gerechtfertigt ist, sie als verallgemeinerungsfähige Regel im Sinne der entwickelten Kriterien anzusehen.

e) Die opinio iuris

Auch hinsichtlich des zweiten Elementes des Gewohnheitsrechts, der opinio iuris, läßt sich ein Minimalkonsens nicht feststellen.

---

306 Vgl. Lillich, Hungarian Claims, S. 554 f., wonach Ungarn Entschädigungen zwischen 7,5 % und 87 % der beanspruchten Summen zahlte; ferner ders., Lillich / Weston, S. 352; Baxter, S. 87 f.

307 Vgl. dazu Seidl-Hohenveldern, Internationales Enteignungsrecht, S. 277; Lillich / Weston, S. 255; Katzarov, S. 355; Hingorani, S. 141; Bindschedler, S. 111; Y. Takano, Einführung in das Völkerrecht, S. 395; Menzel / Ipsen, S. 179; vgl. auch Doc. A/CN. 4/152, App. II, para. 28; eine Berücksichtigung der Umstände wurde auch von der internationalen Judikatur nicht ausgeschlossen, allerdings nur insoweit, als bei Entschädigungsleistungen auch über Zinszahlungen zu entscheiden war (Norwegian, Shipowners, UNRIAA I, S. 307, 341).

308 Ähnlich Dawson / Weston, S. 737.

309 Siehe oben bei Fn. 17.

310 Siehe oben bei Fn. 34.

311 Dawson / Weston, S. 737; R. Dolzer, New Foundations of the Law of Expropriation of Alien Property, AJIL 1981, S. 587, 588; vgl. auch Wellens, S. 87, zu den Kriterien eines Billigkeitsurteils.

aa) Allgemeines

Das Erfordernis der opinio iuris ist im Schrifttum mit unterschiedlichen Argumenten angegriffen bzw. in Abrede gestellt worden. Eingewendet wird vor allem, daß der Staat als juristische Person ein Rechtsbewußtsein nicht haben kann, daß ein Rechtsbewußtsein als innerseelischer Vorgang gar nicht nachweisbar sei oder daß sich StIGH und IGH nur scheinbar auf das Erfordernis berufen. Auf diese Argumente braucht hier nicht eingegangen werden. Dazu hat Verdross[312] eingehend und überzeugend Stellung genommen. Auch der IGH hat in den North Sea Continental Shelf Cases deutlich gemacht, daß „not only must the acts concerned amount to a settled practice, but they must also be such, or be carried out in a way as to be evidence of a belief, that this practice is rendered obligatory by the existence of a rule of law requiring it"[313].

bb) Die Theorie des „manifest intent"

Im Schrifttum[314] ist versucht worden, dem Festlandsockel-Urteil eine methodologische Regel der „manifest intent" zu entnehmen. Nach dieser Regel soll bei der Schaffung von Völkergewohnheitsrecht aus Verträgen abgestellt werden auf die Form, in die die in Frage stehende Bestimmung gebracht ist sowie auf die Gesamtstruktur des Vertrages[315]. Damit sei die subjektive Absicht in der rechtlichen Prüfung zugunsten der „manifest intent" zurückgetreten.

Zur Begründung dieser Ansicht wird auf eine Stelle des Urteils[316] verwiesen, die die Konsequenzen einer von den Parteien vorgebrachten Rechtsbehauptung aufzeigt. Im folgenden untersucht der IGH dann lediglich, ob Art. 6 der Genfer Konvention in concreto geeignet sei, die Grundlage einer allgemeinen Regel zu sein. Der IGH prüft danach die Frage einer "widerspread and representative participation"[317] und der opinio iuris[318]. Ein grundlegendes Abstellen des IGH auf eine Regel der „manifest intent" kann darin nicht erblickt werden. Insofern ist auch das Ergebnis einer eingehenden Analyse des Urteils zutreffend, daß in der Rechtsprechung des IGH hinsichtlich der Voraussetzungen einer Bildung von Gewohnheitsrecht nichts neues enthalten ist[319].

---

[312] Quellen, S. 105 ff. sowie Verdross / Simma, S. 284 ff.

[313] ICJ Rep. 1969, S. 44.

[314] A. D'Amato, Manifest Intent and the Generation by Treaty of Customary Rules of International Law, AJIL 1970, S. 892 ff.

[315] Ibid., S. 898.

[316] ICJ Rep. 1969, S. 41.

[317] Ibid., S. 42 f.

[318] Ibid., S. 44 f.

[319] Marek, S. 64.

cc) Die Rolle des Vertragsschlusses für die Rechtsüberzeugung

Auch die gelegentlich aufgeworfene[320] Frage, ob häufiger Vertragsschluß die Übung oder die Rechtsüberzeugung nachzuweisen geeignet ist, führt an dem Ergebnis der opinio iuris nicht vorbei. Denn gerade die Globalentschädigungsabkommen sind anfangs nicht aus einer Rechtsüberzeugung heraus angeschlossen. Einerseits standen die beanspruchenden Staaten vor der Wahl, einen Teil der geltend gemachten Summe zu bekommen oder aber gar nichts; andererseits waren die nationalisierenden Staaten des eigenen wirtschaftlichen Vorteils wegen bereit, eine gewisse Entschädigung zu zahlen.

Schon dieses eine Beispiel verdeutlicht, daß häufiger Vertragsschluß nur eine Übung nachweisen kann.

dd) Die Abkommen über Globalentschädigung und opinio iuris

Im Schrifttum ist die Auffassung vertreten worden, daß der Abschluß von Globalentschädigungsabkommen keinen Einfluß auf die Entwicklung von Gewohnheitsrecht hätte haben können.

So wird insbesondere darauf verwiesen, daß die Abkommen deshalb geschlossen worden seien, weil die Praxis der Individualentschädigung zu keiner befriedigenden Entschädigung geführt habe. Zugleich sei die besondere Situation der nationalisierenden Staaten nach dem Zweiten Weltkrieg berücksichtigt worden. Eine Rechtsüberzeugung sei daraus nicht ableitbar[321].

Dieses Argument kann für die Zeit unmittelbar nach dem Zweiten Weltkrieg richtig gewesen sein. In der Zwischenzeit haben westliche Staaten Globalentschädigungsabkommen untereinander abgeschlossen[322], so wie auch seitens der USA als der führenden Wirtschaftsmacht eine größere Flexibilität zu erkennen ist, die vor allem darin zum Ausdruck kommt, daß die Frage der Entschädigungshöhe formal zum Gegenstand von Verhandlungen gemacht wurde, um mit dem erzielten Kompromiß Marktpositionen verteidigen zu können[323]. Daß die Motivation politischer oder wirtschaftlicher Natur ist, vermag die Bildung von Gewohnheitsrecht nicht zwingend zu verhindern.

Eine andere Ansicht[324] stellt auf eine vermeintliche Analogie der Entschädigungspraxis zu innerstaatlichen Rechtsordnungen ab. Danach

---

320 Doehring, Gewohnheitsrecht, S. 83.

321 Shawcross, S. 348; Domke, S. 609 f.; Veith / Böckstiegel, S. 177.

322 Dazu Seidl-Hohenveldern, Austrian Practice, S. 771 f., 773.

323 So H. Weber, Der Anspruch auf Entwicklungshilfe und die Veränderungen des internationalen Wirtschaftsrechts, VRÜ 1978, S. 23; zum ganzen Baade, Permanent Sovereignty, S. 28; Przetacznik, S. 166; zur Haltung der Industriestaaten allg. vgl. Meessen, Völkerrechtliches Enteignungsrecht, S. 21 f.

wird durch den Abschluß von Globalentschädigungsabkommen dem nationalisierenden Staat ein Schuldnachlaß gewährt, der entsprechend dem innerstaatlichen Recht über Konkursquoten keinen Rechtssatz des Inhalts bilden könne, den Gläubiger mit einem Bruchteil der geschuldeten Summe abzufinden.

Eine solche Analogie ist wegen der grundlegenden strukturellen Unterschiede der innerstaatlichen Rechtsordnungen zu der internationalen Rechtsordnung nicht haltbar. Das innerstaatliche Recht kennt ein substantielles Recht auf eine vollständige Rückzahlung, das nur ausnahmsweise im beiderseitigen Interesse durchbrochen werden kann. Zwingend ist dagegen die Quotelung im Konkursfall, um den Verlust gleichmäßig auf die Gläubiger zu verteilen. Die materielle Rechtssicherheit wird ergänzt durch den garantierten Zugang zu den Rechtswegen, so daß auch eine unparteiische Streitschlichtung gewährleistet ist.

Demgegenüber läßt sich im internationalen Recht eine Pflicht zur Zahlung einer „full compensation" für Vermögensentziehungen zu keiner Zeit nachweisen. Die Praxis einer „partial compensation" ist vielmehr die Regel, nicht wie in den nationalen Rechtsordnungen die Ausnahme. Die teilweise Entschädigung wird zudem nicht unter alle möglicherweise betroffenen Staaten aufgeteilt, wie dies einer Analogie zum innerstaatlichen Konkursrecht entspräche, sondern anteilig unter den Geschädigten desjenigen Staates, der ein Entschädigungsabkommen erreicht hat. Darüber hinaus kennt das internationale Recht auch keine etablierte zwingende Gerichtsbarkeit, der ein Staat seine behaupteten Ansprüche zur Entscheidung vorlegen könnte[325].

Eine weitere Ansicht sieht die Globalentschädigungsabkommen auf Grund ihres Ausnahmecharakters als Abkommen sui generis, die als lex specialis nicht verallgemeinerungsfähig seien[326].

Diese Auffassung überzeugt aus verschiedenen Gründen nicht. Zunächst kann sie nicht damit begründet werden, daß die Beilegung von Enteignungsstreitigkeiten durch Globalentschädigungsabkommen eine zu neue Praxis sei, um eine Grundlage i. S. d. Art. 38 Abs. I lit. b IGH-Statut für eine Regel des Völkergewohnheitsrechts zu sein. Unabhängig von der Frage der Zeit, die der IGH im Festlandsockel-Fall nicht für entscheidend hielt[327], sind die Globalentschädigungsabkommen seit

---

[324] Mann, Enteignungen, S. 706; Shawcross, S. 348; Domke, S. 610; ähnl. Bin Cheng, Compensation, S. 306, der Nachlässe „exgratia" begründet; Seidl-Hohenveldern, Investitionen, S. 30 f., hat diese Ansicht inzwischen aufgegeben, Austrian Practice, S. 765 und Diskussionsbeitrag, S. 37.

[325] Eingehend zum ganzen Lillich / Weston, S. 250 f.

[326] ICJ Rep. 1970, S. 40 (Barcelona Traction-Case).

[327] Ibid., S. 43.

dem Ende des Zweiten Weltkrieges zum nahezu einzigen Mittel der Streitbeilegung bei Vermögensentziehungen geworden. Zugleich regeln die Globalentschädigungsabkommen häufig auch Tatsachen, deren rechtlicher Charakter unbestritten ist, wie etwa die Gewährung von Krediten oder die Aufnahme von Wirtschaftsbeziehungen. Die dahinterstehende wirtschaftliche oder interessenpolitische Motivation vermag die Bildung von Völkergewohnheitsrecht nicht zu hindern, sondern ohne sie wären im Gegenteil viele Abkommen nicht denkbar. Diese Abkommen wiederum tragen zu der vom IGH andernorts geforderten „extensive and virtually uniform practice“[328] bei und fließen damit in den Prozeß der Bildung von Gewohnheitsrecht durchaus ein[329]. Hinzu kommt, daß Recht ein durch effektive Kontrolle unterstützter Entscheidungsprozeß[330] ist. Löst man sich von der Vorstellung, daß der Entscheidungsprozeß im internationalen Recht auf anderen Prämissen beruht als im innerstaatlichen Recht und akzeptiert man gleichzeitig die wirtschaftlichen Maßnahmen, die in Einzelfällen zum Abschluß eines Globalentschädigungsabkommens geführt haben, als im Einklang mit dem internationalen Recht[331], so erscheinen die Abkommen durchaus als rechtliche Entscheidungen. Für eine Qualifikation der Globalentschädigungsabkommen als Abkommen sui generis ohne Präzedenzwirkung bleibt damit kein Raum[332].

ee) Zwischenergebnis

Damit bleibt festzuhalten, daß einerseits das Erfordernis der opinio iuris bestehen bleibt und andererseits einer möglichen Bejahung im Zusammenhang mit Globalentschädigungsabkommen nichts entgegensteht.

ff) Der Nachweis einer bestehenden opinio iuris

Staatliche Äußerungen, denen eine Rechtsüberzeugung entnommen werden könnte, liegen spärlich vor. Ein Indiz für eine Rechtsüberzeugung könnte in der Praxis gesehen werden, die im Falle von Entschädigungszahlungen ausschließlich Globalentschädigungsabkommen kennt[333]. Die weltweite Annahme spräche danach für eine rechtliche Überzeugung, da eine andauernde und einhellige Praxis nach einer im

---

[328] ICJ Rep. 1955, S. 23 (Asylum-Case).

[329] Baxter, S. 89.

[330] Lillich / Weston, S. 14 f.

[331] Dies., S. 229.

[332] Zum ganzen eingehend Lillich / Weston, S. 13 ff.; Lillich, Two Perspectives on the Barcelona Traction Case, AJIL 1971, S. 526 ff.; vgl. auch die Kritik bei Seidl-Hohenveldern, Der Barcelona-Traction-Fall, S. 271 sowie bei Judge Gros, ICJ Rep. 1970, S. 268, 277 f.

[333] Vgl. Lillich, Liber Amicorum, S. 144, 146.

Schrifttum vertretenen Auffassung[334] nicht völlig unberücksichtigt bleiben könne.

Diese Auffassung übersieht, daß häufiger Vertragsschluß nur eine Übung nachweisen kann[335]. Die Häufigkeit kann auch nicht dahingehend überbewertet werden, daß man sie als Indiz für eine Rechtsüberzeugung bewertet. Denn Globalentschädigungsabkommen haben regelmäßig auch den Zweck, die wirtschaftlichen und politischen Beziehungen der Vertragsparteien neu zu ordnen[336]. Wenn sich die Abkommen insofern als praktikabel bewiesen haben, so beweist ihre Häufigkeit ihre Praktikabilität, nicht jedoch eine Rechtsüberzeugung.

Zum Nachweis einer Rechtsüberzeugung ist ferner den Motivenberichten, mit denen in Investorländern Globalentschädigungsabkommen den Parlamenten vorgelegt werden, entnommen worden, daß sich eine der oben genannten These[337] entsprechende Rechtsüberzeugung herauszubilden beginnt[338]. Dies mag — der Nachweis braucht hier nicht geführt zu werden — für einige wenige Staaten zutreffen[339]. Die Vorarbeiten haben jedenfalls gezeigt, daß von einer allgemeinen Rechtsüberzeugung nicht die Rede sein kann; nicht einmal die Gruppe der marktwirtschaftlich orientierten Staaten läßt eine einheitliche Rechtsüberzeugung erkennen[340]. Nicht belegen läßt sich, daß in neuester Zeit insofern ein Wandel eingetreten ist. Denn auch neueren Äußerungen von Staaten, die Eigentum entzogen haben, läßt sich nichts für eine Rechtsüberzeugung entnehmen. 1975 verlangte zwar die CSSR, „it should not have to compensate United States Claimants to a greater extent than did Hungary“[341]. Forderungen Kubas nach einer ähnlichen Behandlung sind im Schrifttum[342] vermutet worden. Aufgrund dessen könnte man der Auffassung sein, daß zumindest die CSSR zu einem Rechtserzeugungsverfahren beigetragen haben könnte, indem sie einen Präzedenzfall als verbindlich anerkannte, obwohl ihr die Möglichkeit offenstand, ihn zurückzuweisen. Ein solcher Schluß käme jedoch nur dann in Betracht, wenn nicht nur offenläge, was die Wendung „to a

[334] Vgl. dens., S. 149.

[335] Siehe oben bei Fn. 320.

[336] Siehe oben bei Fn. 327.

[337] Siehe oben bei Fn. 333 f.

[338] Dazu Seidl-Hohenveldern, Internationales Enteignungsrecht, S. 277; ders., Austrian Practice, S. 765; vgl. auch Meessen, Völkerrechtliches Enteignungsrecht, S. 21 f. m. w. N.

[339] Dem Abkommen Bundesrepublik Deutschland — Ägypten vom 28. 4. 1980, BT-Drucks. 9/990, läßt sich z. B. für eine Rechtsüberzeugung nichts entnehmen; vgl. auch Denkschrift zum Abkommen, A. I., ibid.

[340] Oben, C. I. Wie hier, Meessen, Völkerrechtliches Enteignungsrecht, S. 22; Rudolf, S. 37.

[341] Lillich, Hungarian Claims, S. 558.

[342] Ibid., mit Fn. 176.

greater extent" verbirgt, sondern auch die Motivation der CSSR bekannt wäre. Entsprechende Informationen fehlen jedoch. Vollends unergiebig erscheint damit auch das vermutete kubanische Verlangen.

Ein Minimalkonsens über einen bestimmten Entschädigungsstandard ist daher nicht nachweisbar[343].

f) Ergebnis

Insgesamt kommt man daher zu dem Ergebnis, daß die Bestimmungen der Globalentschädigungsabkommen, soweit sie eine Entschädigungspflicht dem Grunde nach verfestigen, bestehendes Gewohnheitsrecht wiedergeben. Eine einheitliche Praxis und eine entsprechende Rechtsüberzeugung hinsichtlich eines bestimmten Entschädigungsstandards sind nicht nachzuweisen.

8. Verfahrensrecht

Eine weitere Problematik, die durch Art. 2 para. 2 lit. c aufgeworfen wird, ist die der prozessualen Stellung des Ausländers.

a) Die Stellungnahmen im Schrifttum

Die Fortführung der These der Inländerbehandlung in das Verfahrensrecht stellt die Calvo-Doktrin dar. Auf Grund dieser Lehre wurde in den Verträgen südamerikanischer Staaten mit ausländischen Investoren eine Klausel aufgenommen, durch die der Investor bei Streitigkeiten aus dem Vertrag auf die Anrufung seines Heimatstaates verzichtet und sich nur des innerstaatlichen Rechtsweges bedient. Die Klausel soll daher zu einem Ausschluß des diplomatischen Schutzes führen und den ausländischen Investor verfahrensrechtlich dem Inländer gleichstellen[344]. Gegen die Calvo-Doktrin wird im westlichen Schrifttum geltend gemacht, daß, da dem Ausländer ein vom Völkerrecht bestimmter Mindeststandard zustehe, dessen Verletzung eine völkerrechtliche Verantwortlichkeit begründen kann. Die völkerrechtliche Verantwortlichkeit ziehe aber zugleich die Ausübung diplomatischen Schutzes nach sich. Mit dessen Gewährung übe der Heimatstaat ein eigenes Recht aus[345], so daß nur der Staat, nicht aber einer seiner Angehörigen auf die Ausübung verzichten kann[346]. Diese Problematik wird offenbar auch von den Befürwortern der Calvo-Doktrin gesehen. So legt de

[343] Vgl. Lillich / Weston, S. 255 sowie Castaneda, La Charte, S. 50.

[344] Dazu de Aréchaga, International Responsibility, S. 590 ff.; Bothe, S. 817.

[345] ICJ Rep. 1970, S. 32, 46 (Barcelona Traction-Case); PCIJ Ser. A, No. 2, S. 12 (Mavrommatis-Case); Kelsen / Tucker, S. 369; Katzarov, S. 363, 366, 367; Verzijl, Bd. V, S. 444; Doc. A/CN. 4/152, App. II, para. 41; vgl. auch BVerfG NJW 81, S. 1499.

Aréchaga[347] die Calvo-Klausel dahin aus, daß der Ausländer, der sich ihr unterwirft, auf sein Recht verzichte, im Streitfall seinen Heimatstaat anzurufen. Da in der Regel ein Staat den diplomatischen Schutz nur auf Bitten seines Angehörigen gewähre, sei damit der Zweck der Calvo-Klausel erreicht. Diese Auffassung hat sich vereinzelt in der Praxis niedergeschlagen, indem die durch die Calvo-Klausel verbotene Anrufung des Heimatstaates in verschiedener Weise sanktioniert ist[348].

b) *Die Praxis*

Das Verbot des diplomatischen Schutzes ist in einigen älteren Handels- und Schiffahrtsverträgen des 19. Jahrhunderts sowie in einigen Pakten südamerikanischer Staaten enthalten[349]. Die Doktrin wurde in einem Teil der älteren Judikatur[350] bestätigt. Die neuere Praxis der gerichtlichen Streitbeilegung bietet ein weiteres Indiz. Bis 1939 sind zahlreiche Abkommen geschlossen worden, die ausschließlich bezweckten, internationale Streitigkeiten mit friedlichen Mitteln beizulegen. Für die Zeit von 1949 bis 1962 sind dagegen nur noch acht solcher Abkommen feststellbar[351].

Überwiegend scheint die Praxis jedoch das Prinzip des diplomatischen Schutzes zu bestätigen. Eine bis in das 19. Jahrhundert reichende Staatenpraxis hat sich stets gegen den Verzicht eines Staatsangehörigen, seinen Heimatstaat anzurufen, gewendet[352]. Auch die Rechtsprechung des StIGH[353] und des IGH[354] hat das Prinzip des diplomatischen Schutzes bejaht. Letztlich gehen auch zwei neuere Konventionen, die Wiener Konventionen über die diplomatischen Beziehungen vom 18. April 1961 und die über die konsularischen Beziehungen vom 24. April 1963, von diesem Grundsatz aus.

Das Weltbankabkommen vom 15. März 1965[355] schafft ebenfalls einen Rahmen für eine Streitschlichtung zwischen einem ausländischen In-

---

346 Zum ganzen K. Doehring, Die Pflicht des Staates zur Gewährung diplomatischen Schutzes; ferner Polter, S. 133 ff.; Foeth / Zieger, S. 38 ff.; Seidl-Hohenveldern, Völkerrecht, Rz. 1181.

347 International Responsibility, S. 591.

348 Vgl. das mexikanische Investitionsförderungsgesetz, Art. 3, abgedr. in ILM 1973, S. 643 ff.

349 Vgl. die bei Bothe, S. 818, genannten Beispiele.

350 Nachweise bei Brownlie, Principles, S. 529 mit Fn. 4; dazu auch Kelsen / Tucker, S. 368 mit Fn. 65.

351 Dazu Polter, S. 141, mit nur dieser Zahlenangabe.

352 Lord A. McNair, International Law Opinions, Bd. II, Peace, S. 206.

353 PCIJ 1924, S. 12 (Mavrommatis-Case).

354 ICJ Rep. 1955, S. 24 (Nottebohm-Case); ICJ Rep. 1970, S. 32 ff. (Barcelona Traction-Case).

355 UNTS 575, S. 160 ff.; dazu Foeth / Zieger, S. 261 ff.

vestor und dem Gaststaat. Nach diesem Abkommen wendet das Schiedsgericht „das Recht des Vertragsstaates ... und die einschlägigen Regeln des Völkerrechts an" (Art. 42 Abs. I), wenn ihm auf Grund einer Parteivereinbarung, die über die Rechtswahl schweigt, eine Streitigkeit vorgelegt wird. Da das Übereinkommen am 30. Juni 1978 von 77 Staaten — davon mehr als Zwei-Drittel Entwicklungsländer[356] — unterzeichnet war, kann daraus im Vergleich zu anderen, gescheiterten Kodifikationsentwürfen immerhin der Schluß gezogen werden, daß das Weltbankabkommen einen Minimalkonsens enthält.

Damit steht in Einklang, daß seitens der Entwicklungsländer eine Unterwerfung unter die internationale Gerichtsbarkeit bisher nicht grundsätzlich abgelehnt worden ist. Wenn Entwicklungsländer sich der Gerichtsbarkeit verschlossen haben, so geschah dies teils aus einer auch bei Industriestaaten beobachteten Befürchtung, den Prozeß zu verlieren[357], teils aus dem Wunsch heraus, ohne Kenntnis eines künftigen Falles diesen nicht nach einem Recht beurteilt zu sehen, das ihre Interessen und Bedürfnisse nicht ausreichend berücksichtige[358].

Insbesondere für den Bereich der Entschädigung bei Vermögensentziehungen ist festzuhalten, daß die Streitigkeiten auf diplomatischer Ebene beigelegt werden.

Zwar ist die Forderung, daß Streitigkeiten aus Vermögensentziehungen vor innerstaatlichen Gerichten nach nationalem Recht entschieden werden sollen, bereits bei den Beratungen zu UNGA Res. 1803 (XVII) vorgebracht worden[359]. Vereinzelte Investitionsgesetzgebungen sehen vor, daß der nationale Richter bei der Festlegung der Entschädigungshöhe die entscheidende Stimme hat, falls sich die Regierung des Gaststaates und der Investor nicht auf ein drittes Mitglied in der im übrigen von ihnen anteilig zu besetzenden Schiedskommission einigen können. Eine unabhängige internationale Instanz ist dagegen nicht vorgesehen[360]. Ebenso lassen neuere Erdölverträge eine starke Tendenz er-

---

[356] Nach P. Fischer, Bemerkungen zur Lehre von Alfred Verdross über den „quasi-Völkerrechtlichen" Vertrag im Lichte der neuesten Entwicklung, S. 388 mit Fn. 49; die Entwicklungsländer unterwerfen sich nach diesem Abkommen auch tatsächlich schiedsgerichtlichen Verfahren, E.-U. Petersmann, Zur Inkongruenz zwischen völkerrechtlicher und tatsächlicher Weltwirtschaftsordnung, FW 1976, S. 23 mit Fn. 59; zweifelnd zur Wirksamkeit Flory, Droit international, S. 205.

[357] So R. P. Anand, Role of the „New"Asian-African Countries in the Present International Legal Order, AJIL 1962, S. 393 ff., insbes. S. 404 ff.

[358] Worauf J. Castaneda, The Underdeveloped Nations and the Development of International Law, IntAff. 1961, S. 41, abstellt.

[359] (Chile) GAOR 17th sess. A/C. 2/SR. 834 para. 21.

[360] Vgl. G. Brüggemann / M. Cortez Rosa, Garantien des ausländischen Investors im neuen portugiesischen Investitionsrecht, RIW/AWD 1978, S. 429.

kennen, Streitigkeiten aus dem Konzessionsverhältnis unter die nationale Zuständigkeit zu bringen[361].

In der Regel lehnen eine internationale Streitbeilegung jedoch weder die überwiegende Mehrheit der Entwicklungsländer[362] noch sozialistische Staaten oder selbst die zeitweilig eine radikale Linie verfolgenden Staaten Irak und Libyen ab, von denen auch die letztgenannten die Entschädigungssumme nicht einseitig durch nationale Instanzen festgelegt haben, sondern in diplomatischen Verhandlungen bzw. Schiedsgerichtsverfahren[363].

c) Ergebnis

Insgesamt ergibt sich daraus, daß der Grundsatz des diplomatischen Schutzes trotz gegenläufiger Tendenzen noch als eine Regel des Gewohnheitsrechts angesehen werden kann[364].

IV. Gesamtergebnis

Art. 2 para. 2 lit. c gibt insoweit geltendes Gewohnheitsrecht wieder, als eine obligatorische Gerichtsbarkeit abgelehnt wird. Völkergewohnheitsrechtlich ist anerkannt, daß der Heimatstaat des Investors im Falle von Streitigkeiten bei Vermögensentziehungen entgegen Art. 2 para. 2 lit. c diplomatischen Schutz gewähren darf. Hinsichtlich der Enteignungsvoraussetzungen ist ein Minimalkonsens ebenso wenig nachweisbar wie bezüglich eines Entschädigungsstandards. Anerkannt ist eine Entschädigungspflicht. Die Erstreckung der Entschädigungspflicht auf zukünftige Gewinne sowie der Abzug behaupteter Übergewinne sind nicht anerkannt.

---

361 Vgl. G. Mulack, Rechtsprobleme der Erdölkonzessionsabkommen im Nahen Osten, S. 125 ff.

362 Doc. E/C. 10/8, abgedr. in K. R. Simmonds (Hrsg.), Legal Problems of Multinational Corporations, S. 197.

363 P. Fischer, Diskussionsbeitrag, S. 47; dazu Petersmann, Inkongruenz, S. 20.

364 Etwa Katzarov, S. 362.

D. Das Prinzip der Gleichheit

Art. 18

„Developed countries should extend, improve and enlarge the system of generalized non-reciprocal and non-discriminatory tariff preferences to the developing countries consistent with the relevant agreed conclusions and relevant decisions as adopted on this subject in the framework of the competent international organizations. Developed countries should also give serious consideration to the adoption of other differential measures, in areas where this is feasible and appropriate and in ways which will provide special and more favourable treatment, in order to meet the trade and development needs of the developing countries. In the conduct of international economic relations the developed countries should endeavour to avoid measures having a negative effect on the development of the national economies of the developing countries, as promoted by generalized tariff preferences and other generally agreed differential measures in their favour."

Art. 19

„With a view to accelerating the economic growth of developing countries and bridging the economic gap between developed and developing countries, developed countries should grant generalized preferential, non-reciprocal and non-discriminatory treatment to developing countries in those fields of international economic co-operation where it may be feasible."

Art. 20

„Developing countries should, in their efforts to increase their over-all trade, give due attention to the possibility of expanding their trade with socialist countries, by granting to these countries conditions for trade not inferior to those granted normally to the developed market economy countries".

Art. 26 Satz 1

„All States have the duty to coexist in tolerance and live together in peace, irrespective of differences in political, economic, social and cultural systems, and to facilitate trade between States having different economic and social systems. International trade should be conducted without prejudice to generalized non-discriminatory and non-reciprocal preferences in favour of developing countries on the basis of mutual advantage, equitable benefits and the exchange of most favoured-nation treatment."

Art. 10

„All States are juridically equal and, as equal members of the international community, have the right to participate fully and effectively in the international decision-making process in the solution of world economic, financial and monetary problems, inter alia, through the appropriate international organization in accordance with their existing and evolving rules, and to share equitable in the benefits resulting therefrom."

Die auf das Prinzip der Staatengleichheit bezogenen Vorarbeiten in der Arbeitsgruppe und die Stellungnahmen im Zweiten Ausschuß haben deutlich werden lassen, daß die marktwirtschaftlich orientierten Staaten nicht bereit waren, eine gleichwie geartete Sonderstellung der Entwicklungsländer rechtlich zu fixieren bzw. eigene Privilegien nachdrücklich aufzugeben.

I. Die Vorarbeiten

1. Die Beratungen zu Art. 18 und 19

Der Grundgedanke des Art. 18, für Entwicklungsländer eine Ausnahme vom Prinzip der Nichtdiskriminierung zu schaffen, war während der Vorarbeiten nicht völlig unproblematisch. Während die Entwurfskizze[1] in Übereinstimmung mit dem Vorschlag der Philippinen[2] und dem rumänischen Entwurf[3] jedoch ein Recht der Entwicklungsländer auf Präferenzgewährung und eine korrespondierende Pflicht der entwickelten Staaten vorsah, lehnten die westlichen Staaten die Fixierung von Rechten und Pflichten ab.

Deutlich lehnten vor allem die USA das Bestehen eines Rechtes auf Handelspräferenzen oder auf nicht-reziproke Handelsvorteile ab[4]. Ihr Entwurf enthielt statt dessen eine Absichtserklärung, daß die Handels- und Entwicklungsbedürfnisse der Entwicklungsländer eine besondere Berücksichtigung finden werden, soweit dies angemessen ist.

Eine ähnliche Haltung brachte Kanada zum Ausdruck[5]. Kanada beantragte die Entwurfsskizze durch eine Regelung zu ersetzen, nach der Entwicklungsländer in geeigneten Fällen vom Prinzip der Nichtdiskriminierung im internationalen Handel und bei anderen Formen der wirtschaftlichen Zusammenarbeit befreit werden sollten.

Auch Spanien warnte davor, den Grundgedanken zu einem allgemeinen Rechtsprinzip zu erheben[6]. Spanien schloß sich daher dem Vorschlag Großbritanniens[7] an, der von einer lediglich denkbaren Vorzugsbehandlung oder einer nicht-reziproken Behandlung der Entwicklungsländer ausging.

Offenbar in Abwehr des Anspruchs der Entwicklungsländer auf allgemeine Vorzugsbehandlung i. S. d. Art. 19 lag während der dritten

[1] TD/B/AC. 12/2/Add. 1, S. 24.
[2] Ibid., S. 75.
[3] Ibid.
[4] Ibid., S. 50.
[5] Ibid., S. 75 mit S. 60.
[6] Ibid., S. 39.
[7] Ibid., S. 74.

Sitzungsperiode ein Entwurf einer Bestimmung vor, der im wesentlichen mit der verabschiedeten Fassung des Art. 18 übereinstimmte und größtenteils auf die EG zurückzuführen ist[8]. Diese Strategie schien zunächst aufzugehen, denn eine dem jetzigen Art. 19 entsprechende Regelung ist aus dem in der dritten Sitzungsperiode beratenen Entwurf der Charta nicht ersichtlich, erscheint dann jedoch wieder während der vierten Sitzungsperiode[9].

Art. 19 traf im Zweiten Ausschuß erneut auf die Kritik westlicher Delegierter, die erfolglos eine Streichung durchzusetzen versucht hatten[10]. Insbesondere der italienische Delegierte[11] kritisierte, daß die Vorschrift sich unspezifiziert auf ein Objekt wie die internationale Zusammenarbeit oder auf Vorbehalte bezieht. Dadurch könne ein Staat in sehr schwerwiegenden Situationen von speziellen Maßnahmen zugunsten eines anderen Staates abgehalten werden.

Auch der britische Delegierte[12] bemängelte, daß die Formulierung unannehmbar ungenau sei und bezweifelte, ob alle Präferenzen in dem derart bezeichneten Bereich nicht-diskriminierend sein könnten.

In die gleiche Richtung zielte der griechische Delegierte[13]. Nach seiner Ansicht umfasse Art. 19 auch Abkommen über technische Zusammenarbeit und Programme über Entwicklungsanleihen. Diese Formen der internationalen Zusammenarbeit mit Entwicklungsländern sollten fallweise geprüft werden. Ebenso wies der dänische Delegierte[14] darauf hin, daß sich das Feld der internationalen Zusammenarbeit mehr für selektive und sorgfältig überlegte Maßnahmen eigne.

Dieser Bezug auf Einzelfallentscheidungen schließt eine nicht-diskriminierende Behandlung aller Fälle aus, sondern nimmt eine diskriminierende Behandlung im Einzelfall geradezu hin.

Angesichts des zusammenfassenden Befundes des schwedischen Delegierten[15], daß Art. 19 eine Kopie des Art. 18 in weniger befriedigender Form sei, war die Ablehnung des Art. 19 durch die westlichen Staaten zwangsläufig.

---

[8] TD/B/AC. 12/3, S. 12.

[9] TD/B/AC. 12/4, S. 17.

[10] Antrag unter A/C. 2/L. 1411, vgl. Doc. A/9946, S. 7, 11.

[11] (Cavaglieri) A/C. 2/SR. 1650 para. 11.

[12] (Freeland) A/C. 2/SR. 1650 para. 50.

[13] (Yannopoulos) A/C. 2/SR. 1642 para. 34.

[14] (Kjeldgaard-Olesen) A/C. 2/SR. 1649 para. 28.

[15] (Skoglund) A/C. 2/SR. 1649 para. 63.

2. Die Beratungen zu Art. 20

Die Bestimmung des Art. 20 findet ihren Vorläufer in einem Alternativentwurf, den die Staaten des Ostblocks in der dritten Sitzungsperiode der Arbeitsgruppe zu Art. 18 vorgelegt hatten[16]. Dieser Entwurf forderte in seinem letzten Satz, daß im Handel mit Entwicklungsländern kein entwickelter Industriestaat Vorteile genießen dürfe, wenn diese nicht allen anderen entwickelten Industriestaaten gewährt würden. Wenn auch mit dem Begriff der entwickelten Industriestaaten nur die westlichen Staaten gemeint waren, so läßt sich aus dem Entwurf doch die Intention ablesen, daß die Bedingungen, die Entwicklungsländer anderen Staaten als Entwicklungsländern gewähren, für alle Staaten die gleichen sein sollen. Dieser Gedanke kommt in Art. 20 gleichfalls zum Ausdruck.

Der Wortlaut der Bestimmung forderte im Zweiten Ausschuß jedoch erhebliche Kritik heraus. Vor allem die chinesischen Delegierten[17] äußerten den Verdacht, daß die Staaten des Ostblocks mit Art. 20 lediglich den Zweck verfolgten, im Kampf des „alten" und „neuen Imperialismus" um Einflußzonen die Entwicklungsländer entgegen Art. 4 zu einem speziellen Verhalten zu veranlassen.

Enttäuscht äußerten sich die Vertreter von Entwicklungsländern. Übereinstimmend bemängelten die Delegierten Obervoltas[18] und Senegals[19] die nach ihrer Meinung bestehende Unausgewogenheit der Bestimmung. Denn wenn die Entwicklungsländer aufgefordert würden, ihren Handel auszuweiten, müsse von den sozialistischen Staaten gefordert werden, Entwicklungshilfe zu gewähren und, soweit möglich, zu steigern. Zumindest sollten, wie der Delegierte Venezuelas[20] forderte, die sozialistischen Staaten verpflichtet sein, die geforderten Handelsbeziehungen zu erleichtern. Diese Kritik präzisierte der chilenische Delegierte[21] dahin, daß die sozialistischen Staaten hätten gleichfalls verpflichtet werden sollen, den Entwicklungsländern nicht schlechtere Bedingungen als den marktwirtschaftlich orientierten Staaten zu gewähren. Wegen der Unausgewogenheit betrachte seine Delegation Art. 20 nur als Ratschlag an die Entwicklungsländer.

---

16 Alternative 2, TD/B/AC. 12/3, S. 12 f.

17 (Chuang Yen) A/C. 2/SR. 1639 para. 21; (Chang Hsien-Wu) A/C. 2/SR. 1647 para. 34; ders. auch in der Generalversammlung, A/PV. 2315, S. 22; ähnl. der albanische Delegierte (Pitarka), A/C. 2/SR. 1647 para. 24; ders. auch in der Generalversammlung, A/PV. 2315, S. 28—30.

18 (Ouedraogo) A/C. 2/SR. 1643 para. 39 und SR. 1650 para. 36.

19 (Kandé) A/C. 2/SR. 1650 para. 41.

20 (Consalvi) A/C. 2/SR. 1649 para. 33.

21 (Correa) A/C. 2/SR. 1649 para. 36.

3. Die Beratungen zu Art. 26 Satz 1

Während der Beratungen der Arbeitsgruppe war Art. 26 aus verschiedenen Gründen umstritten. Die Kontroversen ergaben sich einerseits aus der vor allem von den Entwicklungsländern angestrebten Verpflichtung aller Staaten, Diskriminierungen auf Grund wirtschaftlicher und sozialer Unterschiede zu beseitigen; andererseits durch die vorgesehene allgemeine Anwendung der Meistbegünstigungsklausel[22]. Beide Gesichtspunkte wurden von den westlichen Staaten abgelehnt. Der Vorschlag Großbritanniens[23] und der der USA[24] gingen beide lediglich davon aus, daß bestehende Unterschiede zu berücksichtigen sind und Handelsbeziehungen zum gegenseitigen Vorteil zu fördern bzw. erleichtern sind. Die USA modifizierten ihren Vorschlag während der dritten Sitzungsperiode dahin, daß den Staaten eine Verringerung von Handelshemmnissen, soweit dies möglich ist, empfohlen wurde[25]. Dagegen enthielten die Entwürfe der UdSSR[26] und Chinas[27] weiterhin eine Absichtserklärung bzw. Empfehlung zur Verringerung aller Diskriminierungen. Die Kontroverse wurde schließlich dadurch gegenstandslos, daß die dem Zweiten Ausschuß vorgelegte Fassung des Art. 26 einen entsprechenden Passus nicht mehr enthielt[28] und damit in diesem Punkt auch den Vorstellungen der westlichen Staaten entsprach.

4. Die Beratungen zu Art. 10

Der Grundgedanke des Art. 10, die internationale Zusammenarbeit, ist während der Vorarbeiten nicht bestritten worden. Während aber die Entwicklungsländer[29] und die sozialistischen Staaten[30] die Zusammenarbeit auf ein Recht zur Teilnahme am institutionalisierten wirtschaftlichen Entscheidungsprozeß konkretisieren wollten, zogen die westlichen Staaten[31] eine allgemeinere Formulierung vor, die nur eine Zusammenarbeit bei der Lösung internationaler Wirtschaftsfragen vorsah. Die Bedenken der westlichen Staaten, wie sie in der Stellungnahme der USA zum Ausdruck kamen, richteten sich darauf, daß die Formulierung des Mehrheitsentwurfes das Verhalten der Staaten bei

---

22 Vgl. die Entwürfe der Philippinen und Iraks, TD/B/AC. 12/2/Add. 1, S. 79.

23 Ibid.

24 Ibid., S. 51.

25 Alternative 3, TD/B/AC. 12/3, S. 14.

26 Alternative 2, ibid.

27 Alternative 5, ibid.

28 Vgl. Doc. A/9946, S. 3.

29 Philippinen, TD/B/AC. 12/2/Add. 1, S. 63; Chile, ibid., S. 64.

30 Jugoslawien, Rumänien, ibid., S. 64.

31 Niederlande, Bundesrepublik Deutschland, ibid., S. 63; USA, ibid., S. 49.

der Lösung wirtschaftlicher Einzelprobleme festlegen und speziellen Teilnahmeregeln bestimmter internationaler Organisationen zuwiderlaufen könne. Während sich Spanien diesen Bedenken offenbar nicht anschloß[32], griff Japan die Kritik auf und schlug den Zusatz vor, daß das Recht zur Teilnahme am Entscheidungsprozeß in Übereinstimmung mit den Regeln der jeweils zuständigen Organisation ausgeübt werde[33].

Dieser Kompromißvorschlag fand während der dritten Sitzungsperiode der Arbeitsgruppe die Zustimmung auch der westlichen Staaten[34]. Damit wurde gleichzeitig die in der zweiten Sitzungsperiode aufgetretene Kontroverse um die Rechtspflicht zur Zusammenarbeit obsolet. Am deutlichsten wurde die Ablehnung einer Rechtspflicht durch den Vorschlag der Bundesrepublik Deutschland, der lediglich eine Empfehlung aussprach[35], während der Entwurf der USA immerhin eine Absichtserklärung enthielt[36]. Dagegen statuierte der Entwurf der Niederlande das Recht und die Pflicht eines Staates zur Zusammenarbeit[37].

II. Das Prinzip der Staatengleichheit in Schrifttum und Praxis

1. Die rechtlichen Grundlagen

Das Prinzip der Staatengleichheit ist sowohl in Art. 2 Abs. I UN-Charta als auch in der Prinzipiendeklaration verankert, ohne daß gleichzeitig eine Begriffsbestimmung gegeben wird.

2. Der Inhalt des Gleichheitsgebotes

Eine Begriffsbestimmung läßt sich aus der Entstehung des Art. 2 Abs. I UN-Charta ableiten. Mit dem Begriff „Sovereign equality" wollte der Satzungsgeber die folgenden Aspekte zum Ausdruck bringen: „1. that States are juridically equal; 2. that each State enjoys the right inherent in full sovereignty; 3. that the personality of the State is respected...; 4. that the State should, under international order, comply faithfully with its international duties and obligations[38]."

---

[32] Ibid., S. 38.

[33] Ibid., S. 63.

[34] TD/B/AC. 12/3, S. 9; krit. dazu China, TD/B/AC. 12/4, S. 24.

[35] TD/B/AC. 12/2/Add. 1, S. 64.

[36] Ibid., S. 49.

[37] Ibid., S. 64.

[38] So der erste Ausschuß der I. Kommission der Konferenz von San Francisco, zit. nach B. Broms, The Doctrine of Equality of States as Applied in International Organizations, S. 163 f.; ebenso L. M. Goodrich / E. Hambro /

In dieser Umschreibung läßt nur der erste Punkt einen Bezug zum Gleichheitsprinzip erkennen. Damit ist zunächst der Auffassung[39], die unter Hinweis auf den Begriff der „sovereign equality" eine Identität beider Teilbegriffe bejaht, die Grundlage entzogen. Denn durch die Einzelauflistung wird deutlich, daß den Staaten Rechte sowohl aus ihrer Souveränität als auch aus ihrer Gleichheit zukommen. Mehr noch als diese Klarstellung sollte der Begriff „sovereign equality" zum Ausdruck bringen, daß die UNO nicht als „Über-Staat" gedacht war; es sollte also keine Gleichstellung der Begriffe, sondern eine Trennlinie zwischen den Zuständigkeiten der UNO und denen ihrer Mitglieder festgeschrieben werden[40].

Die Umschreibung des Begriffes „sovereign equality" hat den Begriff „equality" mit „juridically equal" nur wenig mehr als ersetzt[41], so daß auch diese Beschreibung einer weiteren Konkretisierung bedarf.

Dem Begriff der Gleichheit sind im Schrifttum verschiedene Einzelgesichtspunkte zugeordnet worden. Unberücksichtigt bleiben zunächst wirtschaftliche und militärische Fähigkeiten oder die Größe der Bevölkerung, also politische und soziologische Faktoren[42]. Auch die Gleichheit der materiellen Rechte scheidet offensichtlich aus. Denn eine solche Gleichheit im Recht würde bedeuten, daß jeder Staat materiell gleichwertige Rechte hat. Das einfache Beispiel des Küstenstaates, der andere Rechte hat als der Binnenstaat[43], verdeutlicht die Unhaltbarkeit einer derartigen Auslegung des Gleichheitsgebotes. Entsprechend ist ein so verstandenes Gleichheitsgebot auch kein Bestandteil des Völkerrechts[44].

Der Inhalt des Gleichheitssatzes reduziert sich damit auf die Gleichheit vor dem Recht, d. h. jeder Staat ist vor dem Völkerrecht gleich. Dieser Aspekt ist weitgehend unbestrittener Bestandteil des Völkerrechts[45].

A. P. Simons, Charter of the United Nations, S. 37; dazu auch A. Verdross / B. Simma, Universelles Völkerrecht, S. 231.

[39] G. Dahm, Völkerrecht, Bd. 1, S. 164.

[40] Zum ganzen Broms, S. 165 f.; K. Kelsen, The Principle of Sovereign Equality as a Basis for International Organizations, YaleLJ 1943/44, S. 207; H. Weinschel, The Doctrine of Equality of States and its Recent Modifications, AJIL 1951, S. 427; A. van Wynen Thomas / A. J. Thomas, Equality of States in International Law-Fact or Fiction, VirgJIL 1951, S. 817; im Ergebnis ebenso Y. Takano, Einführung in das Völkerrecht, S. 164 f.; E. Wehser, Die Intervention nach gegenwärtigem Völkerrecht, S. 31.

[41] Vgl. Broms, S. 163.

[42] L. Oppenheim / H. Lauterpacht, International Law, S. 263; A. K. Pavithran, Substance of Public International Law Western and Eastern, S. 128.

[43] Genannt bei Kelsen, S. 209.

[44] E. David, Quelques reflexions sur l'egalité économique des Etats, Rev. belge 1974, S. 400; W. Kewenig, Der Grundsatz der Nichtdiskriminierung im Völkerrecht der internationalen Handelsbeziehungen, S. 35 f.; I. Seidl-Hohenveldern, Völkerrecht, Rz. 1084 a.

Gleichheit in dieser Auslegung bedeutet, daß jeder Staat unter den gleichen rechtlichen Voraussetzungen sich auf seine Rechte berufen kann, er also einen Anspruch auf eine unterschiedslose Anwendung der Normen des internationalen Rechts besitzt[46]. Dem Staat kommt damit eine Art „prozessualer" Rechtsstellung[47] zu.

3. Ausformungen der Gleichheit

Das Prinzip der Gleichheit enthält zunächst die Aspekte der passiven Gleichheit und der aktiven Gleichheit[48]. Dabei bedeutet passive Gleichheit das Verbot einer Ungleichbehandlung in gleicher rechtserheblicher Situation, so daß das Diskriminierungsverbot nichts anderes ist als die negative Formulierung des Gleichheitsgebotes[49]. Demgegenüber wird die aktive Gleichheit im Sinne eines Teilnahmerechts an Entscheidungen und Fortschritten des Völkerrechts verstanden[50]. Neben diese Formen der Gleichheit treten neuerdings verstärkt weitere Ausformungen der Gleichheit[51].

Die „präferentielle Gleichheit" meint eine gewisse vorrangige Berücksichtigung der Entwicklungsländer. Diese Forderung der Entwicklungsländer wird ergänzt durch die Vorstellung einer „kompensatorischen Ungleichheit". Danach bestehe innerhalb der Gruppe der Entwicklungsländer Gleichheit untereinander; im Verhältnis zu den Industriestaaten bestehe insoweit Ungleichheit, wie diese den Entwicklungsländern eine präferentielle Behandlung zukommen ließen.

Die Forderungen der Entwicklungsländer sind unter zwei Gesichtspunkten bedeutsam. Zum einen fordern die Entwicklungsländer zur Überwindung ihrer — bestehenden oder behaupteten — wirtschaft-

[45] Kewenig, Nichtdiskriminierung, S. 35 f.; W. Schaumann, Die Gleichheit der Staaten, S. 141; Pavithran, S. 130; M. Virally, La charte des droits et devoirs économiques des Etats, AFDI 1974, S. 73; krit. R. P. Anand, Sovereign Equality of States in International Law, Int. Aff. 1967, S. 394: „empty phrases"; ähnlich R. C. Hingorani, Modern International Law, S. 108: „... the principle of equality of States is more published than practised." basierend auf der mißverständlichen Feststellung, daß „if the United States votes in a particular way in the General Assembly, that vote carries more weight than that of a small nation.".

[46] Schaumann, S. 3, 141; B. Graf zu Dohna, Die Grundprinzipien des Völkerrechts über die freundschaftlichen Beziehungen und die Zusammenarbeit zwischen den Staaten, S. 167 m. w. N.

[47] So Kewenig, Nichtdiskriminierung, S. 35 f.; zustimmend Dohna, S. 167.

[48] Deutlich bei Virally, S. 72; P. J. G. Kapteyn, De Grondslagen van de „Nieuwe Internationale Economische Ordre", S. 47.

[49] G. Schwarzenberger, The Principles and Standards of International Economic Law, RdC 1966 I, S. 68; H. Kipp, Das Verbot der Diskriminierung im modernen Friedensvölkerrecht, AVR 1961/62, S. 143.

[50] Virally, S. 73.

[51] Dazu ders., S. 74 ff.

lichen Ungleichheit eine Sonderbehandlung[52], die im Widerspruch zu dem traditionell verstandenen Gleichheitsgebot stünde. Zum anderen wird damit zugleich die Frage aufgeworfen, ob und inwieweit die Entwicklungsländer einen besonderen völkerrechtlichen Status innehaben[53]. Diese Problematik wird einem späteren Abschnitt vorbehalten bleiben, der sich zur Beantwortung der gestellten Frage neben anderen auch auf die im folgenden gefundenen Indizien stützen wird.

4. Die Stellungnahmen im Schrifttum

Das völkerrechtliche Schrifttum nennt ein allgemeines Diskriminierungsverbot nicht. Diese Auffassung ist nicht nur bei westlichen Autoren[54] zu finden, sondern wird auch von Völkerrechtlern der Dritten Welt[55] und der sozialistischen Staaten[56] vertreten, die ein allgemeines Verbot nicht behaupten, sondern lediglich fordern.

Anders als diese das Prinzip der Gleichheit grundsätzlich bejahende Auffassung hat eine insbesondere im angelsächsischen Bereich vertretene Lehre[57] den Versuch unternommen, die Existenz eines Gleichheitsgebotes zu leugnen und statt dessen den Vorrang der Großmächte rechtlich anzuerkennen. Diese Auffassung findet in dieser Allgemeinheit in der Praxis keinen Beleg. Denn die Praxis hat, wie sich zeigen wird, in Teilbereichen durchaus zu einer gewohnheitsrechtlichen Verfestigung des Gleichheitsgebotes geführt[58]. Darüber hinaus besitzen bestimmte Mächte nicht eine Vorrangstellung rechtlicher Art, sondern nur eine davon scharf zu unterscheidende Priorität des politischen Handelns[59].

---

[52] Näher A. Mahiou, Les implications du nouvel ordre économique et le droit international, Rev. belge 1976, S. 428 f.

[53] Dazu Mahiou, S. 429 f.

[54] Kewenig, Nichtdiskriminierung, S. 32; H. R. Krämer, Das Meistbegünstigungsprinzip und die Entwicklungsländer, JIR 1974, S. 132; G. Jaenicke, Gleichbehandlung, S. 691; E.-U. Petersmann, Internationales Recht und Neue Internationale Weltwirtschaftsordnung, AVR 1978, S. 23.

[55] K. Hyder, Equality of Treatment and Trade Discrimination in International Law, S. 182.

[56] Vgl. Arbeitsgemeinschaft für Völkerrecht beim Institut für internationale Beziehungen der Akademie für Staats- und Rechtswissenschaft der DDR (Hrsg.), Völkerrecht, Bd. 1, S. 177 ff.

[57] Bes. E. W. Dickinson, The Equality of States.

[58] Kewenig, Nichtdiskriminierung, S. 32, 45 ff.

[59] G. Schwarzenberger, International Law, S. 275; E. van Bogaert, Considération sur la théorie de l'égalité des Etats, RGDIP 1955, S. 90; M. S. Korowicz, Some Present Aspects of Sovereignty in International Law, RdC 1961 I, S. 43 f.; B. M. Sharma, International Law, S. 141 f.

5. Die Praxis

a) Die passive Gleichheit — Existenz eines Diskriminierungsverbotes?

aa) Historischer Abriß

Mit dem Ende des Ersten Weltkrieges[60] war gleichzeitig das Ende der Ära des Wirtschaftsliberalismus besiegelt. Die ungelösten wirtschaftlichen Fragen förderten Nationalismus, Protektionismus und Autokratiebestrebungen, die zusammengenommen zu immer stärkeren Diskriminierungen im Außenhandel führten. Zahlreiche Versuche, vor allem im Rahmen des Völkerbundes, zur Rückführung der Wirtschaftspraxis auf die Prinzipien der Gleichheit brachten nicht den gewünschten Erfolg[61]. Lediglich eine geringe Anzahl von Staaten akzeptierte die unbedingte Meistbegünstigung und schuf damit einen — wenn auch geringen — Ansatz zur Gleichbehandlung. Die Wirtschaftskrise Anfang der 30er Jahre machte diesen Trend jedoch zunichte und brachte eine verstärkte Anwendung diskriminierender Praktiken[62].

Bereits während des Zweiten Weltkrieges bemühte sich insbesondere die USA, im Vorgriff auf eine künftige Friedensordnung Vorschläge für eine Neuordnung des Handels auf der Grundlage der Meistbegünstigung und des Multilateralismus zu erarbeiten.

Die nach 1945 auch über internationale Konferenzen vorgetragenen Bemühungen führten schließlich u. a. zur Forderung der Anwendung nichtdiskriminierender Praktiken sowie zu einem Entwurf einer Welthandelskonvention. Der Entwurf lag 1948 der Welthandelskonferenz in Havanna vor und wurde von der Mehrzahl der teilnehmenden Staaten unterzeichnet, in der Folge von den meisten jedoch nicht ratifiziert. Dagegen fanden die handelspolitischen Regelungen des Entwurfes mit den Ergebnissen von Zollverhandlungen Eingang in das zunächst als Übergangsregelung geplante „General Agreement on Tariffs and Trade" (GATT)[63].

---

[60] Zur Geschichte des Prinzips der Gleichheit seit dem Mittelalter Schaumann, S. 18 ff.; Anand, Sovereign Equality, S. 213 ff.; P. H. Kooijmans, The Doctrine of the Legal Equality of States, S. 43 ff.; J. H. W. Verzijl, International Law in Historical Perspective, Bd. 1, General Subjects, S. 305 ff.

[61] Eingehend G. Schwarzenberger, Equality and Discrimination in International Economic Law (I), YBWA 1971, S. 167 ff.

[62] Dazu und zum folgenden Hyder, S. 4 f.

[63] Zum ganzen U. Frantz, 25 Jahre Welthandelspolitik, S. 49 ff.; G. Heiduk, Die weltwirtschaftlichen Ordnungsprinzipien von GATT und UNCTAD, S. 81 ff.

bb) Das General Agreement on Tariffs and Trade (GATT)

Einer der Hauptgrundsätze des GATT, nach dessen Bestimmungen ein Großteil des Welthandels abgewickelt wird, ist das Verbot der Diskriminierung zwischen den Mitgliedern des GATT, Art. I para. 1.

Die Bestimmung führt jedoch nicht zu einer völligen Gleichheit aller am Welthandel teilnehmenden Staaten[64]. Zunächst braucht Nichtmitgliedern keine Meistbegünstigung auf Grund des GATT eingeräumt werden. Bei 83 Vollmitgliedern Ende 1975 (davon sind etwa $^2/_3$ Entwicklungsländer) kann einem Großteil der Staaten Meistbegünstigung und damit Gleichbehandlung nur durch den Abschluß eines bilateralen Vertrages eingeräumt werden. Aber auch Mitgliedstaaten gelangen nicht ohne weiteres in den Genuß der Meistbegünstigung, da Art. II und XXXV Zollverhandlungen auf der Grundlage der Reziprozität zwischen den Mitgliedern zur Voraussetzung erheben.

Darüber hinaus sind beim Abschluß des GATT bestehende Präferenzsysteme wie etwa im Rahmen des commonwealth[65] von der Grundregel ausgenommen durch Art. I para. 2. Für einzurichtende Vorzugsbehandlungen hält Art. XXV para. 5 die Möglichkeit des „waiver" bereit[66], der in zahlreichen Fällen, z. B. bei Errichtung der EG, von den Vertragsparteien erteilt wurden.

Zugunsten der Entwicklungsländer wurde 1964 ein neuer Teil IV von den Vertragsparteien angenommen. Danach sollten Handelsschranken für Erzeugnisse aus Entwicklungsländern vorrangig abgebaut werden, Zölle und Verbrauchsabgaben weder neu eingeführt noch bestehende erhöht werden[67].

Auch die Handelspolitik hat sich nicht vollständig dem Diskriminierungsverbot des GATT unterworfen. Zwar sind Restriktionen nichttarifärer Art Anfang der 50er Jahre abgebaut worden, ohne daß jedoch gänzlich auf sie verzichtet wurde. Insbesondere Textileinfuhren unterlagen bis in die jüngste Zeit starken Kontingentierungen. Seit der Zollsenkungsrunde von Torquay 1950/51 sind die Vertragsparteien allerdings verpflichtet, Begründungen für ihre jeweiligen diskriminierenden

---

[64] Dazu und zum folgenden Hyder, S. 60 ff.

[65] Eingehend B. G. Ramcharan, Equality and Discrimination in International Economic Law (III): The Commonwealth Preferential System, YBWA 1972, S. 286 ff.

[66] „In exeptional circumstances not elsewhere provided for in this Agreement, the CONTRACTING PARTIES may waive an obligation imposed upon a contracting party by this Agreement; ...". Zum Ausdruck „waiver" vgl. F. K. Liebich, Das GATT als Zentrum der internationalen Handelspolitik, S. 112, Fn. 1; vgl. ferner die in A. P. Mutharika, The International Law of Development — Basic Documents, Bd. 2, S. 1153 f., abgedruckte decision L/3545.

[67] Vgl. Frantz, S. 125 f.

Praktiken den Mitgliedstaaten des GATT zur Prüfung vorzulegen, so daß wenigstens grobe Mißbräuche eingeschränkt scheinen[68].

Im Bereich von Zusatzzöllen auf Importe bestehen diskriminierende Praktiken ebenfalls weiter. Erst 1971 haben den Mitgliedstaaten des GATT eine Reihe von Anträgen für die entsprechenden Einführungen vorgelegen. Durch eine Begrenzung der Zölle konnte das GATT auch hier lediglich eine Mäßigung erreichen, nicht aber den vollständigen Abbau diskriminierender Praktiken[69].

Insgesamt wird das Diskriminierungsverbot des GATT durch das Abkommen selbst und die darauf fußende Praxis so häufig durchbrochen[70], daß von einer Festschreibung eines allgemeinen Diskriminierungsverbotes durch das GATT nicht gesprochen werden kann.

cc) Handelspolitik der sozialistischen Staaten

Die sozialistischen Staaten, von denen keiner dem GATT angehört, verfolgen ebenfalls eine Handelspolitik, die dem Gleichheitsgrundsatz nicht entspricht. Trotz zunehmender Abschlüsse bilateraler Handelsabkommen hat sich in der Außenhandelsstruktur der sozialistischen Staaten wenig geändert, da der Handel auch weiterhin überwiegend intra-regional abgewickelt wird. Soweit mit dritten Staaten Handel getrieben wird, wird er aus politischen bzw. strategischen Gründen schwerpunktmäßig auf wenige Staaten beschränkt[71]. Die sozialistischen Staaten unterwerfen ihre Handelsbeziehungen damit politischen Erwägungen, deren Berücksichtigung das Diskriminierungsverbot aber gerade ausschließen will.

dd) Handelspolitik der Entwicklungsländer

Ähnliches gilt für die Handelspolitik der Entwicklungsländer. Wirtschaftsbeziehungen bestehen offenbar aus historischen Gründen überwiegend mit den früheren Kolonialmächten, d. h. den heute marktwirtschaftlich organisierten Industriestaaten. Zwischen den Entwicklungsländern selbst bestehen nur spärliche Wirtschaftsbeziehungen, wobei erhebliche Diskriminierungen feststellbar sind[72].

---

[68] Ders., S. 94 f.

[69] Ders., S. 122 f.

[70] Ebenso E.-U. Petersmann, Die Dritte Welt und das Wirtschaftsvölkerrecht, ZaöRV 1976, S. 493; U. Flory, Droit international du développement, S. 325 f.

[71] Zum ganzen E. Antal, Die Beteiligung der RGW-Länder am Welthandel unter besonderer Berücksichtigung ihres Agraraußenhandels, insbes. S. 43, 119 f., 144 f., 158 f.

[72] J. F. Dorsey, Preferential Treatment: A New Standard for International Economic Relations, HarvILJ 1977, S. 118 f.; vgl. ferner M. A. G. van Meerhaeghe, International Economics, S. 78.

ee) Präferenzsysteme

Die Idee spezieller Vorzugsbehandlungen ist nicht neu. England und Frankreich unterhielten seit den Kolonialzeiten besondere Handelsbeziehungen mit den Staaten des Commonwealth bzw. mit denen der Communauté francaise. Lediglich vereinzelt gewährten die USA zollmäßige Vorzugsbehandlungen.

Den ersten formellen Vorschlag zur Einführung einer allgemeinen Vorzugsbehandlung für Entwicklungsländer legte R. Prebisch 1964 mit seinem Bericht für UNCTAD I vor. Der Bericht sah zugleich mehrere Einschränkungen vor, so u. a. den Ausschluß von auf dem Weltmarkt konkurrenzfähigen Entwicklungsländern. Zeigte die Erste Welthandelskonferenz 1964 in Genf noch geteilte Auffassungen über den Vorschlag[73], so begrüßte UNCTAD II 1968 in Neu Delhi durch eine Kompromißformulierung die Einführung eines allgemeinen Präferenzsystems, das nicht auf Gegenseitigkeit beruhen und nicht diskriminierend sein sollte[74].

Parallel zu den Bemühungen im Rahmen der UNCTAD gelang es im GATT den Entwicklungsländern, daß der Text des GATT 1964 um einen Teil IV erweitert wurde. Danach sollte den Bedürfnissen der Entwicklungsländer stärker Rechnung getragen werden, so u. a. durch die Einführung eines allgemeinen Präferenzsystems[75].

Als erster Staat führte 1965 die UdSSR ein einseitiges System zollfreier Importe aus Entwicklungsländern ein, das sich auf alle Produkte erstreckte. Ungarn errichtete 1968 ein Präferenzsystem, das allerdings zahlreiche Einschränkungen enthielt[76]. Als erster westlicher Staat setzte Australien 1966 ein begrenztes Präferenzsystem in Kraft, das für etwa 60 Produkte aus Entwicklungsländern galt[77].

---

[73] T. R. Graham, The U. S. Generalized System of Preferences for Developing Countries: International Innovation and the Art of the Possible, AJIL 1978, S. 514 f.

[74] Dazu E.-U. Petersmann, „Entwicklungsvölkerrecht", „Droit International Du Développement", „International Economic Development Law": Mythos oder Wirklichkeit?, JIR 1974, S. 157 ff.; zur Vorgeschichte vgl. J.-U. Meyer / D. Seul / K. H. Klingner, Die zweite Entwicklungsdekade der Vereinten Nationen, S. 61 ff.

[75] Zu den Arbeiten Heiduk, S. 90 ff.

[76] Vgl. zum ganzen Doc. A/33/10: Report of the International Law Commission on the work of its thirtieth session, S. 62 f.; den allgemeinen Präferenzsystemen der sozialistischen Staaten kommt wegen der strukturellen Parallelen zwischen sozialistischen Staaten und Entwicklungsländern allerdings keine große Wirksamkeit zu, G. G. Kaplan, Equality and Discrimination in International Economic Law (II): The UNCTAD Scheme for Generalised Preferences, YBWA 1972, S. 281.

[77] Graham, S. 516; Doc. A/33/10, S. 63.

Handelspolitische Gründe[78] führten schließlich bei den Mitgliedstaaten der OECD zu einer Einsicht in die mögliche Nützlichkeit eines allgemeinen Präferenzsystems. Gleichzeitig stimmten die Mitglieder aber u. a. auch darin überein, die Gewährung von Vorzugsbehandlungen mit Bedingungen zum Schutz der eigenen Industrie zu versehen[79]. Mitte 1971 setzten die Staaten der EG und Japan schließlich Präferenzsysteme in Kraft. Nach den Bestimmungen können Präferenzen für Agrarprodukte allerdings jederzeit und ohne Begrenzung wieder ausgesetzt werden. Präferenzen für Fertig- und Halbfertigprodukte dürfen dagegen nur bei Ausschöpfung eines bestimmten Zollkontingents ausgesetzt werden; bei einem Teil der gewerblichen Erzeugnisse wird dabei restriktiv verfahren[80].

Die USA, die ihre Haltung zunächst erneut überdachten, setzten 1974 ein Präferenzsystem in Kraft, das zahlreiche Einschränkungen sowohl hinsichtlich der Waren als auch der begünstigten Staaten enthält[81].

Am 1. 1. 1976 (Stichtag) gewährten 24 Industrie- und sozialistische Staaten eine allgemeine Vorzugsbehandlung für Importe aus Entwicklungsländern und dürften damit dem Prinzip grundsätzlich zum Durchbruch verholfen haben[82]. Zweifelhaft muß allerdings erscheinen, ob sich daraus bereits eine Regel des Völkergewohnheitsrechts abzeichnet.

Die bisher in Kraft befindlichen Präferenzsysteme enthalten eine Vielzahl unterschiedlicher Zollnachlässe, Sicherungsklauseln, begünstigter Produkte und verschiedener Hemmnisse[83]. Eine Gemeinsamkeit findet man zunächst zwar darin, daß die Geberländer Vergünstigungen auf Grund eigener Auswahl gewähren[84]. In der Praxis hat dies dazu geführt, daß Staaten wie u. a. Ungarn, Japan oder die USA bestimmte Staaten als Empfängerländer ausschließen. Insbesondere haben sich einzelne Staaten das Recht vorbehalten, auf Grund zwingender Umstände jedwedem Entwicklungsland bestimmte Präferenzen nicht zu

[78] Ders., S. 517; Dorsey, S. 122.

[79] Graham, S. 517.

[80] Vgl. Doc. A/33/10, S. 63; Bremer Ausschuß für Wirtschaftsforschung, Auswertung der Dokumentation der dritten Welthandels- und Entwicklungskonferenz, Heft 2, S. 612 f.

[81] „Trade Reform Act of 1974", vgl. J. H. Jackson, Legal Problems of International Economic Relations — Cases, Materials and Text, S. 1026 ff.; dazu eingehend Graham, S. 524 ff.

[82] Krämer, Meistbegünstigungsprinzip, S. 143; vgl. dazu die Übersicht in United Nations Conference on Trade and Development, Trade and Development Board, Generalized System of Preferences, Doc. TD/B/GSP.

[83] Kaplan, Equality, S. 276; P. J. Ginman / T. Murray, The Generalized System of Preferences: A Review and Approsal, S. 195 f.; Doc. A/33/10, S. 63.

[84] Doc. A/33/10, S. 65; D. Hubbard, The International Law Commission and the New International Economic Order, GYIL 1979, S. 83.

gewähren[85]. Mit der Gewährung von Vorzugsbehandlungen auf Grund eigener Interessen der Geberländer ist also zugleich jede Möglichkeit einer Diskriminierung eröffnet[86].

Insgesamt ergibt sich daraus, daß die höchst unterschiedliche Ausgestaltung und teilweise restriktive Handhabung der Präferenzsysteme nicht als eine „usage constant et uniforme"[87] i. S. d. Art. 38 para. 1 lit. b IGH-Statut anzusehen ist.

ff) Assoziationsabkommen

Die EG hat mit dem Ziel der Entwicklungsförderung mit zahlreichen außereuropäischen Staaten Assoziationsabkommen geschlossen. Das 1964 in Kraft getretene 1. Abkommen von Jaundé[88] sah für die Assoziierten zahlreiche Vergünstigungen vor, die zum Teil und in begrenztem Umfang reziprok zu gewähren waren. Durch gleichzeitig geänderte Zollsätze für eine Reihe von Produkten aus nicht-assoziierten Staaten konnte zwar das Ausmaß der Benachteiligung dieser Staaten den assoziierten gegenüber verringert, nicht aber die Benachteiligung selbst verhindert werden.

Das 1971 in Kraft getretene 2. Abkommen von Jaundé[89] verringerte zwar die Vorzugsstellung der Assoziierten im Zollbereich, beließ ihnen im übrigen jedoch ihre hervorgehobene Stellung. An die Stelle der Abkommen von Jaundé trat 1976 das Abkommen von Lomé, das 53 Staaten aus Afrika, der Karibik und dem Pazifischen Raum („AKP-Staaten") umfaßt[90]. Die Vorschriften des Abkommens über Niederlassung, Dienstleistungen, Zahlungs- und Kapitalverkehr sind ausdrücklich dem Diskriminierungsverbot unterworfen[91]. Ebenfalls verboten ist den AKP-Staaten eine Diskriminierung zwischen den EG-Staaten. Anders als die Abkommen von Jaundé verzichtet das Lomé-Abkommen auf Gegenpräferenzen und schafft damit zwei rechtlich unterschiedliche Staatengruppen. Zwischen den AKP-Staaten wird gleichfalls differenziert, indem das Abkommen insbesondere für die 27 wirtschaftlich schwächsten

---

85 Vgl. Ginman / Murray, S. 193; krit. dazu Petersmann, „Entwicklungsvölkerrecht", S. 160.

86 Dazu Hubbard, S. 84 f.

87 ICJ Rep. 1950, S. 276 (Asylum Case).

88 Eingehend T. M. Loch / H. Hasenpflug, Die Assoziierungs- und Präferenzpolitik der EG, S. 52 ff.

89 Dies., S. 62 ff.

90 Zum ganzen R. Hasse / R. Weitz, Das Abkommen von Lomé — Übergang oder Alternative zu einer neuen Weltwirtschaftsordnung?. Das 2. Abkommen von Lomé wurde am 31. 10. 1979 abgeschlossen, abgedr. in ILM 1980, 341 ff.; dazu K. R. Simmonds, The Second Lomé Convention: The Innovative Features, CMLR 1980, S. 415 ff.

91 Dazu EUGH Rs. 65/77, Slg. 1977, S. 2229 ff. (Jean Razanatsimba).

AKP-Staaten eine verstärkte finanzielle und wirtschaftliche Zusammenarbeit vorsieht.

gg) Rechtliche Bewertung

Die vorausgegangene Darstellung verschiedener Bereiche der internationalen Wirtschaftsbeziehungen hat deutlich werden lassen, daß das Prinzip der Nichtdiskriminierung in der Praxis aller Staatengruppen nur einen geringen Niederschlag findet. Insbesondere das Diskriminierungsverbot des GATT wird durch mehrere Bestimmungen des GATT ausgehöhlt und durch die Praxis nicht belegt. Es fehlt daher schon einer „usage constant et uniforme"[92] i. S. d. Art. 38 Abs. I lit. b IGH-Statut als eines der Elemente einer Regel des Völkergewohnheitsrechts.

Eine Sonderstellung nehmen die Präferenzabkommen ein. Sie stellen keine Ausformung des Aspektes „Gleichheit vor dem Recht" dar, sondern werden von den Entwicklungsländern als Beitrag zur Überwindung ihrer materiellen Ungleichheit[93] gefordert. Erfüllen die unterschiedlichen Ausgestaltungen und teilweise restriktiven Handhabungen der Präferenzsysteme schon nicht das Erfordernis der allgemeinen Übung, so fehlt es an einer entsprechenden Rechtsüberzeugung völlig, so daß auch nicht von einem im Werden begriffenen Völkergewohnheitsrecht gesprochen werden könnte[94].

Völkerrechtler der Dritten Welt sehen in Präferenzabkommen ein neues Konzept, mit dem die Entwicklungsländer das Gleichheitsprinzip nicht zerstören wollten, sondern nur eine zeitlich begrenzte Aussetzung zu ihren Gunsten verlangen[95]. Entsprechend lassen auch offizielle Staatenvertreter von Entwicklungsländern erkennen, daß es bei der Gewährung von Präferenzen weniger um eine rechtliche Pflicht der Industriestaaten gehe als vielmehr um machtpolitische Absichten der Entwicklungsländer[96]. Weitere Indizien für die Interessenpolitik der Entwicklungsländer sind die geäußerten Befürchtungen der Assoziierten des 2. Abkommens von Jaundé, daß die im Abkommen von Lomé zugesagten Präferenzen zu Lasten ihrer alten Vorteile gingen[97]. In ähnlicher Weise bekundeten die Assoziierten von Lomé zu einem späteren Zeitpunkt ihr Interesse, besser behandelt zu werden als die übrigen Entwicklungsländer unter einem allgemeinen Präferenzsystem[98].

[92] Oben, Fn. 87.

[93] Dazu insgesamt David, S. 400.

[94] D. Carreau, Le nouvel ordre économique international, JDI 1977, S. 603 sieht die Vorzugsbehandlungen bereits als geltendes Recht an.

[95] Hyder, S. 197; Mahiou, S. 429.

[96] Nachw. bei Hasse / Weitz, S. 10.

[97] K.-P. Treydte, Das Abkommen von Lomé — Vorläufer oder Alternative einer neuen Weltwirtschaftsordnung, S. 124.

[98] Ginman / Murray, S. 193.

Auf seiten der Industriestaaten war die Einführung der Präferenzsysteme trotz aller rechtlichen Bedenken[99] vor allem auf die Abhängigkeit dieser Staaten von Rohstoffen zurückzuführen[100].

Auch die Haltung der sozialistischen Staaten läßt ein Rechtsbewußtsein nicht vermuten. Ihre Unterstützung der Forderung der Entwicklungsländer nach den Vorzugsbehandlungen beruht wohl vor allem darauf, daß sie sich von derartigen Systemen eine Ausdehnung des Handels zwischen sich selbst und den marktwirtschaftlich orientierten Staaten erwarten[101].

Die Präferenzgewährung unterliegt gegenwärtig daher lediglich wirtschaftspolitischen Gründen[102].

hh) Zwischenergebnis

Das Völkerrecht überläßt es dem einzelnen Staat zu entscheiden, ob und in welcher Form er andere Staaten gleich behandelt oder gegenüber anderen Staaten diskriminiert[103].

b) Aktive Gleichheit

Aktive Gleichheit ist verstanden worden als das Recht eines Staates, gleichberechtigt an den Entscheidungen und Fortschritten des Völkerrechts teilzuhaben. Ein dieser Definition entsprechendes Recht (Art. 10) ist in der Staatenpraxis nicht durchgängig zu beobachten.

aa) Historischer Abriß

Die Staatenkonferenzen der ersten Hälfte des 19. Jahrhunderts waren beschränkt auf die europäischen Großmächte (Pentarchie) bei nahezu vollständigem Fehlen einer Mitbestimmung der übrigen Staaten. Ein Umschwung trat in der zweiten Hälfte des 19. Jahrhunderts ein, als immer häufiger internationale Konferenzen mit größer werdender Teilnehmerzahl stattfanden und damit auch ein Mitspracherecht kleinerer

---

[99] Dazu Frantz, S. 165; D. Kebschull / K. Fasbender / A. Naini, Entwicklungspolitik, S. 190.

[100] Dorsey, S. 109.

[101] Vgl. Dorsey, S. 121.

[102] Dazu auch C. D. Mervis, The United Nations Seventh Special Session: Proposals for a New World Economic Order, VandJTL 1976, S. 613; Hubbard, S. 96; weitergehend im Ergebnis wohl A. Unchegbu, The Legal Framework of Trade Relations between EEC and ACP Countries, IJIL 1976, S. 41, der den Handel zwischen Industriestaaten und Entwicklungsländern auf Präferenzbehandlung gegründet sieht, sofern keine rechtlichen Verpflichtungen entgegenstehen.

[103] G. Schwarzenberger, Equality, S. 163; W. Friedmann, The Changing Structure of International Law, S. 271; H. Reinhard, Rechtsgleichheit und Selbstbestimmung der Völker in wirtschaftlicher Hinsicht, S. 96; Seidl-Hohenveldern, Völkerrecht, Rz. 1084 a; G. Jaenicke, Diskriminierung, S. 391.

Staaten brachten[104]. Dies war am deutlichsten auf den Haager Friedenskonferenzen 1899 und 1907 der Fall. Die Zeit nach dem ersten Weltkrieg ließ bereits eine Abkehr von der Tendenz der Gleichberechtigung erkennen durch die ständige Mitgliedschaft bestimmter Staaten im Rat des Völkerbundes. Mit dieser Besserstellung wurde nicht einem Prestigegedanken der Großmächte Rechnung getragen, sondern diese Regelung sollte eine bessere Sicherung des Friedens erzielen[105]. Nach dem 2. Weltkrieg trat eine Entwicklung zur Integration ein, die neben der Gründung der UNO in zahlreichen weiteren Internationalen Organisationen zum Ausdruck kam. Damit einher gingen Beschränkungen der Mitgliedschaft, wie etwa Einführung einer Stimmwägung aus den verschiedensten Gründen[106].

bb) Einzelfälle

Den bedeutsamsten Fall einer Besserstellung bestimmter Staaten hinsichtlich mitgliedschaftlicher Rechte stellt das Vetorecht im Sicherheitsrat der UNO dar. Art. 27 Abs. 3 UN-Charta bestimmt, daß alle Beschlüsse des Sicherheitsrates, die nicht Verfahrensfragen betreffen, der Zustimmung der fünf ständigen Mitglieder bedürfen.

Im übrigen hat jedes Mitglied in der Generalversammlung nach Art. 18 Abs. 1 UN-Charta eine Stimme[107].

Regionalorganisationen weisen ebenfalls unterschiedliche Regelungen der mitgliedschaftlichen Rechte auf. Während das Ministerkomitee des Europarates als dessen vorrangiges Organ auf der Grundlage der Stimmengleichheit beschließt, sind Versammlung, Rat sowie der Wirtschafts- und Sozialausschuß der EG zugunsten der größeren Staaten zusammengesetzt.

Demgegenüber ist in der OAS und in der Arabischen Liga die Gleichheit der Staaten hinsichtlich des Stimmrechts gewahrt[108].

Andere Organisationen, wie ILO, IBRD oder IMF, räumen den Industriestaaten in den Entscheidungsgremien ein Übergewicht ein[109]. Auch die Lenkungsräte — Staatengemeinschaftsorgane mit unterstützenden Verwaltungsapparaten — von Rohstoffabkommen sind

[104] Schaumann, S. 126 f.

[105] Dazu Broms, S. 150 ff.; F. A. Freiherr von der Heydte, Großmächte und Staatenverbindungen in dem sich wandelnden Völkerrecht unserer Zeit, S. 449, hält die Großmachtstellung wohl zu weitgehend für eine rechtlich legitimierte Macht.

[106] Schaumann, S. 120 ff.

[107] Dazu krit. von der Heydte, S. 446.

[108] Dazu Broms, S. 298 ff.

[109] Im IWF ist die Diskussion einer Beteiligung der Entwicklungsländer am Entscheidungsprozeß in Aussicht gestellt. Kommunique des IWF-Interimsausschusses, 28. 9. 1980, EA 1980, D 643.

einer Stimmwägung unterworfen. Davon macht auch das im Mai 1980 paraphierte Abkommen[110] über die Bildung eines Gemeinsamen Fonds keine Ausnahme. Die Entwicklungsländer, die der Bildung des Fonds eine erhebliche Bedeutung im Rahmen ihrer Forderung nach einer neuen Wirtschaftsordnung beigemessen hatten, verfügen über 47 % der Stimmenanteile bei 10 % Finanzanteil, die relativ kleinere Gruppe der westlichen Industriestaaten über 42 % bei allerdings 68 % des Finanzanteils.

cc) Rechtliche Bewertung

Auffällig ist, daß Organisationen mit nicht primär wirtschaftlicher Zielsetzung (UNO, OAS, Arabische Liga) grundsätzlich auf dem Prinzip der formellen Gleichheit beruhen. Insoweit bestätigt die Praxis das in der Literatur[111] anerkannte Prinzip, das in der Regel „one state, one vote" zum Ausdruck kommt. Die Fälle eines begrenzten Mitspracherechts sind demgegenüber als Ausnahmen und damit als Durchbrechungen des Prinzips anzusehen[112].

Von den gerade genannten Organisationen sind diejenigen zu unterscheiden, die eine ausschließlich wirtschaftliche Zielsetzung haben[113] und das Prinzip der formellen Gleichheit nicht kennen. Insoweit belegt die Praxis die Auffassung[114], daß das Gleichheitsgebot im Bereich des internationalen Wirtschaftsrechts nicht anerkannt ist.

An diesem Befund vermag auch die These, daß die Ungleichbehandlungen eine Art „funktioneller Gleichheit" seien, nichts zu ändern. Das mit „funktionelle Gleichheit" gemeinte Gleichgewicht wird vor allem mit den Satzungen des IMF und der IBRD belegt, da jeder Staat die gleichen Möglichkeiten habe, durch seine finanzielle Beteiligung einen Stimmenanteil wie die dominierenden Staaten zu erwerben[115].

---

110 Abgedr. in ILM 1980, S. 896 ff., zu den nachfolgenden Zahlenangaben vgl. B. Stecher, Der „Gemeinsame Rohstoff-Fonds", EA 1981, S. 61; zum ganzen J.-D. Gerber, Der Gemeinsame Rohstoff-Fonds, Außenwirtschaft 1980, S. 355 ff.

111 Kewenig, Nichtdiskriminierung, S. 42; Schaumann, S. 129; F. Berber, Lehrbuch des Völkerrechts, Bd. 1, S. 218; Carreau, S. 601; vgl. allerdings M. Brinkmann, Majoritätsprinzip und Einstimmigkeit in den Vereinten Nationen, S. 18 ff., wonach gegen eine Stimmwägung keine zwingenden Argumente aus den Prinzipien der Gleichheit und der Souveränität zu entnehmen sind.

112 David, S. 399; Berber, Bd. 1, S. 215 f.; Pavithran, S. 129; G. Schwarzenberger / E. D. Brown, A Manual of International Law, S. 231; Anand, Sovereign Equality, S. 420; vgl. dazu Wynen Thomas / Thomas, S. 815 ff., die auf Grund einer Überbewertung der Praxis in den UN-Organen zu einem „Zwei-Klassen-Recht" und damit zu einer „legal inequality" kommen.

113 Ausgehend von dieser Differenzierung auch Reinhard, S. 105.

114 Vgl. Hyder, S. 3.

115 Ders., S. 18.

Diese Auffassung kann einen weiteren rechtlichen Aspekt des Gleichheitsgebotes nicht begründen. Das Mittel der Stimmwägung ist zu sehen als Kompromiß zwischen der Gleichheit der Staaten und dem Interesse an einer der Wirtschafts- bzw. Finanzkraft entsprechenden Mitbestimmung[116]. Die Vorrangstellung bestimmter Staaten ist daher keine Folge rechtlicher Erwägungen, sondern beruht auf deren politischer Machtstellung, wobei auch innerhalb dieser Staatengruppe Abstufungen durchaus auftreten können. Will man mit dem Konzept einer „funktionellen Gleichheit" eine Mitwirkung der Staaten am internationalen Leben mit ihrer wirtschaftspolitischen Stellung koppeln, so wäre die Gleichheit der Staaten, deren einer Teilaspekt eine aktive Gleichheit im Sinne eines Teilnahmerechts ist, von anderen als rechtlichen Faktoren abhängig. Daran ändert auch die Argumentation nichts, daß sich ein Staat auf Grund seiner Gleichheit den institutionellen Regeln einer internationalen Organisation unterwirft[117]. Denn mit seinem Beitritt erkennt er zwar die Vertragsbestimmungen als für sich verbindlich an. Damit kann jedoch keine Aussage darüber getroffen werden, ob die Vertragsbestimmungen der Rechtsüberzeugung des Beitretenden entsprechen. Die Forderungen der Entwicklungsländer nach einer stärkeren Beteiligung am wirtschaftlichen Entscheidungsprozeß[118] belegen aber gerade, daß die jeweiligen Vertragsbestimmungen sich mit ihren wirtschaftspolitischen Vorstellungen nicht decken.

Der mit „funktionelle Gleichheit" umschriebene Tatbestand beruht also auf interessenpolitischen Gesichtspunkten und wird seitens der benachteiligten Staaten mit einer ähnlichen Motivation angegriffen. Eine Anerkennung der „funktionellen Gleichheit" als rechtserheblichen Teilaspekt des Gleichheitsgebotes ergibt sich daraus nicht[119].

dd) Zwischenergebnis

Jeder Staat kann am internationalen Entscheidungsprozeß mitwirken. Dieses Recht wird durch Satzungsrecht begrenzt; diese Einschränkung ist besonders innerhalb von Organisationen mit wirtschaftlicher Zielsetzung besonders ausgeprägt.

---

[116] Schaumann, S. 131; vgl. auch I. Seidl-Hohenveldern, Das Recht der Internationalen Organisationen einschließlich der Supranationalen Gemeinschaften, Rz. 1139; Takano, S. 162 sowie Brownlie, Principles, S. 290.

[117] Dazu Broms, S. 337; David, S. 400.

[118] Vgl. Mahiou, S. 425 ff.; M. Bedjaoui, Pour un nouvel ordre économique international, S. 201 f.

[119] Anders Korowicz, Aspects of Sovereignty, S. 45 f.

III. Gesamtergebnis

Das Prinzip der Nichtdiskriminierung hat in der Staatenpraxis aller Staatengruppen nur einen geringen Niederschlag gefunden. Eine Sonderstellung nehmen die Präferenzabkommen ein, die von den Entwicklungsländern als Beitrag zur Überwindung ihrer materiellen Ungleichheit gefordert werden. Eine Rechtsüberzeugung seitens der Beteiligten ist nicht nachweisbar; vielmehr sind wirtschaftspolitische Gründe maßgeblich, die auch die Gefahr einer Diskriminierung einschließen.

Organisationen mit ausschließlich wirtschaftlicher Zielsetzung kennen das Prinzip der formellen Gleichheit nicht. Auch eine Rechtsüberzeugung hinsichtlich der Gewährung der formellen Gleichheit ist nicht nachweisbar.

Die Art. 18, 19 und 20 sind Programmsätze. Art. 26 Satz 1, 1. Halbsatz enthält Völkergewohnheitsrecht, nicht hingegen Satz 1, 2. Halbsatz und Satz 2. Art. 10 entspricht geltendem Recht.

E. Das Prinzip der Zusammenarbeit

Art. 8

„States should co-operate in facilitating more rational and equatitable international economic relations and in encouraging structural changes in the context of a balanced world economic in harmony with the needs and interests of all countries, especially developing countries, and should take appropriate measures to this end."

Art. 9

„All States have the responsibility to co-operate in the economic, social, cultural, scientific and technological fields for the promotion of economic and social progress throughout the world, especially that of the developing countries."

Art. 12 para. 1

„1. States have the right, in agreement with the parties concerned, to participate in subregional, regional and interregional co-operation in the pursuit of their economic and social development. All States engaged in such co-operation have the duty to ensure that the policies of those groupings to which they belong correspond to the provisions of the present Charter and are outward-looking, consistent with their international obligations and with the needs of international economic co-operation, and have full regard for the legitimate interests of third countries, especially developing countries.

(2. In the case of groupings to which the States concerned have transferred or may transfer certain competences as regards matters that come within the scope of the present Charter, its provisions shall also apply to those groupings in regard to such matters, consistent with the responsibilities of such States as members of such groupings. Those States shall co-operate in the observance by the groupings of the provisions of the Charter.)"

Art. 17

„International co-operation for development is the shared goal and common duty of all States. Every State should co-operate with the efforts of developing countries to accelerate their economic and social development by providing favourable external conditions and by extending active assistance to them, consistent with their development needs and objectives, with strict respect for the sovereign equality of States and free of any conditions derogating from their sovereignty."

Art. 24

„All States have the duty to conduct their mutual economic relations in a manner which takes into account the interests of other countries. In particular, all States should avoid prejudicing the interests of developing countries."

I. Die Vorarbeiten

Die Vorarbeiten, die die das Prinzip der Zusammenarbeit enthaltenden Vorschriften betrafen, können insgesamt als unproblematisch bezeichnet werden. Dies ergab sich jedoch vor allem daraus, daß die Bestimmungen konkrete Pflichten nur zu einem geringen Teil aussprechen und, anders als etwa Art. 2, keine einseitigen Rechtspositionen enthalten.

1. Die Beratungen zu Art. 8

Die Bestimmung des Art. 8 sollte ursprünglich die Pflicht enthalten, daß Strukturänderungen in der Weltwirtschaft herbeizuführen seien, um eine gerechte und vernünftige internationale Arbeitsteilung zu erreichen[1]. Gegen diesen Entwurf sowie den entsprechenden Alternativvorschlag der UdSSR[2] wandten sich von den westlichen Staaten Spanien[3] und die USA[4]. Vor allem Spanien machte geltend, daß sich beide Entwürfe in ihrer Zielsetzung auf ein breites und unklares Konzept bezögen. Damit könnte dieses Konzept nicht Inhalt eines Rechtes oder einer Pflicht sein. Auch die USA wiesen darauf hin, daß sie zwar einer Zunahme des weltweiten Einkommens und einer Verbesserung der Lebensbedingungen verpflichtet seien, jedoch keine Rechtspflicht zum strukturellen Wandel der Weltwirtschaft anerkennen.

Offenbar haben sich auch die UdSSR[5] und China[6] sowie ein Teil der Entwicklungsländer[7] dieser Kritik nicht verschließen können. Sie vermieden jedenfalls den deutlichen Begriff „duty" und begnügten sich mit dem schwächeren „it is incumbent upon States"[8]. Andere Entwicklungsländer[9] hingegen gingen bei im einzelnen unterschiedlicher Formulierung auch weiterhin von einer entsprechenden Pflicht aus. Der als Alternative 2 während der dritten Sitzungsperiode vorliegende Entwurf der Entwicklungsländer[10] ließ eine weitere Kompromißbereitschaft erkennen. Er fixierte zwar eine Pflicht, die jedoch nicht mehr auf die Herbeiführung struktureller Änderungen gerichtet war, sondern auf das Ergreifen der nötigen Maßnahmen, um gerechte und

---

1 TD/B/AC. 12/2/Add. 1, S. 61.

2 Ibid., S. 62.

3 Ibid., S. 38.

4 Ibid., S. 49.

5 Ibid., S. 62.

6 Ibid.

7 Philippinen, Indien, ibid.

8 Der Begriff „incumbent" enthält eine mehr moralische Verpflichtung, s. Funk and Wagnalls, New Standard Dictionary of the English Language.

9 Jamaica, Mexiko, TD/B/AC. 12/2/Add. 1, S. 63.

10 TD/B/AC. 12/3, S. 9.

vernünftige internationale Wirtschaftsbeziehungen einzurichten. Damit war vor allem den Bedenken der USA Rechnung getragen, die eine Rechtspflicht zur Strukturänderung abgelehnt hatten. Alternative 1[11] ging über diesen Kompromiß noch hinaus und enthielt lediglich eine Empfehlung („should")[12] zur Zusammenarbeit, um die internationale Arbeitsteilung zu erleichtern und einen Strukturwandel im Rahmen einer gleichgewichtigen Weltwirtschaft und in Übereinstimmung mit den Bedürfnissen aller Staaten zu fördern. Diese Formulierung fand im weiteren Verlauf der Vorarbeiten die allgemeine Zustimmung, so daß eine lediglich leicht modifizierte Fassung während der vierten Sitzungsperiode verabschiedet werden konnte[13].

2. Die Beratungen zu Art. 9

Die Bestimmung des Art. 9 geht auf einen jugoslawischen Vorschlag während der zweiten Sitzungsperiode der Arbeitsgruppe zurück[14]. Bereits während der dritten Sitzungsperiode konnte über die Bestimmung eine allgemeine Zustimmung erzielt werden[15]. Abschwächungen gegenüber dem jugoslawischen Entwurf ergaben sich allerdings daraus, daß nicht mehr das Recht und die Pflicht zur Zusammenarbeit statuiert war, sondern den Staaten nur die entsprechende Aufgabe zugewiesen war. Darüber hinaus hatte der jugoslawische Entwurf eine Zusammenarbeit in Übereinstimmung mit der Charta der Vereinten Nationen gefordert. Dieser Bezug wurde offenbar mit Rücksicht auf Kapitel I der Charta, das weitgehend die Prinzipien der UN-Charta wiedergibt[16], in die Schlußfassung nicht aufgenommen.

3. Die Beratungen zu Art. 12

Die Grundbestimmung des Art. 12, daß jeder Staat vorbehaltlich der Übereinstimmung der Beteiligten das Recht zur dort näher beschriebenen Zusammenarbeit hat, war während der Vorarbeiten in der Arbeitsgruppe unbestritten. Darüber hinaus fand auch die Pflicht

[11] Ibid.

[12] Ch. Tomuschat, Die Charta der wirtschaftlichen Rechte und Pflichten der Staaten, ZaöRV 1976, S. 460, 464, vergleicht den Rechtswert mit dem einer „unverbindlichen (politischen) Stellungnahme".

[13] TD/B/AC. 12/4, S. 12.

[14] TD/B/AC. 12/2/Add. 1, S. 64.

[15] TD/B/AC. 12/3, S. 8.

[16] G. Feuer, Réflexions sur la charte des droits et devoirs économique des Etats, RGDIP 1975, S. 287; S. A. Tiewul, The United Nations Charter of Economic Rights and Duties of States, JILE 1975, S. 663 f.; K. Ipsen, Entwicklung zur „collective economic security" im Rahmen der Vereinten Nationen?, S. 21; vgl. ferner die Stellungnahmen der Staaten zu dem Entwurf des Kapitels I in TD/B/AC. 12/2, S. 16 ff.

der teilnehmenden Staaten, eine vernünftige und weltoffene Politik ihrerseits und der Zusammenschlüsse sicherzustellen, die Zustimmung[17].

Auf Grund dieser grundsätzlichen Übereinstimmung lag während der dritten Sitzungsperiode nur ein Vorschlag vor[18]. In einer Alternative regte die UdSSR lediglich an, ein Diskriminierungsverbot sowie einen Vorbehalt, daß Drittinteressen nicht verletzt werden dürften, zusätzlich aufzunehmen. Im weiteren Verlauf der Vorarbeiten wurde dieser Vorschlag lediglich insoweit aufgegriffen, als den Staaten die Pflicht auferlegt wurde, sicherzustellen, daß die Politik ihrer jeweiligen Organisationen den Bestimmungen der Charta ebenfalls entspricht[19].

Im Zweiten Ausschuß wiesen der Vertreter der EG[20] und der griechische Delegierte[21] darauf hin, daß die Bestimmung des Art. 12 solche Gruppierungen nicht erfasse, denen wie der EG von den Staaten bestimmte Zuständigkeiten übertragen worden seien. Dieses bereits während der vierten Sitzungsperiode der Arbeitsgruppe vorgebrachte Anliegen[22] der westlichen Staaten konnte nunmehr im Verhandlungswege in die Bestimmung aufgenommen werden, nachdem der französische Delegierte[23] erneut die Kompromißbereitschaft der westlichen Staaten signalisiert hatte.

Der einstimmigen Annahme des Art. 12 stand daher nichts mehr im Wege.

4. Die Beratungen zu Art. 17

Die in Art. 17 ausgesprochene Liberalisierung der Entwicklungshilfe geht auf die Bemühungen der Entwicklungsländer zurück, die von ihnen als häufig nachteilig empfundene bilaterale Entwicklungshilfe zugunsten einer multilateralen Entwicklungshilfe zurückzudrängen oder doch zumindest ihrer eigenen Verfügbarkeit zu unterwerfen[24]. Dieser Intention entsprechend enthielt der Entwurf der Entwicklungsländer[25] das Verbot, den Entwicklungsländern gegen ihren Willen jedwede Bedingungen aufzuerlegen. Die grundsätzliche Zustimmung der westlichen Staaten zu diesem Verbot wird allerdings durch die Stellung-

---

[17] Vgl. die Übersicht in TD/B/AC. 12/2/Add. 1, S. 65 f.
[18] TD/B/AC. 12/3, S. 10.
[19] TD/B/AC. 12/4, S. 13.
[20] (Maes) A/C. 2/SR. 1640 para. 24.
[21] (Yannopoulos) A/C. 2/SR. 1642 para. 35.
[22] Als Alternative 1 zu Satz 3, TD/B/AC. 12/4, S. 13.
[23] (Rouge) A/C. 2/SR. 1644 para. 32 f.
[24] Deutlich Äthiopien, TD/B/AC. 12/2/Add. 1, S. 19.
[25] TD/B/AC. 12/3, S. 12.

nahme des australischen Delegierten[26] im zweiten Ausschuß relativiert. Er wies darauf hin, daß durch die Zustimmung das Recht der Staaten, Entwicklungshilfe bedingt zu gewähren, nicht berührt sei, wenn sie durch die Inanspruchnahme öffentlicher Gelder[27] verpflichtet seien, darüber Rechenschaft abzulegen.

Über diesen Vorbehalt hinaus konnten die westlichen Staaten auch verhindern, daß Art. 17 eine Pflicht zur allgemeinen Vorzugsbehandlung entnommen werden kann. Während der algerische Vorschlag vorsah, daß für Entwicklungszwecke günstige äußere Bedingungen zu schaffen seien, enthielt die britische Formulierung den Vorbehalt, daß die ohnehin nur empfohlene Zusammenarbeit das Prinzip der souveränen Gleichheit strikt beachten müsse[28]. Dies kann bei der Auslegung des Gleichheitssatzes als der Gewährung einer prozessualen Rechtsstellung[29] nur bedeuten, daß damit ein Auseinanderfallen der Staatengemeinschaft in anspruchsberechtigte und anspruchsverpflichtete Staaten verhindert werden sollte.

Angesichts der allgemeinen Zustimmung kann Art. 17 daher nur so ausgelegt werden, daß die internationale Zusammenarbeit zugunsten der Entwicklungsförderung ein gemeinsames Ziel aller Staaten ist, das auf der Basis der Gleichheit und ohne gegenseitige Druckanwendung zu erreichen ist.

5. Die Beratungen zu Art. 24

Die Entwurfskizze des Art. 24 statuierte für alle Industriestaaten die Pflicht, ihre Wirtschaftsbeziehungen so wahrzunehmen, daß die Interessen dritter Staaten nicht nachteilig berührt werden[30]. Der Alternativvorschlag einer Gruppe westlicher Staaten wollte dagegen alle Staaten verpflichten, in ihren Wirtschaftsbeziehungen die Interessen dritter Staaten zu berücksichtigen[31].

Eine Begründung dieser Haltung läßt sich insbesondere der Stellungnahme der USA während der zweiten Sitzungsperiode der Arbeitsgruppe entnehmen[32]. Danach fehlte es der Entwurfskizze vor allem deshalb an einer Ausgeglichenheit, weil nur die Industriestaaten verpflichtet waren. Darüber hinaus äußerten die USA die Befürchtung, daß der Entwurf eine unrealistische und unvernünftige Forderung auf-

[26] (Sturkey) A/C. 2/SR. 1650 para. 19.
[27] Dazu unten, F. II. 1.
[28] TD/B/AC. 12/3, S. 12.
[29] Siehe oben, D. II. 3.
[30] TD/B/AC. 12/2/Add. 1, S. 77.
[31] Ibid., S. 78.
[32] Ibid., S. 51; weniger konkret die Stellungnahme Spaniens, ibid., S. 40.

erlegen könne, da es für einen Staat unmöglich sei, mögliche nachteilige Auswirkungen auf andere Staaten vorherzusehen.

Die während der dritten Sitzungsperiode vorliegenden Entwürfe ließen bereits Kompromißbereitschaft erkennen. Zwar ging der sowjetische Vorschlag[33] noch weitgehend von der Entwurfskizze aus, legte jedoch allen Staaten, insbesondere den Industriestaaten, die entsprechende Pflicht auf. Diese letzte Einschränkung enthielt der als Alternative 1 vorliegende Entwurf[34] nicht mehr, sondern verpflichtete alle Staaten gleichermaßen. Umstritten war jedoch weiterhin, ob die Interessen dritter Staaten nicht berührt werden dürften oder lediglich in Betracht zu ziehen seien.

Während der vierten Sitzungsperiode konnte ein Kompromiß[35] erzielt werden, der dem Vorbringen der westlichen Staaten in Satz 1 entsprach und in Satz 2 den Interessen der Entwicklungsländer entsprach. Die Bestimmung des Satz 2 war allerdings dadurch abgeschwächt, daß sie nur noch eine Empfehlung enthielt und nicht — wie ursprünglich vorgesehen[36] — die entsprechende Pflicht aussprach.

II. Das Prinzip der Zusammenarbeit in Schrifttum und Praxis

1. Der Begriff der Zusammenarbeit

Zusammenarbeit ist definiert als die einem rechtlichen Regime unterstehende koordinierte Aktion zweier oder mehrerer Rechtssubjekte mit einem bestimmten Ziel[37]. Dabei ist der Begriff der Zusammenarbeit von dem der Interdependenz und der Solidarität zu unterscheiden.

Interdependenz[38] beschreibt nicht Verhaltensrechte oder -pflichten, sondern die gegenseitige Abhängigkeit der Staaten untereinander, also einen Zustand. Wie dieser Zustand zu behandeln ist — d. h. ob er unter dem Blickwinkel einer „Neuen Weltwirtschaftsordnung" beibehalten oder modifiziert werden soll — ist nicht bestimmbar. Inter-

---

[33] TD/B/AC. 12/3, S. 14.

[34] Ibid., S. 13.

[35] TD/B/AC. 12/4, S. 18.

[36] Vgl. den Entwurf der Philippinen, TD/B/AC. 12/2/Add. 1, S. 77.

[37] G. Garzón Clariana, Sobre la noción de cooperación en el Derecho internacional, Rev. esp. 1976, S. 53, 66 ff.; M. Flory, Droit international du développement, S. 120; Tiewul, S. 667; zweifelnd an der Möglichkeit einer rechtlichen Definition K. Loewenstein, Sovereignty and International Cooperation, AJIL 1954, S. 224.

[38] Präambel, Abs. 4; dagegen die Kritik Chinas in der Generalversammlung, A/PV. 2315, S. 22; zum Interdependenzbegriff der Entwicklungsländer M. Salem, Vers un nouvel ordre économique international, JDI 1975, S. 762.

dependenz kann daher nur als soziologischer Begriff gesehen werden, der in normativer Hinsicht unergiebig ist[39].

Ein Mehr gegenüber der Zusammenarbeit stellt die Solidarität dar. Denn Solidarität setzt nicht nur eine Aktionsgemeinschaft voraus, sondern ist vor allem eine Interessengemeinschaft[40].

2. Die Stellungnahmen im Schrifttum

Das Schrifttum gibt auf die Frage nach der Rechtsverbindlichkeit des Prinzips der Zusammenarbeit keine einheitliche Antwort[41]. In der westlichen Literatur wird eine solche Rechtspflicht abgelehnt. Es wird allenfalls eine Tendenz zu einer Art internationalen Sozialrechts gesehen[42], ohne daß daraus jedoch schon eine allgemeine Kooperationspflicht abgeleitet werden könnte. Eine positive Handlungspflicht ergebe sich jedenfalls nur bei vertraglichen Verpflichtungen, ansonsten beschränke sich die Pflicht der Staaten auf ein „non facere“, d. h. auf die Unterlassung von Behinderungen gegenüber der Zusammenarbeit dritter Staaten[43].

Demgegenüber bejaht die sozialistische Auffassung[44] und in ihrem Gefolge die der Entwicklungsländer[45] eine Rechtspflicht zur Zusammenarbeit, vor allem in wirtschaftlichen Fragen und bei der Sicherung des Weltfriedens. Zusammenarbeit zwischen den Staaten sei zunächst ein freiwilliger Akt der Beteiligten gewesen und durch die wachsende Interdependenz schließlich zu einer Notwendigkeit geworden. Durch

---

[39] Zum ganzen Ch. Tomuschat, Internationale Abhängigkeiten im Rohstoffbereich, S. 150 ff.; Garzón Clariana, S. 60 f.

[40] Garzón Clariana, S. 60 f.; M. Virally, Le principe de réciprocité en droit international contemporain, RdC 1967 III, S. 94; vgl. auch U. Scheuner, Solidarität unter den Nationen als Grundsatz in der gegenwärtigen internationalen Gemeinschaft, S. 271; dazu unten, G. II. 1.

[41] Zusammenfassend B. Graf zu Dohna, Die Grundprinzipien des Völkerrechts über die freundschaftlichen Beziehungen und die Zusammenarbeit zwischen den Staaten, S. 190 f.; R. Kemper, Nationale Verfügung über natürliche Ressourcen und die Neue Weltwirtschaftsordnung der Vereinten Nationen, S. 91 jeweils m. w. N.

[42] Vgl. hier nur W. D. Verwey, Economic Development, Peace, and International Law, S. 273 ff., 281; dazu unten, G. II.

[43] Vgl. W. Friedmann, General Course in Public International Law, RdC 1969 II, S. 91 f. L. M. Goodrich / E. Hambro / A. P. Simons, Charter of the United Nations, S. 381.

[44] Eingehend B. Babović, The Duty of States to Cooperate with One Another in Accordance with the Charter, S. 280 ff.; zur Erklärung dieser Haltung vgl. P. J. I. M. de Waart, Permanent Sovereignty over Natural Resources as a Corner-Stone for International Economic Rights and Duties, NILR 1977, S. 307.

[45] K. B. Lall, Economic Inequality and International Law, IJIL 1974, S. 7, 9; vgl. auch den Delegierten Pakistans (Matin) im Zweiten Ausschuß, A/C. 2/ SR. 1649 para. 10.

die Resolutionspraxis der UNO und anderer internationaler Konferenzen habe sich die Pflicht zur Zusammenarbeit dann zu einem Prinzip des Völkergewohnheitsrechts verfestigt.

3. Die Staatenpraxis

Das traditionelle Völkerrecht ist Koexistenzrecht. Koexistenzrecht ist umschrieben worden als „set of rules of abstention, of adjustment and delimination“[46], umfaßt also lediglich das bloße Nebeneinanderbestehen von Staaten mit unterschiedlichen Staats-, Wirtschafts- oder Gesellschaftssystemen. Zwar ist der Regelungsgehalt des modernen Völkerrechts nicht mehr allein auf ein Koexistenzrecht beschränkt, sondern läßt, wie sogleich gezeigt wird, Ansätze im wirtschaftlichen und sozialen Bereich zu einem Kooperationsrecht erkennen. Davon unberührt bleibt jedoch die allgemeine Anerkennung des Völkerrechts als vor allem eines Koexistenzrechts[47].

Die Praxis läßt eine Rechtspflicht zur Zusammenarbeit nicht erkennen. Die völlige Abriegelung einiger weniger Staaten von jeglichem internationalen Verkehr (etwa Japan, China, Siam, Albanien) ist überwiegend von historischem Interesse und vermag wegen des gegenwärtig nur noch einen Falles (Albanien) eine Beweiskraft nicht zu entfalten[48]. Demgegenüber setzte in der zweiten Hälfte des 19. Jahrhunderts eine Entwicklung zur Vereinbarung internationaler Organisationen ein, die sich zunächst nur auf verwaltungstechnische Angelegenheiten beschränkten, später jedoch immer mehr alle Gebiete der internationalen Beziehungen durchdrangen[49]. Damit hat das Völkerrecht den organisatorischen Rahmen für eine Zusammenarbeit geschaffen. Art und Ausführung der internationalen Zusammenarbeit sind jedoch besonders in der UNO den Mitgliedern überlassen geblieben. Einen materiellen Gehalt erhielt die Zusammenarbeit in technisch orientierten Organisationen. Die International Civil Aviation Organisation (ICAO) ist ein Beispiel dafür, daß eine Zusammenarbeit auf technischem Gebiet, das von wirtschaftlichen oder sozialen Interessen weitgehend unberührt ist, erfolgreich sein kann[50]. Entscheidend ist jedoch, daß auch in internationalen Organisationen die Zusammenarbeit auf

---

[46] Friedmann, General Course, S. 92.

[47] Vgl. dens., ibid.; Verdross / Simma, S. 59 f.

[48] Im übrigen ist umstritten, ob ein Recht auf völlige Abkapselung besteht; ablehnend I. Seidl-Hohenveldern, Völkerrecht, Rz. 1155; F. Berber, Lehrbuch des Völkerrechts, Bd. 1, S. 404; anders W. Wengler, Völkerrecht, Bd. 2, S. 1039; im Ergebnis wohl ebenso R. J. Alfaro, The Rights and Duties of States, RdC 1959 II, S. 109.

[49] Ende 1979 bestanden etwa 250 regierungsamtliche Internationale Organisationen, E. Menzel / K. Ipsen, Völkerrecht, S. 205.

[50] Vgl. Friedmann, General Course, S. 94 f.

multilateralen Vereinbarungen beruht, die im Regelfall selbst tendenziell[51] nicht alle Staaten als Mitglieder umfassen. Die bisherige Analyse hat zudem gezeigt, daß Staaten lediglich auf freiwilliger Basis zusammenarbeiten, insbesondere im wirtschaftlichen Bereich. Selbst der faktisch bestehende Zwang zur Zusammenarbeit im monetären Bereich hat nicht zu einer „normativen Verhärtung“[52] geführt. Dafür steht allein schon die Ablösung des ursprünglichen, gemeinsamen Zieles der Wechselkursstabilität durch das weltweite Floaten seit 1971 und damit das gleichzeitige Wiederaufleben verschiedener zwischenstaatlicher Verhaltensmuster[53].

Auch die verschiedenen, ohnehin keine Rechtspflichten erzeugenden, Programme zur internationalen Zusammenarbeit belegen, daß eine entsprechende Rechtspflicht nicht besteht. So wurde ein Entwurf einer Erklärung über internationale Zusammenarbeit im ECOSOC nach mehrjährigen taktischen Verzögerungen 1968 auf unbestimmte Zeit vertagt[54]. Erfolgreicher war der Versuch der Entwicklungsländer im September 1976 auf der Konferenz über wirtschaftliche Zusammenarbeit zwischen den Entwicklungsländern in Mexiko City ein Aktionsprogramm zu verabschieden. Dieses Aktionsprogramm ist allerdings nur als Prioritätenliste für Forschungszwecke im UNCTAD-Sekretariat und in regionalen Kommissionen zu qualifizieren[55], enthält also keinen rechtlich verbindlichen Katalog von Maßnahmen der Zusammenarbeit. Ähnlich zu bewerten ist die Entschließung von UNCTAD V über wirtschaftliche Zusammenarbeit zwischen Entwicklungsländern[56]. Im wesentlichen fordert diese Resolution die Möglichkeit angemessener Vorbereitungen der Sitzungen des Committee on Economic Co-operation, enthält also auch keine materiellen Verpflichtungen.

III. Gesamtergebnis

Ingesamt ist festzustellen, daß das Völkerrecht lediglich den organisatorischen Rahmen für eine internationale Zusammenarbeit zur Verfügung stellt. Die Zusammenarbeit selbst beruht nicht auf einer

---

[51] Die Tendenz als hinreichendes Kriterium für die Universalität ist genannt bei Menzel / Ipsen, S. 207.

[52] B. Simma, Das Reziprozitätselement in der Entstehung des Völkergewohnheitsrechts, S. 77.

[53] Dazu E.-U. Petersmann, Zur Inkongruenz zwischen völkerrechtlicher und tatsächlicher Weltwirtschaftsordnung, FW 1976, S. 24 ff.

[54] Tomuschat, Charta, S. 459.

[55] K. Glaubitt / W. Lütkenhorst, Elemente einer neuen Weltwirtschaftsordnung, S. 202.

[56] Doc. TD/L. 182; abgedr. in BWZ-Materialien Nr. 64, Entwicklungspolitik, S. 140 ff.

gewohnheitsrechtlich verankerten Rechtspflicht, sondern auf vertraglichen Vereinbarungen und zeigt im wirtschaftlichen und sozialen Bereich Ansätze, die aber allenfalls das Problembewußtsein der Staaten signalisieren[57].

Jeder Staat hat das Recht, vorbehaltlich der Zustimmung der Beteiligten an der überregionalen, regionalen und interregionalen Zusammenarbeit teilzunehmen.

Die Bestimmungen der Art. 8, 9, 17 und 24 sind als Programmsätze zu qualifizieren. Art. 12 para. I enthält in Satz 1 einen Satz des Völkergewohnheitsrechts, in Satz 2 einen Programmsatz.

---

[57] Krit. auch J. F. Dorsey, Preferential Treatment: A New Standard for International Economic Relations, HarvILJ 1977, S. 109 f.; zum ganzen H. Neuhold, Die Pflicht zur Zusammenarbeit zwischen den Staaten: moralisches Postulat oder völkerrechtliche Norm?, insbes. S. 598 f.; vgl. ferner die im AdG 1981, 24262 B, 24508 A, 24605 B genannten Abkommen.

F. Prinzipien der Entwicklungsfinanzierung

Die Vorarbeiten zu den Bestimmungen, die sich unter dem Oberbegriff der Entwicklungsfinanzierung zusammenfassen lassen, waren vor allem dadurch gekennzeichnet, daß westliche Delegierte immer wieder mit Nachdruck die Statuierung irgendwelcher Rechtspflichten ablehnten. Eine gewisse Begünstigung der Entwicklungsländer war im allgemeinen zwar nicht weiter bestritten, die Umsetzung der theoretischen Konzepte der Charta sollte nach dem Willen westlicher Delegierter jedoch allenfalls empfohlen werden.

I. Die Gewährung finanzieller Hilfen

Die Finanzhilfe an Entwicklungsländer ist unter zwei Aspekten von Interesse. Zum einen bedarf es der Klärung, ob eine völkergewohnheitsrechtliche Pflicht zur Hilfeleistung besteht, zum anderen ist zu klären, ob die Herkunft der Mittel den von der Charta geforderten Bindungen unterliegt.

(A) Die Pflicht zur Hilfe

Art. 11

„All States should co-operate to strengthen and continuously improve the efficiency of international organizations in implementing measures to stimulate the general economic progress of all countries, particularly of developing countries, and therefore should co-operate to adapt them, when appropriate, to the changing needs of international economic co-operation."

Art. 16 para. 1

„1. It ist the right and duty of all States, individually and collectively, to eliminate colonialism, apartheid, racial discrimination, neo-colonialism and all forms of foreign aggression, occupation and domination, and the economic and social consequences thereof, as a prerequisite for development. States which practise such coercive policies are economically responsible to the countries, territories and peoples affected for the restitution and full compensation for the exploitation and depletion of and damages to the natural and all other resources of those countries, territories and peoples. It is the duty of all States to extend assistance to them.

(2. No State has the right to promote or encourage investment that may constitute an obstacle to the liberation of a territory occupied by force.)"

Art. 22

„1. All States should respond to the generally recognized or mutually agreed development needs and objectives of developing countries by promoting increased net flows of real resources to the developing countries from all sources, taking into account any obligations and commitments undertaken by the States concerned, in order to reinforce the efforts of developing countries to accelerate their economic and social development.

2. In this context, consistent with the aims and objectives mentioned above and taking into account any obligations and commitments undertaken in this regard, it should be their endeavour to increase the net amount of financial flows from official sources to developing countries and to improve the terms and conditions thereof.

3. The flow of development assistance resources should include economic and technical assistance."

1. Die Vorarbeiten in der Arbeitsgruppe und die Stellungnahmen im Zweiten Ausschuß

a) Die Beratungen zu Art. 11

Die Bestimmung des Art. 11 hat während der Vorarbeiten keine wesentlichen Probleme aufgeworfen. Rumänien hatte eine entsprechende Regelung als Zusatz zu Art. 10 während der zweiten Sitzungsperiode der Arbeitsgruppe vorgeschlagen[1]. Die erst während der vierten Sitzungsperiode[2] aufgenommenen Beratungen führten zu einem allgemein getragenen Entwurf[3]. Anders als der ursprüngliche Entwurf Rumäniens war allerdings nicht mehr die Pflicht, sondern nur noch eine Empfehlung zu einer entsprechenden Zusammenarbeit statuiert.

b) Die Beratungen zu Art. 16 para. 1

Die Bestimmung des Art. 16 geht auf den Vorstoß verschiedener Entwicklungsländer[4] während der zweiten Sitzungsperiode der Arbeitsgruppe zurück. Der Vorschlag stieß sogleich auf die Kritik Spaniens und der USA[5], wurde während der dritten Sitzungsperiode jedoch nicht weiter behandelt. Den während der vierten Sitzungsperiode vorgelegten Entwurf lehnten die westlichen Staaten zur Gänze ab und beantragten seine Streichung. Diesen im Zweiten Ausschuß wiederholten

---

[1] TD/B/AC. 12/2/Add. 1, S. 65.

[2] Vgl. TD/B/AC. 12/3, S. 18.

[3] TD/B/AC. 12/4, S. 13.

[4] Chile, Irak, Syrien und Ägypten, TD/B/AC. 12/2/Add. 1, S. 72 f., unterstützt von Polen, ibid., und der UdSSR, TD/B/AC. 12/2, S. 43; vgl. auch UN GA Res. 3299 (XXIX).

[5] Dazu unten bei Fn. 64, 65.

Antrag[6] begründeten westliche Delegierte mit verschiedenen Argumenten.

Der kanadische Delegierte[7] meldete nicht näher spezifizierte Bedenken an hinsichtlich der Verpflichtungen, die allen Staaten auferlegt wurden, um den genannten Staaten, Gebieten und Völkern verstärkte Hilfeleistungen zukommen zu lassen. Darüber hinaus hielt er para. 2 einer zu weiten Auslegung für zugänglich, was insbesondere für die Frage der Souveränität derjenigen Staaten galt, die Gaststaaten für ausländische Investitionen seien.

Der australische Delegierte[8] schloß sich dieser Kritik an und präzisierte sie dahin, daß die Definierung einer Staatenverantwortlichkeit hinsichtlich kolonialer Fragen unklar sei und zu Streitigkeiten Anlaß geben könne.

Den Aspekt der Verantwortlichkeit griffen der Delegierte der Niederlande[9] und der Großbritanniens[10] erneut auf. Beide vertraten die Auffassung, daß die Bestimmung in einem Dokument über Rechte und Pflichten wirtschaftlicher Art keinen Platz habe. Damit war deutlich zum Ausdruck gebracht, daß die westlichen Staaten eine Verantwortlichkeit für die Folgen wirtschaftlichen Handelns ablehnen. Auch wenn die westlichen Staaten für das Ziel des Art. 16, d. h. der Abschaffung der aufgezählten Formen einer Fremdbestimmung, plädierten[11], konnten sie angesichts ihrer im übrigen ablehnenden Haltung der Bestimmung nicht zustimmen.

c) Die Beratungen zu Art. 22

Bei den Vorarbeiten zu Art. 22 kam es den Entwicklungsländern erkennbar weniger auf die Statuierung einer Rechtspflicht zur Gewährung finanzieller Hilfen an als vielmehr darauf, daß der Ressourcentransfer günstigen Bedingungen unterstellt wird[12].

Demgegenüber gingen die Entwürfe sozialistischer Staaten[13] davon aus, daß Entwicklungshilfe der Wiedergutmachung kolonialen Unrechts diene und daher die Industriestaaten entsprechend verpflichtet seien.

[6] A/C. 2/L. 1411, vgl. Doc. A/9946, S. 7.

[7] (Berlis) A/C. 2/SR. 1649 para. 53; ebenso der kanadische Delegierte (Hays) in der Generalversammlung, A/PV. 2315, S. 59—60.

[8] (Sturkey) A/C. 2/SR. 1650 para. 22.

[9] (van der Tak) A/C. 2/SR. 1650 para. 43.

[10] (Freeland) A/C. 2/SR. 1650 para. 50.

[11] (Berlis) A/C. 2/SR. 1649 para. 53; (Sturkey) A/C. 2/SR. 1650 para. 22; zu den bisherigen Bemühungen außereuropäischer Staaten, als kolonial empfundene Bindungen zu beseitigen, vgl. D. Schröder, Die Dritte Welt und das Völkerrecht, S. 49 ff.

[12] Vgl. den Entwurf der Philippinen, TD/B/AC. 12/2/Add. 1, S. 77; sowie den Entwurf Ägyptens, Mexikos und Jugoslawiens, TD/B/AC. 12/3, S. 13.

[13] Bulgarien, TD/B/AC. 12/2/Add. 1, S. 75; UdSSR, TD/B/AC. 12/3, S. 13.

Einer derartigen Begründung der Entwicklungshilfe traten die westlichen Staaten von Beginn der Vorarbeiten an entgegen. Insbesondere die USA anerkannten in einer Stellungnahme weder internationalrechtliche Rechte noch Pflichten zur Gewährung finanzieller Hilfen[14]. Dementsprechend sah der britische Formulierungsvorschlag[15] auch nur eine Empfehlung an alle Staaten vor, den Zufluß finanzieller Mittel zu erleichtern.

Ein tragfähiger Kompromiß konnte schließlich dadurch erreicht werden, daß der gemeinsame Entwurf[16] allen Staaten empfahl, die Nettozuflüsse realer Ressourcen zu fördern bzw. sich um eine Erhöhung zu bemühen sowie die Bedingungen zu verbessern.

Im Zweiten Ausschuß warnte der schwedische Delegierte[17] allerdings vor einer pauschalierenden Anwendung der Bestimmung. Vielmehr solle unterschieden werden zwischen kommerziellen Geschäftsabschlüssen und Entwicklungshilfe; private Investitionen sollten im Einzelfall auf ihre Auswirkungen überprüft werden.

Diese Äußerung steht im Zusammenhang mit der vorangegangenen Stellungnahme des kuweitischen Delegierten[18]. Nach dessen Ansicht ist der Kapitaltransfer in Entwicklungsländern eine bedeutsame Maßnahme zur Förderung der einzelnen Volkswirtschaften. Ohne daß dieser grundsätzliche Befund bestritten worden wäre, kommt in der schwedischen Stellungnahme zum Ausdruck, daß die Bestimmung des Art. 22 keine undifferenzierte Hilfeleistung fordert. Diese Auslegung wird bestätigt durch die frühzeitigen Bemühungen Italiens[19] und Spaniens[20], einen Vorbehalt zugunsten des Entwicklungsgrades anzubringen. Auch damit wurde eine Einzelfallentscheidung befürwortet.

2. Der Anspruch auf Entwicklungshilfe im Schrifttum

Ein Anspruch auf Entwicklungshilfe ist in der Literatur mit unterschiedlicher Begründung behauptet worden.

Eine theoretisch begründete Auffassung[21] leitet einen Anspruch auf Entwicklungshilfe aus Art. 16 der Charta ab, der einen allgemeinen Folgenbeseitigungsanspruch enthalte. Dieser Anspruch, dessen Träger jedes

[14] TD/B/AC. 12/2/Add. 1, S. 51.
[15] TD/B/AC. 12/3, S. 13.
[16] TD/B/AC. 12/4, S. 17.
[17] (Skoglund) A/C. 2/SR. 1649 para. 64.
[18] (Bishara) A/C. 2/SR. 1642 para. 39.
[19] TD/B/AC. 12/2/Add. 1, S. 75.
[20] Ibid., S. 40.
[21] A. Leitolf, Völkerrechtliche Aspekte der Echeverria-Doktrin, Blätter f. dt. u. int. Pol. 1976, S. 166 f.

vormals abhängige Entwicklungsland sei, richte sich nach Art. 16 gegen alle Staaten, wenn auch die westlichen Staaten als die wirtschaftlich Verantwortlichen in erster Linie zur Hilfe verpflichtet seien[22].

Diese Auffassung vermag nicht zu überzeugen. Die völkerrechtliche Verantwortlichkeit wird dadurch begründet, daß durch das einem Völkerrechtssubjekt zurechenbare Geschehen eine diesem obliegende Pflicht verletzt wird und damit das Recht eines anderen Völkerrechtssubjekts auf Erfüllung dieser Pflicht[23]. Die völkerrechtliche Verantwortlichkeit begründet daher eine bilaterale Rechtsbeziehung zwischen Völkerrechtssubjekten. Ein behaupteter Folgenbeseitigungsanspruch könnte sich damit nur gegen die ehemalige Kolonialmacht richten, nicht aber gegen alle Staaten bzw. die schwerlich bestimmbaren „wirtschaftlichen Verantwortlichen“[24]. Hinzu käme, daß bei formaler Argumentation der Anspruch auf Folgenbeseitigung einen Ausgleich kolonialen Unrechts ausschließt, da anspruchsberechtigt nur ein Völkerrechtssubjekt ist, diese Qualifikation einem kolonial abhängigen Gebiet aber gerade nicht zukommt. Die Beschränkung auf ein möglicherweise bestehendes postkoloniales Unrecht würde noch mehr als beim kolonialen Unrecht zu erheblichen Unsicherheiten führen hinsichtlich der Bestimmung des Tatbestandes, des Schadensumfanges oder des Anspruchsadressaten in den komplexen und vielgestaltigen weltwirtschaftlichen Beziehungen[25].

Eine Auslegung des Anspruchs auf Entwicklungshilfe als Folgenbeseitigungsanspruch wäre zudem mit der Auffassung der Entwicklungsländer nicht zu vereinbaren. Denn diese sehen in der Entwicklungshilfe eine Unterstützung ihrer Selbsthilfe, betrachten Entwicklungshilfe also lediglich als begleitende Maßnahmen[26]. Darüber hinaus verlangen die Entwicklungsländer nicht nur von den marktwirtschaftlich orientierten Industriestaaten Entwicklungshilfe, sondern haben auch die sozialistischen Staaten wegen ihrer als völlig unzureichend angesehenen Leistungen wiederholt heftig kritisiert[27].

---

[22] Zur offiziellen sozialistischen Auffassung ebenfalls der sowjetische Delegierte Zakharov, A/C. 2/SR. 1310 para. 46 (Twenty-Fifth session).

[23] Vgl. Draft articles on State responsibility, Art. 3, Doc. A/33/10: Report of the International Law Commission on the work of its thirtieth session, S. 78.

[24] Dazu H. Weber, Der Anspruch auf Entwicklungshilfe und die Veränderungen des internationalen Wirtschaftsrechts, VRÜ 1978, S. 9.

[25] Vgl. D. Kebschull / W. Künne, Probleme einer neuen Weltwirtschaftsordnung, S. 41; P.-M. Martin, Le nouvel ordre économique international, RGDIP 1976, S. 526 f., weist zudem auf die möglicherweise den früheren Kolonialmächten entstandenen Kosten der Kolonialisierung hin, deren eventuelle Geltendmachung die Absurdität der Konstruktion belege. Krit. auch I. Seidl-Hohenveldern, International Economic „Soft Law“, RdC 1979 II, S. 174, 176.

[26] Commonwealth Secretariat (Hrsg.), Towards a New International Economic Order, S. 86 f.; H. Weber, S. 9; dazu auch unten, F. II. 1.

Der Ansatz, aus Art. 16 einen Folgenbeseitigungsanspruch abzuleiten, der auch den Anspruch auf Entwicklungshilfe umfaßt, begegnet daher theoretischen und praktischen Bedenken.

Eine andere, in der westlichen Literatur vertretene Auffassung[28] bejaht ebenfalls einen Anspruch auf Entwicklungshilfe. Diese Ansicht versucht, auf Grund der Theorie der Gegenseitigkeitserwartung bei der Bildung von Gewohnheitsrecht den Nachweis zu führen, daß die Entwicklungsländer, die im Bereich der internationalen Wirtschaftsbeziehungen verschiedene Zugeständnisse gemacht haben, von den Industriestaaten nunmehr Gegenleistungen erwarten. Diese Gegenleistungen sollten in einer verstärkten wirtschaftlichen Zusammenarbeit bestehen, die auch die Zuwendung von Entwicklungshilfe umfasse[29]. Diese Erwartung sei in einem formalrechtlichen Rahmen von den Industriestaaten erfüllt worden, so daß der Anspruch gewohnheitsrechtlich anerkannt sei[30].

Fehl geht zunächst die Argumentation, der Gedanke des Reziprozitätselementes passe nicht auf die einseitigen Leistungen der Entwicklungshilfe[31]. Denn für das Rechtserzeugungsverfahren ist es unerheblich, ob die angewendete Behandlung auf alle am Schöpfungsprozeß beteiligten Staaten aktuell anwendbar ist. Es genügt, daß die im Werden befindliche Norm bei Vorliegen aller Umstände reziprok anwendbar ist.

Wenn für die Geberländer der Entwicklungshilfe die Voraussetzungen, die sie zu Empfangsberechtigten qualifizieren würden, gegenwärtig oder auch künftig nicht vorliegen, so ist dies für die Bejahung der Gegenseitigkeit unschädlich, solange nur die Staaten potentielle Träger des Rechtes sein können.

Die geschilderte Auffassung ist jedoch in einem anderen Punkt angreifbar. Die Theorie der Gegenseitigkeitserwartung erklärt lediglich die Entstehungsweise einer Norm. Ob letztlich eine Norm des Völkergewohnheitsrechts besteht, hängt entscheidend davon ab, ob die Praxis

---

[27] So auf UNCTAD V 1979 in Manila, vgl. Bundesministerium für wirtschaftliche Zusammenarbeit, Entwicklungspolitik, Materialien Nr. 64, S. 30 und 35; vgl. ferner Commonwealth Secretariat, S. 86; in gleicher Weise richtet sich die „Ausbeutungstheorie", die als Ursache der Armut in den Entwicklungsländern die Ausbeutung durch die entwickelten Länder sieht, grundsätzlich gegen marktwirtschaftlich orientierte wie gegen sozialistische Staaten, dazu K. Seitz, Die Dritte Welt als neuer Machtfaktor der Weltpolitik, EA 1975, S. 214 f.

[28] H. Weber, S. 9 ff.

[29] Ders., S. 24.

[30] Ders., S. 25.

[31] So aber I. Foighel, Development Aid. A Legal Analysis, S. 10 f.; vgl. dagegen M. Virally, Le principe de réciprocité en droit international contemporain, RdC 1967 III, S. 91 ff., insbes. S. 94.

von einer Rechtsüberzeugung begleitet wird. Da Recht innerhalb eines vorgegebenen politischen Rahmens ein Entscheidungsprozeß ist, ergibt sich die erforderliche Rechtsüberzeugung jedoch nicht schon aus den formalrechtlichen Kriterien, die etwa die Verteilung gewährter Kapitalhilfe regeln[32], sondern erst aus der materiellen Entscheidung der Staaten, aus bestimmten Gründen Kapitalhilfe zu gewähren. Eine Untersuchung der Praxis der Entwicklungshilfe auf dieser Grundlage ergibt, daß ein Anspruch auf Entwicklungshilfe völkergewohnheitsrechtlich nicht anerkannt ist.

3. Die Staatenpraxis

Denn schon die Praxis der Gewährung von Entwicklungshilfe läßt Zweifel zu, ob sie „un usage constant et uniforme“[33] ist. Zum festen Bestandteil der außenpolitischen Beziehungen nahezu sämtlicher marktwirtschaftlich orientierten Staaten gehören Entwicklungsprogramme bzw. Kapitalhilfen[34]. Die jeweiligen staatsrechtlichen Ermächtigungen sehen allerdings überwiegend vor, daß der Ermächtigte[35] jedem Land seiner Wahl Hilfe gewähren kann[36].

Hinzu kommt, daß das Ziel, Entwicklungsländern öffentliche Leistungen in Höhe von 0,7 % des Bruttosozialprodukts der Industriestaaten bereitzustellen, bislang nicht erreicht worden ist. Die öffentliche Entwicklungshilfe ist vielmehr seit etwa 1974 erheblich gesunken. Lediglich Schweden, Norwegen, Dänemark und die Niederlande haben das Ziel erfüllt bzw. übertroffen[37].

Von untergeordneter Bedeutung bleibt die Finanzhilfe der europäischen sozialistischen Staaten[38]. Im Gegensatz zur Kapitalhilfe der west-

---

[32] Dazu E.-U. Petersmann, Die Dritte Welt und das Wirtschaftsvölkerrecht, ZaöRV, S. 543 ff.; ders., „Entwicklungsvölkerrecht“, „Droit International Du Développement“, „International Economic Development Law“: Mythos oder Wirklichkeit?, JIR 1974, S. 152 f.; das Bestehen eines formal-rechtlichen Rahmens sollte im übrigen auch nicht überbewertet werden, da es schon, wie ILC und UN Committe on Contributions übereinstimmend festgestellt haben, für die Kategorisierung Entwicklungsländer — Industrieländer an allgemein anerkannten Kriterien und Definitionen fehlt, vgl. D. Hubbard, The International Law Commission and the New International Economic Order, GYIL 1979, S. 83 sowie unten, H. I. mit Fn. 8.

[33] ICJ Rep. 1950, S. 276 (Asylum Case).

[34] H. Weber, S. 24.

[35] USA: Präsident; BR Deutschland: Bundesregierung mit Zustimmung des Bundesrates.

[36] Vgl. etwa International Development and Food Assistence Act 1975, ILM 1976, S. 119 ff.; Entwicklungshilfe-Steuergesetz, BGBl 1968 I, S. 217 ff.

[37] AdG 1980, 23674 B; dazu auch Commonwealth Secretariat, S. 88 f. sowie K. Glaubitt / W. Lütkenhorst, Elemente einer neuen Weltwirtschaftsordnung, S. 55 f.

[38] Vgl. die Angaben in AdG 1980, 23674 B.

lichen Staaten gewähren die sozialistischen Staaten Entwicklungshilfe überwiegend als technische Hilfe im industriellen Bereich[39].

Zusagen über Entwicklungshilfe werden häufig ohne ausdrückliche rechtliche Verpflichtung gegeben[40]. Andererseits kann nicht übersehen werden, daß in zahlreichen völkerrechtlichen Abkommen Rechtspflichten zur Entwicklungshilfe bzw. Rechtspflichten im Zusammenhang mit Entwicklungshilfe enthalten sind. Soweit aber Entwicklungshilfe geleistet wird, steht sie im Ermessen des Geberlandes und wird freiwillig gewährt[41].

Die Motive der Vergabe von Kapitalhilfe sind im einzelnen weitgehend uneinheitlich, lassen jedoch überwiegend ein Eigeninteresse des Geberlandes erkennen[42].

In der ersten Phase der Unabhängigkeitsbewegung nach dem 2. Weltkrieg vertraten die USA die Ansicht, daß die Gewährung von Entwicklungshilfe an die aus der Abhängigkeit entlassenen Staaten eine Angelegenheit der früheren Kolonialmacht sei[43] — eine Auffassung, die sich heute in der sozialistischen Lehre wiederfindet. 1950 wurde dennoch durch die USA wirtschaftliche Hilfe als ausschließliche Entwicklungshilfe etabliert[44]. Unter der Ausdehnung des sowjetischen Einflußbereichs fühlten die USA sich zunehmend gezwungen, Kapitalhilfe immer häufiger als Mittel gegen die kommunistische Ideologie einzusetzen, bis Entwicklungshilfe nahezu ausschließlich durch internationale politische Krisen oder eigene militärische Interessen motiviert war[45]. Wirtschaftliche Gründe sind nur insoweit maßgeblich, als sich dadurch für US-amerikanische Erzeugnisse Märkte ausweiten[46].

Ähnlich vielschichtig sind die Motive der sozialistischen Staaten[47]. Anfänglich diente die sowjetische Entwicklungshilfe vorwiegend dem

---

[39] Dazu M. M. Boguslavsky, Legal Questions of Soviet Economic and Technical Assistence to the Countries of Asia and Latin America, SYIL 1961, S. 132; L. Tansky, U.S. and U.S.S.R. Aid to Developing Countries, S. 107 ff., 149 ff.

[40] Petersmann, Wirtschaftsvölkerrecht, S. 521 f.

[41] U. Scheuner, Solidarität unter den Nationen als Grundsatz in der gegenwärtigen internationalen Gemeinschaft, S. 271, 274; dies wird offenbar auch von Experten der Entwicklungsländer gesehen, Commonwealth Secretariat, S. 87.

[42] Hubbard, S. 96.

[43] J. J. Kaplan, The Challenge of Foreign Aid, S. 39 f.

[44] Dazu und zum folgenden Tansky, S. 2 ff.; Kaplan, S. 39; W. D. Verwey, Economic Development, Peace, and International Law, S. 119 ff.; K. Loewenstein, Sovereignty and International Co-operation, AJIL 1954, S. 231.

[45] Kaplan, S. 41.

[46] J. Betz, Die Internationalisierung der Entwicklungshilfe, S. 35 f.; dafür spricht auch, daß, wenn im Zusammenhang mit Nationalisierungen die Entwicklungshilfe der USA nicht ausgesetzt wurde, dies auf den Druck der Investoren zurückzuführen sein dürfte, um Märkte nicht zu verlieren, vgl. H. Weber, S. 23, insbes. Fn. 76.

Ziel, im Interesse einer Versorgung mit Rohstoffen die Handelsbeziehungen mit bestimmten Entwicklungsländern auszubauen. Daneben sollten Absatzmärkte für Produkte aus sozialistischen Staaten geschaffen werden. Der geringe Erfolg ließ die sozialistischen Staaten immer mehr dazu übergehen, mit dem Mittel der Entwicklungshilfe westliche Staaten aus den Entwicklungsmärkten zu verdrängen. Hauptmotiv war jedoch deutlich das Bestreben, mit der Entwicklungshilfe gleichzeitig über den Ideologieexport den sozialistischen Einflußbereich auszudehnen. Diese Haltung wird in der sowjetischen Literatur[48] offen zum Ausdruck gebracht und findet ihre Bestätigung in den Freundschaftsverträgen der UdSSR mit Entwicklungsländern[49].

Der Vorwurf der ideologischen Bestimmung der Entwicklungshilfe sozialistischer Staaten ist mit dem Hinweis zu entkräften versucht worden, daß die Entwicklungsländer auf Grund ihrer Souveränität selbst entscheiden, welche Staaten sie politisch unterstützen[50]. Diese Argumentation ist unbefriedigend. Sie erklärt lediglich Erfolge bzw. Mißerfolge von Hilfsmaßnahmen, vermag jedoch über die aufgezeigten Beweggründe nicht hinwegzutäuschen.

Auf einer ähnlichen Motivation beruht die französische Kapitalhilfe[51]. Frankreich setzt seine Entwicklungshilfe ausschließlich nach Gesichtspunkten kolonialer Tradition ein, um auf diesem Wege eine als francophone Mission bezeichnete Politik zu betreiben.

Die Gewährung der deutschen Entwicklungshilfe[52] ist überwiegend durch die Rohstoffabhängigkeit der Bundesrepublik Deutschland bestimmt. Hinzu kommt die Vorstellung, durch die Auslagerung arbeitsintensiver Industrien die eigene Industriestruktur zu bereinigen.

Die Rohstoffabhängigkeit ist für Schweden nur zum Teil Motivation. Zum anderen Teil beruht die Kapitalhilfe auf einem Gefühl der Solidarität mit den Entwicklungsländern[53]. Eine ähnliche Motivation gilt für die britische Finanzhilfe, die auf einer besonderen Verantwortung für die ehemaligen Commonwealth-Staaten begründet wird[54].

---

[47] Eingehend M. J. Goldmann, Soviet Foreign Aid, S. 185 ff.; Tansky, S. 10 ff.; Verwey, S. 130 ff.

[48] Boguslavsky, S. 130.

[49] Etwa der Vertrag zwischen der UdSSR und Vietnam, November 1978, ILM 1978, S. 1485 ff.; Vertrag zwischen der UdSSR und Ägypten, Juli 1971, ILM 1971, S. 836 ff.

[50] C. C. Okolie, Legal Aspects of the International Transfer of Technology to Developing Countries, S. 122.

[51] Dazu A. Shonfield, International Economic Relations, S. 60; Betz, S. 34, 77 f.

[52] Dazu Betz, S. 34.

[53] Ders., S. 36.

[54] Ders., S. 35.

4. Zwischenergebnis

Das Vorhandensein eines formalrechtlichen Rahmens allein vermag die Anerkennung eines Anspruchs auf Entwicklungshilfe nicht nachzuweisen.

Hinzutreten müssen rechtsverbindliche materielle Elemente, nach denen eine Entwicklungspolitik inhaltlich ausgestaltet werden kann. Die dazu notwendige völkergewohnheitsrechtliche Anerkennung bestimmter Elemente ist aber solange nicht gegeben, wie Entwicklungspolitik fast ausschließlich im Interesse der Geberstaaten betrieben wird. Angesichts der Tatsache, daß alle westlichen Industriestaaten Entwicklungshilfe geben, kann man von einem Verhaltensmuster („code of conduct“) sprechen, dem zwar die völkerrechtliche Verbindlichkeit fehlt, das jedoch gewisse moralische Verpflichtungen auferlegt und einen möglichen Vertrauensschutz bewirkt. Dieses Stadium der Rechtsentwicklung ist als „soft law“ zu bezeichnen[55]. „Soft law“ sind Grundsätze, die dem staatlichen Handeln in einem rechtlich bisher nicht geregelten zwischenstaatlichen Bereich zugrundegelegt werden und die zunächst im bilateralen Verhältnis einen Vertrauensschutz bewirken. Denn ein angesprochener Staat kann erwarten, daß sich der den Grundsatz verwendende Staat künftig nicht anders verhalten wird, ohne daß beide Staaten jedoch schon zu einem bestimmten Verhalten rechtlich verpflichtet wären. Den einmal offenkundigen Leitlinien staatlichen Handelns kommt daher ein „justifying effect“ zu, der ein ausreichend konkretisierungsfähiges staatliches Verhalten unterhalb der Bindungswirkung des Gewohnheitsrechts als Regel des „soft law“ verfestigen kann. Der Anspruch auf Entwicklungshilfe ist daher allenfalls als „soft law“ zu qualifizieren, nicht jedoch als Teil des Völkergewohnheitsrechts[56].

5. Die multilaterale Finanzhilfe

Die wenig ermutigenden Erfahrungen, die die Entwicklungsländer mit der bilateralen Finanzhilfe haben sammeln müssen, haben dazu geführt, daß diese Länder immer stärker auf eine Entwicklungsfinanzierung durch internationale Organisationen drängen. Die bisherige Praxis hat die Vorzüge der Entwicklungshilfe durch internationale Or-

[55] Dazu und zum folgenden Seidl-Hohenveldern, „Soft Law“, S. 192 ff.; ders., Völkerrecht, Rz. 337 g.

[56] M. Flory, Souveraineté des Etats et coopération pour le développement, RdC 1974 I, S. 320; M. Salem, Vers un nouvel ordre économique international, JDI 1975, S. 796; O. Schachter, The Evolving International Law of Development, ColJTL 1976, S. 9 f., 15; I. F. I. Shihata, Arab Oil Policies and the New International Economic Order, VirgJIL 1976, S. 278; T. A. Sumberg, Foreign Aid as Moral Obligation, insbes. S. 60; Nguyen Quoc Dinh / P. Daillier / A. Pellet, Droit International Public, S. 758.

ganisationen deutlich werden lassen. In diesem Zusammenhang sind zu nennen die Weltbank, UN Development Programme und das Development Assistence Committee als die wichtigsten Geber. So koordinieren multilaterale Geber ihre Hilfe untereinander in erheblich größerem Umfang als bilaterale; auch steht trotz der Mittelsteuerung durch das Instrument der Stimmwägung weniger der Nutzen des Gebers im Vordergrund, sondern vielmehr langfristige Ziele im Interesse aller[57]. Auf der anderen Seite kann nicht übersehen werden, daß zahlreiche neu eingerichtete Organisationen mit verhältnismäßig geringen Mitteln ausgestattet sind[58], die ein effektives Arbeiten kaum ermöglichen. Mit der Zustimmung zur Gründung ständig neuer Organisationen kommen die Industriestaaten den Forderungen der Entwicklungsländer zwar entgegen. Ein solches Entgegenkommen dürfte jedoch nur taktisch begründet sein, denn gleichzeitig bleiben die steuerbaren Organisationen wie Weltbank, IFC oder IDA durch zumindest zugesagte Kapitalaufstockungen[59] beherrschend. Diese Stellung wird allerdings dadurch abgeschwächt, daß die Beiträge an internationale Organisationen nur etwa 30 % des Umfangs der bilateralen Hilfe ausmachen[60].

Damit und mit dem Zögern einiger OPEC-Staaten, ihrerseits dem IMF dringend benötigte Mittel zur Verfügung zu stellen[61], wird deutlich, daß die potentiellen Geberstaaten der Entwicklungsfinanzierung durch internationale Organisationen wohl eher skeptisch gegenüberstehen. Zumindest läßt sich aus dem Staatenverhalten eine Rechtspflicht, internationale Entwicklungsorganisationen zu finanzieren, nicht herleiten. Die multilaterale Hilfe bleibt daher bloßer Programmsatz.

6. Ergebnis

Ein Anspruch auf Entwicklungshilfe ist völkergewohnheitsrechtlich nicht verankert. Nachweisbar ist lediglich eine Tendenz zum „soft law".

Die Art. 11, 16 para. 2 und 22 enthalten kein verfestigtes Völkergewohnheitsrecht.

---

[57] Eingehend Betz, S. 37 ff., 197 ff.

[58] Dazu und zum folgenden ders., S. 42 f.

[59] Vgl. etwa die Bereitschaft der Bundesregierung, BWZ-Materialien Nr. 64, S. 31.

[60] Glaubitt / Lütkenhorst, S. 53.

[61] Vgl. IMF, Report 1980, S. 88; Saudi-Arabien hat mit dem IMF im März 1981 ein Kreditabkommen über 10 Mrd. Dollar geschlossen, AdG 1981, 24411 A; die OPEC fühlt sich nach eigener Aussage für die Probleme der Dritten Welt nicht verantwortlich, „Opec set to raise Third World Funding", Times, 31. 1. 1980, S. 17, richtete jedoch einen eigenen Entwicklungsfond ein, vgl. ILM 1980, S. 879 ff. und AdG 1980, 23570 B; vgl. dazu auch Seidl-Hohenveldern, „Soft Law", S. 186.

(B) Die Herkunft der Mittel

Die Charta stellt zwischen der Herkunft der geforderten finanziellen Hilfen und den verschiedenen zwischenstaatlichen Verhaltensmustern bestimmte Verbindungen her. Eine Einigung konnte jedoch für keine der genannten Bestimmungen erzielt werden, da vor allem westliche Delegierte sich gegen die vorgesehenen Bindungen aussprachen.

Art. 6 Satz 1

„It is the duty of States to contribute to the development of international trade of goods particularly by means of arrangements and by the conclusion of long-term multilateral commodity agreements, where appropriate and taking into account the interests of producers and consumers. (All States share the responsibility to promote the regular flow and access of all commercial goods traded at stable, remunerative and equitable prices, thus contributing to the equitable development of the world economy taking into account, in particular, the interests of developing countries)."

Art. 15

„All States have the duty to promote the achievement of general and complete disarmament under effective international control and to utilize the resources released by effective disarmament measures for the economic and social development of countries allocating a substantial portion of such resources as additional means for the development needs of developing countries."

Art. 28

„All States have the duty to co-operate in achieving adjustments in the prices of exports of developing countries in relation to prices of their imports so as to promote just and equitable terms of trade for them, in a manner which is remunerative for producers and equitable for producers and consumers."

1. Die Vorarbeiten in der Arbeitsgruppe und die Stellungnahmen im Zweiten Ausschuß

a) Die Beratungen zu Art. 6 Satz 1

Art. 6 hatte während der Vorarbeiten vor allem durch die Auslegung des argentinischen Delegierten[62] eine erhebliche Verengung auf die Bedürfnisse der Entwicklungsländer erfahren. Nach dessen Auffassung öffnete Art. 6 vorrangig einen regelmäßigen Zugang zu den Märkten, der für die Entwicklungsländer lebensnotwendig sei.

b) Die Beratungen zu Art. 15

Die Bestimmung des Art. 15 hatte während der Vorarbeiten in der Arbeitsgruppe in verschiedenen Punkten Kontroversen ausgelöst, die

[62] (Oliveri Lopez) A/C. 2/SR. 1647 para. 4.

bis zur Verabschiedung der Charta nicht beigelegt werden konnten und die auch noch in der Generalversammlung Gegenstand erheblicher Auseinandersetzungen waren.

Der eher machtpolitische als wirtschaftsrechtliche Charakter der Bestimmung wurde durch einen Antrag Chiles, Iraks, Polens und Syriens[63] deutlich. Dieser Antrag statuierte ein Recht aller Entwicklungsländer, die wirtschaftlichen Folgen des Kolonialismus, Neokolonialismus und anderer Formen der Fremdbestimmung zu beseitigen. Die USA[64] und Spanien[65] wiesen nicht nur diese Forderung als nicht akzeptabel und ungeeignet für eine Aufnahme in die Charta zurück, sondern sprachen sich auch gegen jegliche Behandlung von Fragen der Abrüstung im Rahmen der Charta aus.

Die politischen Auseinandersetzungen verschärften sich vor allem im Zweiten Ausschuß. Besonders die chinesischen Delegierten[66] wandten sich gegen die Bestimmung des Art. 15, da sie lediglich die Propaganda einer Supermacht wiedergebe, ohne daß sich an der Praxis der Aufrüstung etwas geändert habe. Die Staaten der Dritten Welt, die den dadurch geschaffenen Spannungen ausgesetzt seien, könnten daher nur ihre Verteidigungskapazität stärken, wenn sie gegenüber Aggressoren und Unterdrückern nicht wehrlos werden wollten. Ähnliche Vorbehalte äußerten auch die Delegierten Albaniens[67], Libyens[68], Mauretaniens[69] und Dahomés[70].

Angesichts dieser Auseinandersetzungen werden die Versuche auch von Entwicklungsländern verständlich, eine Streichung des Art. 15 zu erreichen, da er in einer Charta über Wirtschaftsfragen fehl am Platze sei[71].

Über die politischen Kontroversen hinaus war die Bestimmung des Art. 15 auch sachlich umstritten.

Bereits während der zweiten Sitzungsperiode der Arbeitsgruppe hatten die USA darauf hingewiesen, daß eine zwingende Verbindung zwischen Abrüstung und Entwicklung unangebracht sei[72].

---

63 TD/B/AC. 12/2/Add. 1, S. 72.

64 Ibid., S. 50.

65 Ibid., S. 39.

66 (Chuang Yen) A/C. 2/SR. 1639 para. 20; (Chang Hsien-wu) A/C. 2/SR. 1647 para. 31; ders. auch in der Generalversammlung, A/PV. 2315, S. 21.

67 (Pitarka) A/C. 2/SR. 1647 para. 23; ders. auch in der Generalversammlung, A/PV. 2315, S. 27.

68 (Omar) A/C. 2/SR. 1649 para. 31.

69 (Kane) A/C. 2/SR. 1650 para. 26.

70 (Capko) A/C. 2/SR. 1650 para. 58.

71 Ders., ibid.; (Kane) A/C. 2/SR. 1650 para. 26.

72 TD/B/AC. 12/2/Add. 1, S. 50.

Diese Kritik wurde im Zweiten Ausschuß von verschiedenen Delegierten westlicher Staaten erneut vorgebracht. Der kanadische Delegierte[73] betonte, daß Kanada zwar seit langem ein Befürworter der Abrüstung sei, im gegenwärtigen Stadium der Diskussion[74] einer möglichen Verbindung zwischen Abrüstung und Entwicklungsfinanzierung müsse seine Regierung jedoch auch weiterhin das Konzept in Frage stellen. Auch der schwedische[75] und der britische Delegierte[76] bezeichneten beide Ziele als wünschenswert, verneinten jedoch die Möglichkeit einer direkten Verbindung.

Dieser ablehnenden Haltung konnte auch durch die Befürworter der Bestimmung des Art. 15 eine klare, sie stützende Rechtsbehauptung nicht entgegengebracht werden.

Zwar sah der Entwurf der Entwicklungsländer[77] eine direkte Verbindung vor. Diese Verbindung erschien in der Stellungnahme des kuweitischen Delegierten[78] aber eher als ein Programm, nicht als bestehender Rechtssatz. Auch der Vorschlag der UdSSR[79] läßt durch die Formulierung „... will be utilizid ...“ nicht eine Rechtspflicht erkennen, sondern lediglich ein Versprechen, künftig so zu verfahren. Noch deutlicher wird die Auffassung der sozialistischen Staaten durch den von der DDR namens der sozialistischen Staaten vertretenen Vorschlag, freiwerdende Mittel als bloße Möglichkeit anzusehen, deren Verwendung zur Entwicklungshilfe zudem nur empfohlen wurde[80].

Nichts anderes besagte auch die Stellungnahme des türkischen Delegierten[81], der Art. 15 als Empfehlung verstand, freiwerdende Mittel in der Entwicklungshilfe einzusetzen.

Insgesamt läßt sich aus den Stellungnahmen sowohl zum Charakter als auch Inhalt der Bestimmung eine irgendwie geartete Übereinstimmung der Staaten nicht entnehmen. Auf Grund der tiefgreifenden Meinungsverschiedenheiten während der Vorarbeiten hielt es der Delegierte Burundis[82] letztlich für unwahrscheinlich, daß die Bestimmung jemals ausgeführt würde.

[73] (Berlis) A/C. 2/SR. 1649 para. 52; ebenso der kanadische Delegierte (Hays) in der Generalversammlung, A/PV. 2315, S. 59—60.

[74] Etwa im Ersten Ausschuß, Übersicht in Doc. A/9900, Report of the First Committee on item 24.

[75] (Skoglund) A/C. 2/SR. 1649 para. 62; ebenso der schwedische Delegierte (Rydbeck) in der Generalversammlung, A/PV. 2315, S. 24—25.

[76] (Freeland) A/C. 2/SR. 1650 para. 50.

[77] TD/B/AC. 12/3, S. 11; TD/B/AC. 12/4, S. 15; jeweils Alternative 1.

[78] (Bishara) A/C. 2/SR. 1642 para. 43.

[79] TD/B/AC. 12/3, S. 12; TD/B/AC. 12/4, S. 15 jeweils Alternative 2.

[80] (Dietze) A/C. 2/SR. 1649 para. 21.

[81] (Olcay) A/C. 2/SR. 1650 para. 32.

[82] (Murango) A/C. 2/SR. 1650 para. 27.

c) Die Beratungen zu Art. 28

Dem von den Entwicklungsländern während der vierten Sitzungsperiode eingebrachten Entwurf des Art. 28[83] standen die Industriestaaten trotz ihres eindeutigen Antrages auf Streichung der Bestimmung[84] eher zwiespältig gegenüber.

Im Zweiten Ausschuß wies vor allem der norwegische Delegierte[85] darauf hin, daß die Bestimmung des Art. 28 das Prinzip, die terms of trade der Entwicklungsländer zu verbessern, unterstütze. Positiv zum Ziel des Art. 28 äußerten sich auch die Delegierten Finnlands[86] und Schwedens[87]. Während es Finnland ablehnte, sich bestimmten Mitteln zu unterwerfen, kritisierte der schwedische Delegierte präziser, daß eine direkte Verbindung von Export- und Importpreisen weder geeignet noch möglich sei. Auch der italienische Delegierte[88] meldete Zweifel an der Möglichkeit einer Verbindung an.

Dieser Kritik schlossen sich die Delegierten Kanadas[89], Australiens[90] und Großbritanniens[91] zwar an, befürworteten jedoch eine eingehende Prüfung, die Gegenstand der Beratungen in anderen Gremien sei; die Annahme des Art. 28 bedeutete daher eine Präjudizierung dieser Beratungen[92].

Die Industriestaaten verkannten also einerseits nicht die Bedürfnisse der Entwicklungsländer, hielten andererseits einen Konsens für wesentlich, um die Märkte in befriedigender Weise zu organisieren[93]. Eine Zustimmung zu Art. 28 kam daher nicht in Frage.

2. Die Staatenpraxis

Die Staatenpraxis kennt nur einige wenige Fälle von Verbindungen der geforderten Art.

---

83 TD/B/AC. 12/4, S. 19.

84 Ibid., sowie A/C. 2/L. 1413, vgl. Doc. A/9946, S. 7.

85 (Arvesen) A/C. 2/SR. 1649 para. 24.

86 (Karhilo) A/C. 2/SR. 1649 para. 15.

87 (Skoglund) A/C. 2/SR. 1649 para. 66.

88 (Cavaglieri) A/C. 2/SR. 1650 para. 11.

89 (Berlis) A/C. 2/SR. 1649 para. 56; eingehend auch der kanadische Delegierte (Hays) in der Generalversammlung, A/PV. 2315, S. 61.

90 (Sturkey) A/C. 2/SR. 1650 para. 22.

91 (Freeland) A/C. 2/SR. 1650 para. 50.

92 So auch der dänische Delegierte (Kjeldgaard-Olesen) A/C. 2/SR. 1649 para. 28.

93 So der französische Delegierte (Rouge), A/C. 2/SR. 1650 para. 6.

a) Rohstoffabkommen

Die Versuche, bestimmte internationale Rohstoffmärkte durch Abkommen zu regeln, reichen bis in das 19. Jahrhundert zurück[94]. Ziel dieser Verträge war die Regelung oder die indirekte Beeinflussung eines Weltmarktes[95]. In dieser Zielsetzung regulierten sie das Angebot, die Nachfrage und den Preis durch die Festlegung von Exportquoten; sie enthielten ferner Mindestpreisvereinbarungen, Liefer- und Abnahmeverpflichtungen u. ä. Insgesamt sollten die Rohstoffabkommen dem internationalen Interessenausgleich dienen sowie der weltweiten Entwicklung von Wirtschaft und Handel. In Umkehr dieser, auch in der Havanna-Charta anerkannten Zielsetzung[96], forderte das Kaffeeabkommen von 1962 eine Preisstabilisierung auf einem Niveau, das allein den Vorstellungen der Erzeugerländer angemessen war, um deren Kaufkraft zu erhöhen[97]. In ähnlicher Ausrichtung auf die Erfordernisse der Entwicklungsländer stehen die Weizenabkommen von 1959 und 1962[98].

Diese Entwicklung wurde verstärkt durch die Forderung nach Warenabkommen in der Schlußakte von UNCTAD I. Wiederholt wurde die Forderung auf der Algier-Konferenz 1967 und auf UNCTAD II, wobei die zögernde Haltung der Industriestaaten zwar vordergründig durch ihre Zustimmung verdeckt wurde; der Vorbehalt der Zweckmäßigkeit entwertete die Zustimmung jedoch zugleich[99].

Dementsprechend waren 1973 die Märkte von lediglich 5 Rohstoffen durch Abkommen geregelt. Für weitere Rohstoffe wurden Studiengruppen eingesetzt, deren ursprüngliche Aufgabe, die Vorbereitung von Abkommen, bald einer marktbeobachtenden Funktion wich[100]. Der endgültige Zerfall des Kakaoabkommens 1980 sowie der starke Preisverfall am internationalen Kaffeemarkt ebenfalls 1980 zeigen darüber hinaus die beschränkten Erfolge der Abkommen auf. Ungeachtet dessen haben sich einzelne Industriestaaten nicht immer aus eigenen handelspolitischen Notwendigkeiten den Rohstoffabkommen angeschlossen, sondern vorrangig im Interesse der Lebensfähigkeit der Entwicklungs-

[94] Vgl. die eingehenden Übersichten bei J. Knote, Internationale Rohstoffabkommen aus der Nachkriegszeit, S. 45 ff. sowie bei M. Wenzel, Das Recht der internationalen Rohstoffabkommen, S. 45 ff.

[95] P. Vellas, Droit international équonomique et social, Bd. I, S. 128; C. Loumiet, Toward an International Commodity Agreement on Petroleum, DenverJILP 1975, S. 489 f.; L. Debus, Voraussetzungen für die Wirksamkeit internationaler Rohstoffabkommen, S. 1 m. w. N.

[96] Vgl. Knote, S. 91.

[97] Ders., S. 92 f.

[98] Ders., S. 95; vgl. auch Vellas, S. 163.

[99] Zum ganzen J.-U. Meyer / D. Seul / K. H. Klingner, Die zweite Entwicklungsdekade der Vereinten Nationen, S. 51 ff.

[100] Debus, S. 2.

länder[101]. Allgemein ist für den Abschluß eines Rohstoffabkommens jedoch die übereinstimmende Zielsetzung der an dem Rohstoffmarkt interessierten Länder entscheidend. Dies bedeutet, daß auch die Industriestaaten ihre eigenen Interessen — d. h. die Sicherung gegen Verknappung und zu hohes Preisniveau — ausreichend berücksichtigt sehen wollen[102]. Der Abschluß bzw. Beitritt zu einem Rohstoffabkommen dürfte daher überwiegend auf handelspolitischen Erwägungen beruhen.

Von einem Gewohnheitsrecht des Inhalts, daß Rohstoffabkommen einer Entwicklungsfinanzierung dienlich sein sollen, kann daher nicht gesprochen werden[103].

b) Abrüstung und Entwicklungshilfe

Die Vereinten Nationen[104] haben die Verbindung zwischen der Entwicklungshilfe und den Mitteln, die aus der geforderten Abrüstung freiwerden, erstmals 1960 in UNGA Res. 1516 (XV) gefordert. Ein 1962 von einer Expertengruppe der Generalversammlung vorgelegter Bericht über „Economic and Social Consequences of Disarmament" kam im wesentlichen zu dem Schluß, daß eine Umlenkung der Mittel möglich sei und zu erheblichen sozialen Verbesserungen führen könne. Diesen Gedanken nahm die Generalversammlung in UNGA Res. 1837 (XVII) erneut auf. In der Folge wurde die Idee einer Verbindung durch UNGA Res. 2626, 2667, 2685 (XXV) mehrfach bejaht[105]. Ein weiterer Bericht einer Expertengruppe über „Disarmament and Development" stellte erneut fest, daß Abrüstung und Entwicklung miteinander verbunden werden könnten. Dieser Zusammenhang wurde während der nachfolgenden Diskussionen von so unterschiedlichen Staaten wie u. a. Indonesien und Großbritannien bestritten[106].

Die Staatenpraxis läßt bislang auf eine Verbindung von Abrüstung und Entwicklungshilfe nicht schließen. Wohl teilten 1970 auf eine entsprechende Umfrage des Generalsekretärs der Vereinten Nationen 28 Staaten mit, daß sie z. T. die Kosten ihrer Rüstung begrenzten, ohne daß jedoch eine Umlenkung etwa freiwerdender Mittel in die Entwicklungshilfe zu erkennen gewesen wäre[107]. Abgesehen von diesen im Ein-

[101] Wenzel, S. 104 ff. für die Bundesrepublik Deutschland; vgl. auch Außenwirtschaft 1981, S. 196, lit. b) zur Verlängerung des Weizenabkommens.

[102] Debus, S. 355 ff.; Meyer / Seul / Klingner, S. 55.

[103] Vgl. Loumiet, S. 499; vgl. allerdings den Entwurf eines neuen Kakaoabkommens 1980 (Art. 1 lit. c), United Nations Conference on Trade and Development, International Cocoa Agreement, 1980, TD/COCOA. 6/7.

[104] Zur Praxis der UN vgl. United Nations, Office of Public Information, The United Nations and Disarmament 1945—1965, S. 108 ff.

[105] Vgl. UNYB 1970, S. 405 ff.

[106] UNYB 1973, S. 394.

[107] UNYB 1970, S. 406.

zelfall begrenzten Rüstungsausgaben läßt sich feststellen, daß die Militärausgaben auch von Entwicklungsländern zwischen 1960 und 1973 sich teilweise verdoppelt haben, gemessen am Bruttoinlandsprodukt[108].

Die Rüstungsausgaben jener Länder, die Entwicklungshilfe gewähren, belief sich 1973 auf etwa 6,7 % ihres Bruttosozialprodukts, während 1976 der Anteil der öffentlichen Mittel aller westlichen Staaten für die Zusammenarbeit mit Entwicklungsländern 0,33 % des Bruttosozialprodukts ausmachte und damit unter dem Durchschnitt der Jahresmittel für 1962—1974 lag[109]. Ähnlich nahmen die entsprechenden Mittel sozialistischer Staaten bis 1974/75 zu und fielen 1976 erheblich ab[110].

Eine Abrüstung ist daher zahlenmäßig ebensowenig zustandegekommen wie es gelungen ist, Abkommen über eine Abrüstung zu schließen[111].

Die Verbindung von Abrüstung und Entwicklungshilfe kann daher nur als politischer Programmsatz gesehen werden, der bislang nicht in die Praxis eingegangen ist.

c) *Indexierung*

Die Forderung nach einer Indexierung, d. h. die Bindung der Exportpreise für Rohstoffe an die Preise für Industriegüter, ist verhältnismäßig neu. Unklar sind bislang damit auch die möglichen Formen der Indexierung geblieben[112].

Eine Indexierung würde das gegenwärtige System der freien Preisbildung ersetzen durch eine Festlegung der Preise aller zwischen Industriestaaten und Entwicklungsländern gehandelten Güter. Die praktische Durchführung wird zudem, wie die Erfahrungen des europäischen Agrarmarktes zeigen, zu einem erheblichen verwaltungstechnischen Aufwand führen. Seitens aller Industriestaaten wird die Forderung daher aus ordnungspolitischen und wirtschaftlichen Gründen abgelehnt[113].

Die neuere Praxis zeigt lediglich vereinzelt Tendenzen zu einer Indexierung. Im ersten Abkommen von Lomé hat die Europäische Ge-

[108] SIPRI (Hrsg.), Rüstung und Abrüstung im Atomzeitalter, S. 253; N. Gnewuschew, Entwicklungsländer und Abrüstung, DA 1979, S. 113 f.

[109] BT-Drucks. 8/1185, S. 147.

[110] Ibid., S. 150.

[111] Vgl. die Übersicht bei E. Menzel / K. Ipsen, Völkerrecht, S. 471 ff., insbes. S. 472; sowie bei SIPRI (Hrsg.), Rüstung und Abrüstung im Atomzeitalter, S. 258 ff.

[112] Dazu D. Carreau, Le nouvel ordré économique international, JDI 1977, S. 604.

[113] C. D. Mervis, The United Nations Seventh Special Session: Proposals for a New World Economic Order, VandJTL 1976, S. 613; Kebschull / Künne, S. 47; positiv zur Indexierung: Commonwealth Secretariat, S. 35.

meinschaft mit den assoziierten AKP-Staaten eine indexierungsähnliche Vereinbarung für Zucker getroffen[114]. Eine gewisse Rolle spielt die Indexierung auch bei den Ölpreisfestsetzungen. Eine formalistische Indexierung ist allerdings nur in einem 1980 bekanntgewordenen Entwurf einer OPEC-Charta vorgesehen, ohne daß jedoch eine Einigung darüber hätte erzielt werden können, ob die Preise der importierten Industrieprodukte oder Bruttosozialprodukte der Industriestaaten Grundlage einer Indexierung sein sollten[115].

3. Ergebnis

Die Herkunft der Mittel für die Entwicklungshilfe unterliegt keiner Bestimmung des Völkergewohnheitsrechts. Die Art. 6 Satz 1, 15 und 28 sind lediglich Programmsätze.

II. Der internationale Handel

Art. 14

„Every State has the duty to co-operate in promoting a steady and increasing expansion and liberalization of world trade and an improvement in the welfare and living standards of all peoples, in particular those of developing countries. Accordingly, all States should co-operate, inter alia, towards the progressive dismantling of obstacles to trade and the improvement of the international framework for the conduct of world trade and, to these ends, co-ordinated efforts shall be made to solve in an equitable way the trade problems of all countries, taking into account the specific trade problems of the developing countries. In this connexion, States shall take measures aimed at securing additional benefits for the international trade of developing countries so as to achieve a substantial increase in their foreign exchange earnings, the diversification of their exports, the acceleration of the rate of growth of their trade, taking into account their development needs, an improvement in the possibilities for these countries to participate in the expansion of world trade and a balance more favourable to developing countries in the sharing of the advantages resulting from this expansion, through, in the largest possible measure, a substantial improvement in the conditions of access for the products of interest to the developing countries and, wherever appropriate, measures designed to affain stable, equitable and remunerative prices for primary products."

Art. 21

Developing countries should endeavour to promote the expansion of their mutual trade and to this end may, in accordance with the existing and evolving provisions and procedures of international agreements, where applicable, grant trade preferences to other developing countries without

[114] Kebschull / Künne, S. 48.

[115] Vgl. AdG 1980, 23541 A, 23881 D sowie „Organisation der Erdöl-Exportländer (OPEC)", EA 1980, Z 115.

being obliged to extend such preferences to developed countries, provided these arrangements do not constitute an impediment to general trade liberalization and expansion.

Art. 23

„To enhance the effective mobilization of their own resources, the developing countries should strengthen their economic co-operation and expand their mutual trade so as to accelerate their economic and social development. All countries especially developed countries, individually as well as through the competent international organizations of which they are members, should provide appropriate and effective support and co-operation."

Art. 27

„1. Every State has the right to enjoy fully the benefits of world invisible trade and to engage in the expansion of such trade.

2. World invisible trade, based on efficiency and mutual and equitable benefit, furthering the expansion of the world economy, is the common goal of all States. The role of developing countries in world insible trade should be enhanced and strengthened consistent with the above objectives, particular attention being paid to the special needs of developing countries.

3. All States should co-operate with developing countries in their endeavours to increase their capacity to earn foreign exchange from invisible transactions, in accordance with the potential and needs of each developing country and consistent with the objectives mentioned above."

Die den internationalen Handel betreffenden Bestimmungen sind geprägt durch die Formel „trade, not aide". Die Vorarbeiten haben gezeigt, daß in dieser Hinsicht eine gewisse Begünstigung der Entwicklungsländer unbestritten war. Ablehnend äußerten sich westliche Vertreter dagegen zur Statuierung bestimmter Rechtspflichten und bestimmter Mittel.

1. Die Vorarbeiten in der Arbeitsgruppe und die Stellungnahmen im Zweiten Ausschuß

a) Die Beratungen zu Art. 14

Die Grundidee des Art. 14, die Liberalisierung des Welthandels, war während der Vorarbeiten unbestritten. Unterschiedliche Formulierungen ergaben sich weitgehend aus praktischen Gesichtspunkten. Vor allem die USA wiesen darauf hin, daß die Sicherstellung eines gerechten Anteils am Welthandel, wie die Entwurfskizze es vorsah, hinsichtlich der Sicherstellung nicht konkretisierbar sei. In Übereinstimmung mit dem Entwurf der Bundesrepublik Deutschland und Großbritanniens[116] schlugen die USA daher die Formulierung vor, daß jeder Staat gerechte Gelegenheiten im Welthandel haben soll[117].

[116] TD/B/AC. 12/2/Add. 1, S. 68.

[117] Ibid., S. 49.

Diese Kritik wurde im Entwurf Mexikos[118] während der dritten Sitzungsperiode dahingehend aufgegriffen, daß den Staaten die Pflicht zur Förderung der Ausweitung und Liberalisierung des Welthandels auferlegt wurde; ein Katalog der im einzelnen zu erzielenden Handelsvorteile war beigefügt. Die Alternative der EG[119] sah dagegen lediglich vor, daß die Sicherung zusätzlicher Handelsvorteile und das Erreichen eines besseren Gleichgewichts Ziele der Zusammenarbeit zwischen den Staaten seien. Damit sollte offenbar gleichzeitig eine Festlegung auf die Mittel zur Erreichung dieses Zieles vermieden werden, um rechtzeitig einem weiteren Schritt zum Dirigismus entgegenzutreten. Dementsprechend konnte auch durchgesetzt werden, daß der Zielkatalog in Satz 2 der Kompromißformulierung während der vierten Sitzungsperiode[120] nicht abschließend war.

Auf die Schwächen einer derartigen Kompromißlösung wies der australische Delegierte[121] im Zweiten Ausschuß hin. Er kritisierte, daß die Maßnahmen, die Staaten zur Förderung des Welthandels ergreifen müßten, in Art. 14 nicht näher bestimmt seien. Australien würde jedoch weiterhin nach eigenen Möglichkeiten das in Art. 14 genannte Ziel weiterverfolgen.

b) Die Beratungen zu Art. 21

Die Bestimmung des Art. 21 geht zurück auf einen Alternativentwurf der Staaten des Ostblocks, den diese in der dritten Sitzungsperiode der Arbeitsgruppe zu Art. 18 vorgelegt hatten[122]. Dieser Entwurf enthielt in seinem vorletzten Satz die Empfehlung, die Präferenzbehandlungen, die Entwicklungsländer untereinander anwenden, nicht als Verstoß gegen die Meistbegünstigung und das Diskriminierungsverbot anzusehen. Während der vierten Sitzungsperiode lagen zwei Entwürfe[123] vor, die beide diesen Gedanken aufgegriffen und konkretisiert hatten; Alternative 2 unterwarf dieses Recht jedoch bestehenden internationalen Abkommen sowie verschiedenen Zweckmäßigkeitserwägungen. Die unterschiedlichen Vorstellungen zu Einzelfragen konnten letztlich jedoch durch die Formulierung des Art. 21 abgedeckt werden.

c) Die Beratungen zu Art. 23

Der Grundgedanke des Art. 23 fand bereits während der zweiten Sitzungsperiode der Arbeitsgruppe Zustimmung. Unterschiedlich be-

---

118 Alternative 1, TD/B/AC. 12/3, S. 11.

119 Alternative 2, ibid.

120 TD/B/AC. 12/4, S. 14.

121 (Sturkey) A/C. 2/SR. 1650 para. 18.

122 Alternative 2, TD/B/AC. 12/3, S. 12 f.

123 TD/B/AC. 12/4, S. 17.

wertet wurde dagegen die Frage, ob die Unterstützung der geforderten Zusammenschlüsse eine rechtliche Pflicht darstellt.

Der Vorschlag Chinas[124] brachte diesen Gedanken deutlich, der der UdSSR[125] sowie derjenige der Philippinen[126] abgeschwächt zum Ausdruck. Der Entwurf der USA bettete die Unterstützung dagegen in die Empfehlung an die Entwicklungsländer, ihre gegenseitigen Beziehungen mit dem Ziel der Handelsausweitung und der wirtschaftlichen Zusammenarbeit zu verbessern[127]. Spanien schließlich kritisierte, daß die Formulierung der Entwurfskizze mehr einem Programmsatz der internationalen Wirtschaftspolitik entspreche als einem Rechtsprinzip[128]. Damit ist gleichzeitig zum Ausdruck gebracht, daß auch eine in den Entwurf eventuell eingeschlossene Pflicht zur Unterstützung nicht als Rechtspflicht angesehen wird.

Die Kritik Spaniens trifft auf den gemeinsamen Entwurf, der während der dritten Sitzungsperiode allgemeine Zustimmung fand[129], gleichfalls zu. Dieser Entwurf richtete sowohl an die Entwicklungsländer als auch an alle anderen Staaten lediglich Empfehlungen, in der niedergelegten Weise zu verfahren.

Nicht zuletzt aufgrund seiner Formulierung dürfte Art. 23 damit eine der unproblematischen Bestimmungen gewesen sein.

d) Die Beratungen zu Art. 27

Die Bestimmungen des Art. 27 zählten während der Vorarbeiten zu den unproblematischen. Entsprechende Vorschläge waren von einigen Entwicklungsländern[130] zur zweiten Sitzungsperiode der Arbeitsgruppe eingebracht worden. Die Entwürfe behandelten im wesentlichen Fragen der internationalen Schiffahrt bzw. Linienkonferenzen. Nachdem die Vorschläge in der dritten Sitzungsperiode nicht behandelt worden waren, konnte während der vierten Periode ein gemeinsamer Entwurf allgemeine Zustimmung finden[131].

---

124 Td/B/AC. 12/2/Add. 1, S. 77.
125 Ibid.
126 Ibid.
127 Ibid., S. 51.
128 Ibid., S. 40.
129 TD/B/AC. 12/3, S. 8.
130 China, Indien, Argentinien, TD/B/AC. 12/2/Add. 1, S. 80.
131 TD/B/AC. 12/4, S. 19.

2. Stellungnahmen in der Literatur und die Staatenpraxis

a) Die Liberalisierung des Welthandels

Erstmals 1964 auf UNCTAD I haben die Entwicklungsländer gefordert, den Welthandel so zu gestalten[132], daß auch ihnen ein sicheres und einträgliches Einkommen ermöglicht wird[133]. Die Industriestaaten als Adressaten dieser Forderung haben das Ziel grundsätzlich bejaht, begegneten den konkreten Forderungen der Entwicklungsländer jedoch mit Vorbehalten. In der Folge wurden in einem sehr beschränkten Rahmen Zölle und Einfuhrbeschränkungen abgebaut, womit zu einem geringen Teil den Forderungen entgegengekommen wurde. Gleichzeitig baute die Europäische Gemeinschaft den Schutz der internen Rohstoffanbieter aus, während sowohl die UdSSR als auch die USA ihre Zuckerproduktionen erhöhten. Damit war in allen Fällen die Ausweitung des Exports der Entwicklungsländer in wichtigen Bereichen zumindest behindert. Erneuten, gleichgerichteten Forderungen der Entwicklungsländer auf UNCTAD II haben die Industriestaaten ebenfalls im Grundsatz zugestimmt, gleichzeitig aber einen Termin für eine Verwirklichung abgelehnt. Eine weitere Vorlage auf UNCTAD II traf ebenso nicht auf bindende Zusagen der Industriestaaten.

Auch im Rahmen des GATT verzeichneten die Entwicklungsländer nur geringe Erfolge. Die 1962 von dem US-Präsidenten Kennedy angeregte und 1967 abgeschlossene Verhandlung über eine allgemeine Zollsenkung für Industrie- und Agrarprodukte (Kennedy-Runde) beseitigte einige der Handelshemmnisse, wovon vorwiegend die Industriestaaten begünstigt waren[134]. Im September 1973 bekräftigte die Ministerkonferenz in Tokio nochmals die Forderung nach Beseitigung restriktiver Handelsschranken; die nachfolgende Tagung des Verhandlungsausschusses in Genf scheiterte noch im gleichen Monat an Formalien[135].

Maßnahmen der Selbstbeschränkung, durch die Entwicklungsländern größere Marktchancen gegeben oder erhalten werden sollen, beruhen nicht auf einer Anerkennung einer möglicherweise bestehenden Rechtspflicht. Selbstbeschränkungen, wie sie in der Vergangenheit Japan und andere asiatische Staaten auf sich genommen haben, waren zurückzu-

[132] Dazu und zum folgenden Bremer Ausschuß für Wirtschaftsforschung, Auswertung der Dokumentation der Dritten Welthandels- und Entwicklungskonferenz Santiago de Chile 1972, Heft 1, S. 96 ff.; vgl. auch Meyer / Seul / Klingner, S. 55 f. sowie Sinha, S. 44 f.

[133] Zur theoretischen Rechtfertigung vgl. S. P. Sinha, New Nations and the Law of Nations, S. 29 ff.; J. B. Donges, Die Welthandelsordnung am Scheidewege, EA 1978, S. 197 ff.

[134] D. Kebschull / K. Fasbender / A. Naini, Entwicklungspolitik, S. 193.

[135] Zu Ablauf und Ergebnissen vgl. U. Frantz, 25 Jahre Welthandelspolitik, S. 130 ff.

führen auf die Androhung handelspolitischer Gegenmaßnahmen durch Entwicklungsländer[136]. Die 1980/81 geführten Diskussionen über die japanische Exporterfolge[137] bestätigen, daß den Forderungen nach Selbstbeschränkung nicht das Ziel einer Ausweitung und Liberalisierung des Welthandels zugrunde liegt, sondern nationale wirtschaftliche Interessen von Drittstaaten[138].

Die Praxis nimmt dagegen in unterschiedlicher Weise Einfluß auf den freien Handelsverkehr. Von den Mitteln der mengenmäßigen Einfuhrbeschränkungen (Kontingente, Bewilligungsverfahren, Einfuhrlizenzen) hat insbesondere die Kontingentierung Bedeutung erlangt[139]. Bis nach 1920 wurden Kontingentierungen selten und nur zur Unterstützung von Zollpolitiken angewandt. Demgegenüber hatten 1950 von den Mitgliedstaaten des GATT lediglich sechs keine Kontingentierungen in Kraft. Noch während der siebziger Jahre kam den Kontingentierungen erhebliche Bedeutung zu, wobei vorwiegend Entwicklungsländer aus zahlungspolitischen bzw. planwirtschaftlichen Gründen darauf zurückgreifen.

Aus ähnlichen Gründen gingen auch einzelne Industriestaaten zu einer protektionistischen Handelspolitik über[140].

Darüber hinaus sind währungspolitische Maßnahmen, wie etwa Änderungen der Wechselkurse, häufig angewandt worden, um über eine Beeinflussung des Zahlungsverkehrs die Importmenge zu steuern[141].

Soweit einzelne Staaten in neuerer Zeit ein begrenztes Entgegenkommen bei Exporterleichterungen für Entwicklungsländer haben erkennen lassen, beruht dies auf politischen und wirtschaftlichen, teils auch auf moralischen Erwägungen[142]. Eine derartige Praxis im Sinne einer Handelsliberalisierung ist jedoch dürftig geblieben.

Die empirische Untersuchung läßt den Schluß zu, daß es nach dem Völkergewohnheitsrecht jedem Staat selbst überlassen ist, die in seinen Bereich einfließenden Güter in einer von ihm für richtig gehaltenen Weise zu belasten[143]. Die vertraglichen Einschränkungen dieses Rechts

---

[136] A. Kruse, Außenwirtschaft — Die internationalen Wirtschaftsbeziehungen, S. 420; marktwirtschaftlich orientierte Staaten haben allerdings gleichfalls Selbstbeschränkungen exportierender Staaten durchsetzen können, vgl. etwa AdG 1981, 24582.

[137] Vgl. Bulletin der Europäischen Gemeinschaften, 1980, Nr. 7/8, S. 12 ff. und Nr. 11, S. 10 ff.

[138] Zu den Abkommen über Selbstbeschränkung vgl. allg. Donges, S. 199 ff.

[139] Dazu Kruse, S. 419 ff. sowie W. Kewenig, Der Grundsatz der Nichtdiskriminierung im Völkerrecht der internationalen Handelsbeziehungen, S. 56 ff.

[140] Kebschull / Fasbender / Naini, S. 193.

[141] Kruse, S. 327.

[142] Für die USA vgl. R. L. Curry, U.S. — Developing Country Trade and Restrictive Business Practice Policies, JIAff 1974, S. 79 f.

lassen aber weder eine ausreichende Praxis noch ein sich abzeichnendes Rechtsbewußtsein erkennen, so daß auch nicht von einer allmählichen Rechtsentwicklung gesprochen werden kann[144].

b) Der Handel zwischen den Entwicklungsländern

Die Forderung nach einer Ausweitung des Handels zwischen den Entwicklungsländern war seit UNCTAD II 1968 ständiger Diskussionspunkt aller Welthandelskonferenzen sowie anderer multilateraler Organisationen. Besondere Bedeutung für die Bestimmung des Ziels der Forderung kommt dabei dem GATT zu. Art. XXIV GATT begrüßt grundsätzlich Zusammenschlüsse von Entwicklungsländern. Sofern geplante Zusammenschlüsse nicht den Erfordernissen des Art. XXIV im übrigen entsprachen, hat die Gesamtheit der Vertragsparteien ihre Bedenken regelmäßig zurückgestellt. Grund für diese Überlegungen war, daß nicht nur die regionale Integration i. S. d. Art. XXIV gefördert werden sollte, sondern auch die wirtschaftliche Entwicklung[145]. In der Folge hat etwa die Europäische Gemeinschaft mehrfach ihre Bereitschaft erkennen lassen, die regionale Zusammenarbeit von Entwicklungsländern zu fördern. Diese Bereitschaft blieb beim Europäischen Entwicklungsfond allerdings ohne Echo[146].

Ähnlich erfolglos blieben auch die übereinstimmenden Aufforderungen der Charta von Algier und der UNCTAD Res. 23 (II), einen institutionellen Rahmen zur weiteren Behandlung aller einschlägigen Fragen zu schaffen[147].

Die Versuche, die Forderung in die Staatenpraxis umzusetzen, haben sich überwiegend als nicht erfolgreich erwiesen[148]. Eine handelspolitische Zusammenarbeit aller Entwicklungsländer erscheint unrealistisch; 1973 hat der Anteil des Exporthandels unter den Entwicklungsländern bei durchschnittlich 4 % des gesamten Welthandels gelegen und stieg

[143] A. Unchegbu, The Legal Framework of Trade Relations between EEC and ACP Countries, IJIL 1976, S. 15.

[144] In diesem Zusammenhang ist auf die These von Schonfield, S. 63 f., hinzuweisen, nach der eine Handelsausweitung nicht so sehr durch Zollsenkungen und Quotenabbau zu erreichen ist, sondern mehr durch atmosphärische Verbesserungen.

[145] Eingehend H. K. Krämer, Das Meistbegünstigungsprinzip und die Entwicklungsländer, JIR 1974, S. 136 ff.

[146] U. Möbius, Die Entwicklungspolitik der EG, S. 61.

[147] Meyer / Seul / Klingner, S. 75; UNCTAD Res. 23 (II) ist abgedr. in A. P. Mutharika, The International Law of Development — Basic Documents, Bd. 2, S. 867 ff.

[148] B. Balassa / A. Stoutjesdijk, Economic Integration among Developing Countries, JCMS 1976, S. 55; vgl. dazu auch das umfangreiche statistische Material in: United Nations Conference on Trade and Development, Trade and Development Board, A Global System of Trade Preferences Among Developing Countries, Doc. TD/B/C. 7/36.

danach als Folge der Ölpreissteigerung auf 5,5 % oder, bezogen auf den Gesamthandel der Entwicklungsländer, etwa 20 %[149]. Eine ähnliche unbefriedigende Situation ergibt sich für den intraregionalen Handel[150]. Positiv zu beurteilen sind die Ergebnisse der Association of South East Asian Nations (ASEAN), auch wenn der intraregionale Handel relativ zu den Gesamtexporten der ASEAN-Länder sinkt. Dagegen brach die East African Community and Common Market (EACCM) 1977 endgültig auseinander, nachdem der anfangs überproportional ausgedehnte intraregionale Handel seit etwa 1970 rückläufig war. Andere Zusammenschlüsse, wie die LAFTA[151] oder der CACM konnten ihren intraregionalen Handel anfänglich ebenfalls ausweiten, stagnierten dann jedoch.

Die Gründe für das Scheitern der Versuche sind vielfältiger Natur[152]. Neben entscheidenden Mängeln der Infrastruktur (Transport, Kommunikation) wurde der Erfolg von den Entwicklungsländern häufig dadurch verhindert, daß sie die Voraussetzungen für einen Erfolg nicht akzeptierten oder Modelle der Zusammenarbeit kopierten, die für ihre Situation weitgehend unbrauchbar waren. Insgesamt gesehen dürfte das Souveränitätsdenken der Entwicklungsländer das entscheidende Hindernis zu einer erfolgversprechenden Umsetzung der Forderung in die Praxis gewesen sein[153].

Vor diesem Hintergrund erhält die grundsätzliche Anerkennung[154] der Forderung, daß Entwicklungsländer sich untereinander bevorzugt behandeln dürfen, ohne die eingeräumten Vergünstigungen gleichzeitig im Handel mit den Industriestaaten anwenden zu müssen, den Charakter eines bloßen Lippenbekenntnisses, das dadurch umso leichter fällt, je weniger Tatbestände seine Verwirklichung fordern. Ein solcher Befund vermag allerdings nicht die völkergewohnheitsrechtliche Verankerung des Prinzips zu verhindern, da nicht die aktuelle, sondern die potentielle Fähigkeit zur Inanspruchnahme eines Rechtes entscheidend ist.

---

[149] K. Keferstein, Förderung des Außenhandels unter Entwicklungsländern — eine entwicklungspolitische Alternative, S. 62.

[150] Dazu und zum folgenden eingehend ders., S. 251 ff.

[151] Zum relativ weit fortgeschrittenen Integrationsprozeß in Lateinamerika vgl. A. Weber, Neuere Tendenzen im Integrationsrecht Lateinamerikas, VRÜ 1978, S. 89 ff.

[152] Dazu Meyer / Seul / Klingner, S. 79 f.; Glaubitt / Lütkenhorst, S. 190; Commonwealth Secretariat, S. 65 f.; vgl. dazu auch AdG 1981, 24522 B für Rivalitäten zwischen den beteiligten Staaten sowie AdG 1981; 24274 A, 24600 C für einen Kooperationsversuch nach dem Vorbild der EG.

[153] Balassa / Stoutjesdijk, S. 45.

[154] Carreau, S. 603; Flory, Droit international du développement, S. 64; Krämer, Meistbegünstigungsprinzip, S. 138; vgl. auch Hubbard, S. 88 und Doc. A/31/10: Report of the International Law Commission on the work of its twenty-eigth session, S. 69.

Ähnlich skeptisch ist das Konzept der „collective self-reliance“[155] zu bewerten. Die Zielrichtung dieses Konzeptes ist nicht eindeutig zu bestimmen, sondern setzt sich aus verschiedenen Teilaspekten zusammen. Als wichtigster dieser Teilaspekte erscheinen die horizontalen Handelsbeziehungen zwischen den Entwicklungsländern als Ersatz für die bisherigen vertikalen Handelsbeziehungen zwischen Entwicklungs- und Industrieländern mit dem Ziel einer stärkeren wirtschaftlichen Zusammenarbeit der Entwicklungsländer untereinander und damit letztlich einer wirtschaftlichen Eigenständigkeit im Nord/Süd-Verhältnis. Insgesamt ist die Strategie der „collective self-reliance“ bisher ein unverbindliches und von inneren Widersprüchen nicht freies Konzept geblieben, das in wissenschaftlichen Theorien zwar einen gewissen Raum einnimmt und auch von Entwicklungsländern mehr als Forschungsobjekt angesehen wird, in der Praxis bislang jedoch keine Bedeutung erlangt hat[156].

c) Der unsichtbare Handel

Die Probleme des internationalen Dienstleistungsverkehrs werden seit der ersten Welthandelskonferenz erörtert[157]. Unter den Begriff des unsichtbaren Handels wurden zusammengefaßt Fragen über „Schiffahrt und Häfen“, „Versicherungs- und Rückversicherungswesen“ und „Tourismus“. Andere Bereiche wie Bankverkehr oder Transportwesen, wurden nicht ausdrücklich in die Beratungen einbezogen, zählen jedoch gleichfalls zum unsichtbaren Handel.

Die Diskussionen führten trotz prinzipieller Einigkeit aller Staaten über die Wünschbarkeit der Beteiligung der Entwicklungsländer am unsichtbaren Handel lediglich zu der Aufnahme weniger allgemein gehaltener Erklärungen über Maßnahmen in den Katalog für die zweite Entwicklungsdekade der Vereinten Nationen. Umfaßte dieser Maß-

[155] Angesprochen etwa in UN GA Res. 3241 (XXIX), sowie in dem „Programm für kollektive Selbsthilfe“, verabschiedet in Vorbereitung von UNCTAD V von der Ministerkonferenz der Gruppe der 77 in Arusha 1979, abgedr. in Auswärtiges Amt (Hrsg.), Dritte Welt, S. 189 ff.

[156] Zum ganzen Glaubitt / Lütkenhorst, S. 190 ff.; V. Matthies, Süd/Süd-Beziehungen und kollektive „self-reliance“, VRÜ 1978, S. 61 ff.; s. auch BWZ-Materialien Nr. 64, S. 33 f., wonach auch auf UNCTAD V 1979 mehr formelle Fragen im Vordergrund standen; sowie United Nations Conference on Trade and Development, Trade and Development Board, Report of the Trade and Development Board on its twenty-first session, TD/B/829, paras. 425 ff.; anders ist jedoch das System der EG zu beurteilen, dessen Erfolg die Vorstellungen der Entwicklungsländer maßgeblich beeinflußt haben dürfte, vgl. Shonfield, S. 60 f.

[157] Vgl. Proceedings of the United Nations Conference on Trade and Development, Ann. A. IV. 21 ff., abgedr. in Mutharika, Bd. 2, S. 830 f.; United Nations Conference on Trade and Development, Second Session, Annex I, agenda item 13, abgedr. ibid., S. 861 ff.; Third Session, Annex I, agenda item 16, abgedr. ibid., S. 925 ff.; dazu und zum folgenden Meyer / Seul / Klingner, S. 109 ff.

nahmenkatalog noch die Bereiche Schiffahrt, Versicherungswesen und Touristik[158], so konzentrierte sich in der Folge die Kritik der Entwicklungsländer auf die wettbewerbsbeschränkenden Auswirkungen der Linienkonferenzen. Dementsprechend zeigen die Erörterungen lediglich in diesem Bereich greifbare Ergebnisse. Die 1974 vereinbarte Konvention über einen Verhaltenskodex für Linienkonferenzen[159] enthielt eine Verteilungsformel für Frachteinnahmen und Ladungsmengen und kam damit den Vorstellungen der Entwicklungsländer entgegen. Der Verhaltenskodex ist zum gegenwärtigen Zeitpunkt jedoch noch nicht in Kraft gesetzt; auf UNCTAD V bestand allerdings Konsens über dessen baldige Inkraftsetzung und Durchführung[160]. Dagegen konnte über eine der Linienschiffahrt vergleichbare Verteilungsformel für den Massengutverkehr ebenso wenig Übereinkunft erzielt werden wie über die Bereitstellung finanzieller und technischer Hilfe der Industriestaaten für den Ausbau der Handelsflotten der Entwicklungsländer[161]. Vordergründig wird damit vor allem durch den Verhaltenskodex ein Recht aller Staaten zur Teilnahme am internationalen Dienstleistungsverkehr anerkannt. Ein solches Recht läuft aber dann leer, wenn einerseits die tatsächlichen Fähigkeiten der Entwicklungsländer zur Teilnahme nicht bestehen oder doch gering sind und andererseits in den marktwirtschaftlich orientierten Industriestaaten verfassungsrechtliche Bedenken gegen eine Bindung an die Verhaltenskodizes erhoben werden.

Damit ist zugleich die bereits geäußerte Vermutung bestärkt[162], daß den Forderungen der Entwicklungsländer um so leichter zugestimmt wird, je weniger eine tatsächliche Inanspruchnahme des zugestandenen Rechts erwartet werden kann. Dies gilt um so mehr, als konkrete Maßnahmen zugunsten der Entwicklungsländer für den weitaus überwiegenden Teil des unsichtbaren Handels nicht ersichtlich sind.

Die Bildung einer Norm des Gewohnheitsrechts wird dadurch allerdings nicht ausgeschlossen. Das Recht zur Teilnahme am unsichtbaren Handel ist, soweit ersichtlich, nicht bestritten worden. Vielmehr läßt es die grundsätzliche, im Rahmen der UNCTAD und während der Vorarbeiten der Charta deutlich zutage getretene Übereinstimmung der Staaten zu, das Recht zur Teilnahme am internationalen Dienstleistungsverkehr als gewohnheitsrechtlich verankert anzusehen.

---

158 Zur Praxis in diesen Bereichen Kruse, S. 85 ff.

159 Abgedr. in ILM 1974, S. 91 ff., dazu Doc. TD/104/Rev. 1: United Nations Conference on Trade and Development, The regulation of liner conferences.

160 BWZ-Materialien Nr. 64, S. 32.

161 Ibid.

162 Siehe oben, F. II. 2. b).

3. Ergebnis

Eine Entwicklungsfinanzierung durch eine gewisse Begünstigung der Entwicklungsländer im internationalen Handel ist unbestritten; bestimmte Rechtsmittel und bestimmte Mittel sind gewohnheitsrechtlich nicht anerkannt. Eine weltweite Handelsliberalisierung ist nicht nachweisbar, eher kann von einer gegenläufigen Entwicklung gesprochen werden.

Völkergewohnheitsrechtlich anerkannt ist das Recht aller Staaten zur Teilnahme am internationalen Dienstleistungsverkehr.

Die Art. 14 und 23 sind Programmsätze; Art. 21 enthält beschränkt geltendes Völkergewohnheitsrecht. Art. 27 gibt geltendes Völkergewohnheitsrecht wieder.

III. Der Technologietransfer

Art. 13

„1. Every State has the right to benefit from the advances and developments in science and technology for the acceleration of its economic and social development.

2. All States should promote international scientific and technological co-operation and the transfer of technology, with proper regard for all legitimate interests including, inter alia, the rights and duties of holders, suppliers and recipients of technology. In particular, all States should facilitate the access of developing countries to the achievements of modern science and technology, the transfer of technology and the creation of indigenous technology for the benefit of the developing countries in forms and in accordance with procedures wich are suited to their economies and their needs.

3. Accordingly, developed countries should co-operate with the developing countries in the establishment, strengthening and development of their scientific and technological infrastructures and their scienfitic research and technological activities so as to help to expand and transform the economics of developing countries.

4. All States should co-operate in research with a view to evolving further internationally accepted guidelines or regulations for the transfer of technology, taking fully into account the interests of developing countries."

1. Die Beratungen zu Art. 13

Die von Art. 13 geforderte Verbreitung des Nutzens von Wissenschaft und Technologie fand schon in der zweiten Sitzungsperiode der Arbeitsgruppe einhellige Zustimmung. Unterschiede in den Auffassungen ergaben sich jedoch aus der Frage, ob Staaten einen Rechtsanspruch auf den Genuß wissenschaftlicher und technologischer Fortschritte haben oder ob den Staaten lediglich empfohlen werden sollte, den Zugang zu den wissenschaftlichen und technologischen Entwicklungen und Vorteilen nach Möglichkeit zu erleichtern. Die zweitgenannte Ansicht wurde von den USA vertreten, da dem internationalen Recht ein Rechtsanspruch, wie er in dem Vorentwurf zum Ausdruck kam, nach ihrer Meinung fremd sei[163]. Ein solches Recht sowie die korrespondierende Pflicht der entwickelten Industriestaaten statuierten die Entwürfe der sozialistischen Staaten[164] ausdrücklich. Dagegen gingen die Entwürfe der Entwicklungsländer[165] zwar von einem Recht auf Zugang aus, enthielten darüber hinaus aber lediglich Absichtserklärungen bzw. Empfehlungen an die entwickelten Staaten, den Technologietransfer zu erleichtern. Damit war einerseits den Versuchen der sozialistischen Staaten, nur die Industriestaaten in die Pflicht zu nehmen, entgegengetreten und andererseits eine kompromißfähige Diskussionsgrundlage gegeben worden. Diese Kompromißbereitschaft griff Großbritannien auf, das sich dem philippinischen Vorschlag mit dem Vorbehalt anschloß, daß auch die Eigentümerrechte gebührend zu berücksichtigen seien[166].

Die während der dritten Sitzungsperiode vorliegenden Alternativen gingen jedoch wiederum von entgegengesetzten Standpunkten aus.

Dabei war der Entwurf der Entwicklungsländer soweit konkretisiert, daß er die entwickelten Länder verpflichtete, den Entwicklungsländern technologische Fortschritte zu Vorzugsbedingungen zur Verfügung zu stellen[167]. Die Alternative der EG enthielt dagegen nur die Absichtserklärung, den Technologietransfer unter Berücksichtigung aller Interessen und im Geiste gegenseitiger Zusammenarbeit zu erleichtern[168]. Der sowjetische Vorschlag sah demgegenüber vor, daß vor allem mit Blick auf die Bedürfnisse der Entwicklungsländer alle Staaten eine weitestmögliche internationale wissenschaftliche und technische Zusammenarbeit fördern müssen[169]. Darin kam deutlich das auch andernorts[170] erkennbare Bemühen der Sowjetunion zum Ausdruck, über die Charta auch für sie selbst Vorteile von den westlichen Staaten zu erwirken.

Der während der vierten Sitzungsperiode erzielte Kompromiß[171] anerkannte zwar das Recht aller Staaten auf den Genuß wissenschaftlicher und technologischer Vorteile, sprach im weiteren jedoch nur eine Empfehlung an die Staaten aus, die Voraussetzungen für eine Wahr-

---

[163] TD/B/AC. 12/2/Add. 1, S. 49.

[164] China, ibid., S. 67; Jugoslawien, ibid.; Rumänien, ibid., S. 68.

[165] Philippinen, ibid., S. 67; Indien, ibid.

[166] Ibid., S. 68.

[167] Alternative 1, TD/B/AC, 12/3, S. 10.

[168] Alternative 2, ibid.

[169] Alternative 3, ibid.

[170] Siehe bei den Vorarbeiten zu Art. 4.

[171] TD/B/AC. 12/4, S. 14.

nehmung dieses Rechtes zu schaffen. Damit hatten die westlichen Staaten im wesentlichen ihren Standpunkt durchsetzen können. Andererseits erlaubte die Formulierung auch den Entwicklungsländern die Aufrechterhaltung ihres Standpunktes, der bereits während der Beratungen zu Art. 5 zum Ausdruck gekommen war[172] und durch den kuweitischen Delegierten[173] im Zweiten Ausschuß verdeutlicht wurde. Danach war das Interesse der Entwicklungsländer vor allem darauf gerichtet, daß die Technologie der Industriestaaten und die wirtschaftlichen Ressourcen der Entwicklungsländer zusammengeführt werden. Diesem Ziel entspreche die Bestimmung des Art. 13.

2. Die Staatenpraxis

Der Technologietransfer als die Weitergabe technischen Wissens[174] wird zum größten Teil innerhalb der Gruppe der marktwirtschaftlich orientierten Industriestaaten überwiegend als Lizenzvergabe oder durch Weitergabe von technischem Know-how abgewickelt[175].

In die Entwicklungsländer wird Technologie über Verträge unterschiedlichen Inhalts exportiert[176]. Zu nennen sind zunächst Investitionsverträge, die zwar kaum Regelungen über den Technologietransfer enthalten und den Transfer insoweit der Unternehmensentscheidung überlassen, die jedoch in neuerer Zeit Verpflichtungen über die Aus- und Weiterbildung der Beschäftigten enthalten und damit ein Element des Technologietransfers.

Kaufverträge über Industriegüter bzw. -anlagen enthalten Klauseln über den Technologietransfer, allerdings nur als Nebenleistung. Technische Hilfe ist dagegen die Hauptpflicht in den Abkommen, mit denen ein lokaler Unternehmer sich die technische Hilfe eines ausländischen Unternehmens sichert für in der Regel einen Teilbereich seiner Tätigkeit.

Die Verträge werden zumeist mit multinationalen Unternehmen abgeschlossen, für die der Technologietransfer kein Mittel der Entwicklungspolitik darstellt, sondern Kaufobjekt, das gegen die Zahlung eines

---

172 Siehe die argentinische Stellungnahme, A/C. 2/SR. 1647 para. 4.

173 (Bishara) A/C. 2/SR. 1642 para. 38.

174 S. Seurat, Réalités du transfert de technologie, S. 34; J. Schapira, Les contrats internationaux de transfert technologique, JDI 1978, S. 22 f.; Per Fischer, Technologie als Vehikel der Entwicklung, EA 1980, S. 633 f.; W. A. Kewenig, Technologietransfer aus völkerrechtlicher Sicht, S. 72 m. w. N.

175 Schapira, S. 9 f.

176 Zum ganzen Ph. Kahn, Typologie des contrats de transfert de la technologie, S. 441 ff.; ders., Transfert de technologie et division international du travail pour une politique juridique, Rev. belge, 1976, S. 460 ff., P. Jeffries, Regulation of Transfer of Technology: An Evoluation of the UNCTAD Code of Conduct, HarvILJ 1977, S. 312 ff.

Kaufpreises erworben werden kann[177]. Damit stellt sich die Frage, ob die westlichen Industriestaaten überhaupt Adressaten der in Art. 13 enthaltenen Forderungen sein können. Denn Technologieinhaber und damit auch -lieferer sind private Rechtssubjekte und nicht die jeweiligen Staaten. In der Praxis wird eine befriedigende Lösung dahingehend angestrebt, daß die westlichen Industriestaaten gesetzgeberische und sonstige Maßnahmen zugunsten der potentiellen Abnehmerstaaten ergreifen. Die Maßnahmen umfassen patentrechtliche Bestimmungen, steuerliche Erleichterungen oder eine mögliche Teilhabe an staatlichen Forschungstätigkeiten. Auch die Bereitschaft der Industriestaaten, an der Schaffung internationaler Verhaltenskodizes mitzuwirken, deutet auf diese Lösungsmöglichkeit hin. Denn einerseits sind derartige Kodizes rechtlich unverbindlich, andererseits messen die Industriestaaten ihnen eine gewisse Bedeutung insofern bei, als sie sich positive Auswirkungen auf Technologieinhaber versprechen[178]. Die Übertragung von Technologien aus sozialistischen Ländern an Entwicklungsländer wird ausschließlich im Rahmen wirtschaftlicher Zusammenarbeit vorwiegend im industriellen Bereich abgewickelt[179]. Die Maßnahmen umfassen u. a. Hilfen bei Aufbau von Industrien, Zurverfügungstellen technischer Dokumentationen und Schulungsprogramme. Auf den ersten Blick sind die Bedingungen günstiger als die der Technologieübertragung durch westliche Technologieträger. Übersehen werden kann jedoch nicht, daß die sozialistische ebenso wie die westliche Praxis Lieferbedingungen, verzinsliche Kredite sowie steigende Erlöse aus dem Verkauf von Technologien kennt[180].

Die entscheidende Rolle privater Unternehmen und deren meist restriktive Verfügung über Technologien haben immer mehr zu Versuchen der Entwicklungsländer geführt, eine Revision des internationalen Patentrechts anzustreben. Die Bemühungen um eine Revision richteten sich insbesondere darauf, das Prinzip der Inländergleichbehandlung in den Art. 2 und 3 der Pariser Verbandsübereinkunft[181] zugunsten einer Präferenz für Entwicklungsländer zu durchbrechen.

Das Drängen der Entwicklungsländer nach einer Revision reicht bis in die sechziger Jahre zurück. Erstmals 1964 befaßte sich die UNCTAD

---

[177] Jeffries, S. 314; N. Mangalo, Patentschutz und Technologietransfer im Nord-Süd-Konflikt, GRUR 1977, S. 351.

[178] Dazu K. M. Meessen, Internationale Verhaltenskodizes und Sittenwidrigkeitsklauseln, NJW 1981, S. 1132; zum ganzen Kewenig, Technologietransfer, S. 75 ff. und H. Wegener, Technologietransfer von Industriestaaten in Entwicklungsländer, EA 1976, S. 535 ff.

[179] Eingehend Okolie, S. 115 ff.

[180] Ders., S. 131 ff.

[181] Pariser Verbandsübereinkunft zum Schutz des gewerblichen Eigentums vom 20. 3. 1883, revidierte Fassung vom 14. 7. 1967, abgedr. in BGBl. 1970, Teil II, S. 391 ff.

mit dem internationalen Patentrecht, um sich in der Folgezeit mehrfach für eine Revision auszusprechen. Seit 1972 befaßte sich ein Sachverständigenausschuß der UNCTAD mit den aufgeworfenen Fragen, konnte jedoch über ein gegenseitiges Nachgeben in den vertretenen Standpunkten hinaus keine greifbaren Ergebnisse bringen[182]. Die 1976 schließlich aufgenommenen Arbeiten an der Revision der Verbandsübereinkunft haben die Einräumung von Präferenzen zugunsten der Entwicklungsländer zwar allmählich erkennen lassen[183], ohne jedoch zu konkreten Ergebnissen geführt zu haben[184]. Parallel zu den Bemühungen um eine Revision der Verbandsübereinkunft bemühte sich eine Expertengruppe im Rahmen der UNCTAD, einen Entwurf eines Verhaltenskodex für den Technologietransfer auszuarbeiten[185]. Sowohl die Gruppe der Entwicklungsländer als auch die Gruppe der Industriestaaten haben 1976 einen jeweils eigenen Entwurf vorgelegt. Abgesehen von der Auffassung der Industriestaaten, daß ein derartiger Kodex rechtlich unverbindlich sei, zeigt eine Gegenüberstellung der beiden Entwürfe hinsichtlich der materiellen Regelungen tiefgreifende Meinungsunterschiede auf, die eine Annäherung der Standpunkte als zweifelhaft haben erscheinen lassen[186].

Das begrenzte und zumindest verbale Eingehen der Industriestaaten auf die Forderungen der Entwicklungsländer wird durch weitere Einzelaspekte bestätigt. So befürworten die Industriestaaten etwa die Errichtung von Technologiezentren bzw. Informationsbanken[187]. Ein anderer Beleg sind die in zahlreichen Industriestaaten gewährten steuer-

---

[182] Zum ganzen H. P. Kunz-Hallstein, Revision der Pariser Verbandsübereinkunft zugunsten der Entwicklungsländer — neuere Entwicklungen und Vorschläge, GRUR 1976, S. 64 ff.; A. F. Ewing, UNCTAD and the Transfer of Technology, JWIL 1976, S. 197 ff.; zur Arbeit im Rahmen der UNCTAD vgl. Doc. TD/B/AC. 11/9: United Nations Conference on Trade and Development, Guidelines for the study of the transfer of technology to developing countries.

[183] H. P. Kunz-Hallstein, Die Reform des internationalen Patentschutzes im Interesse der Entwicklungsländer, GRUR 1979, S. 374; anders noch ders., Konventionsrechtliche Probleme eines „Präferenzstatuts" für Entwicklungsländer, GRUR 1977, S. 293 ff.

[184] D. Silverstein, Sharing United States Energy Technology with Less-Developed Countries, JILE 1978, S. 395 f.; vgl. dazu ferner Glaubitt / Lütkenhorst, S. 175 ff.

[185] Eingehend Kewenig, Technologietransfer, S. 77 ff.; Jeffries, S. 309 ff.; G. A. Zaphiriou, An International Code of Conduct on Transfers of Technology, ICLQ 1977, S. 210 ff.; D. L. Miller, An Economic Appraisal of the Proposed Code of Conduct for Technology Transfer, Außenwirtschaft 1981, S. 121 ff.; der letzte Entwurf ist abgedr. in ILM 1980, S. 773 ff.

[186] Kewenig, Technologietransfer, S. 85; W. Fikentscher / H. P. Kunz-Hallstein, Technologietransfer an Entwicklungsländer und Kartellrecht, GRUR 1979, S. 437; J. Touscoz, Le code international de conduite pour le transfert des techniques, S. 224; vgl. auch BWZ-Materialien Nr. 64, S. 31.

[187] Wegener, S. 533.

lichen Vergünstigungen für Unternehmen, die in Entwicklungsländern investieren und damit Technologie übertragen[188].

3. Die rechtliche Bewertung

Die Praxis der multinationalen Unternehmen vermag nicht zur Bildung von Völkergewohnheitsrecht führen. Anders als Staaten sind multinationale Unternehmen keine Völkerrechtssubjekte, deren Praxis nach Art. 38 Abs. I lit. b IGH-Statut rechtserheblich sein könnte.

Auf die Motivation der sozialistischen Staaten für die Übertragung von Technologien braucht hier wegen des engen Zusammenhangs zwischen Technologietransfer und Entwicklungshilfe nicht erneut eingegangen zu werden. Insoweit kann auf das oben[189] Gesagte verwiesen werden.

Ebenso wenig hat das Eingehen der Industriestaaten auf die Forderungen der Entwicklungsländer bereits eine entsprechende Rechtsüberzeugung erkennen lassen. Das Abrücken von der ursprünglich kompromißlosen Ablehnung beruht auf wirtschaftlichem Eigeninteresse, das neue Absatzmärkte sowie eine bereinigte eigene Industriestruktur anstrebt[190].

Andererseits kann nicht übersehen werden, daß alle westlichen Staaten den Umfang privater Direktinvestitionen in ihre Berechnungen der Entwicklungshilfe einfließen lassen[191]. Dieser Berücksichtigung entsprechen die legislativen Maßnahmen zahlreicher Entwicklungsländer, von denen hier nur die mexikanische Gesetzgebung und das fading-out in den Staaten des Andenpaktes genannt werden sollen[192]. Da die Gewährung von Entwicklungshilfe die Tendenz aufweist, einer rechtlichen Verpflichtung unterworfen zu sein, ist es gerechtfertigt, den Technologietransfer als Mittel der Entwicklungshilfe dem gleichen Komplex wie die Entwicklungshilfe selbst zu unterstellen. Wenn dem internationalen Recht derzeit auch noch fremd ist, den Technologietransfer als Teil der Entwicklungshilfe anzusehen[193], so steht doch zu

---

188 Ders., S. 538.

189 Siehe oben, F. I. (A) 3.

190 Ewing, S. 201; Schapira, S. 17.

191 Schapira, S. 25.

192 Die mexikanische Gesetzgebung sieht vor, daß in den für Auslandsinvestitionen zugelassenen Bereichen der mexikanische Kapitalanteil mindestens 51 % betragen und entsprechend das Management besetzt sein muß. Das Andenstatut schreibt vor, daß neu zugelassene ausländische Unternehmen schrittweise eine einheimische Mehrheitsbeteiligung erhalten. In beiden Fällen sollen Kapital- und Technologieimporte zunächst angeregt werden, um dann nationaler Kontrolle zu unterfallen. Vgl. dens., S. 26.

193 Ders., S. 17; Okolie, S. 39; dazu auch Per Fischer, S. 636.

erwarten, daß die Übertragung von Technologien künftig nicht mehr nur ausschließlich von wirtschaftspolitischen Motivationen bestimmt ist, sondern von einer Rechtsüberzeugung begleitet wird.

4. Ergebnis

Hinsichtlich des Technologietransfers weist die Praxis eine Tendenz auf, den Transfer zugunsten der Entwicklungsländer zu fördern. Insoweit kann von „soft law" gesprochen werden.

Art. 13 gibt Ansätze von neuerem „soft law" wieder.

G. Das Prinzip der internationalen Solidarität

Art. 6 Satz 2

„(It is the duty of States to contribute to the development of international trade of goods, particularly by means of arrangements and by the conclusion of long-term multilateral commodity agreements, where appropriate, and taking into account the interests of producers and consumers.) All States share the responsibility to promote the regular flow and access of all commercial goods traded at stable, remunerative and equitable prices, thus contributing to the equitable development of the world economy, taking into account, in particular, the interests of developing countries."

Art. 7

„Every State has the primary responsibility to promote the economic, social and cultural development of its people. To this end, each State has the right and the responsibility to choose its means and goals of development, fully to mobilize and use its resources, to implement progressive economic and social reforms and to ensure the full participation of its people in the process and benefits of development. All States have the duty, individually and collectively to co-operate in eliminating obstacles that hinder such mobilization and use."

Art. 25

„In furtherance of world economic development, the international community, especially its developed members, shall pay special attention to the particular needs and problems of the least developed among the developing countries, of land-locked developing countries and also island developing countries, with a view to helping them to overcome their particular difficulties and thus contribute to their economic and social development."

Die Bestimmungen der Charta, die sich unter den Begriff der Solidarität zusammenfassen lassen, fanden bis auf Art. 6 Satz 2 einhellige Zustimmung der Staaten.

I. Die Vorarbeiten

1. Die Beratungen zu Art. 6 Satz 2

Die Bestimmung des jetzigen Art. 6 geht auf zwei Alternativvorschläge zu Art. 5 zurück. Der als Alternative 2 vorgelegte Entwurf westlicher Staaten[1] empfahl den Staaten, die Möglichkeiten fallweiser

[1] TD/B/AC. 12/4, S. 12.

Rohstoffabkommen zu prüfen und, soweit es zweckmäßig sei, abzuschließen. Dabei sollten die Abkommen möglichst viele Produzenten und Verbraucher umfassen. Gleichzeitig war für alle Staaten eine Verantwortlichkeit[2] statuiert, zu stabilen, lohnenden und gerechten Preisen den regelmäßigen Fluß aller Rohstoffe zu fördern.

Den nahezu gleichlautenden Entwurf — die Änderungen betrafen Klarstellungen und einen Bezug auf die besonderen wirtschaftlichen Umstände einzelner Länder — einer Gruppe westlicher Staaten im Zweiten Ausschuß[3] erläuterte der französische Delegierte[4]. Nach Auffassung der EG-Staaten komme Art. 6 der Zweck zu, die gegenseitige Abhängigkeit aller Staaten von der Förderung des Handelsflusses bei Rohstoffen hervorzuheben. Fallweise Rohstoffabkommen seien in geeigneten Fällen eine nützliche Methode zur Erreichung dieses Zieles. Durch den Wortlaut des Mehrheitsentwurfes sei diese grundlegende Idee allerdings ernstlich verfälscht worden. Diese Kritik wird durch die vorherige Stellungnahme des dänischen Delegierten[5] verdeutlicht. Nach dessen Auffassung gab Art. 6 nicht wieder, daß der internationale Handel auf einem Gleichgewicht zwischen den Handelspartnern beruhe.

Eine im Ergebnis entgegengesetzte Auffassung vertrat der kanadische Delegierte[6]. Nach seinen Worten gab Art. 6 etwa die kanadische Position wieder. Danach hätten Exportstaaten die Verantwortlichkeit, den Fluß von Handelsgütern zu fördern, und Importstaaten, den Zugang von Gütern, einschließlich geförderter und fabrizierter, zu erleichtern.

Eine Haltung zugunsten der Rohstofferzeuger ließ dagegen der schwedische Delegierte[7] erkennen. Er war einverstanden mit dem Tenor des Art. 6, daß die Zusammenarbeit zwischen den Rohstoffproduzenten dann erleichtert werde, wenn sie die Form einer internationalen Zusammenarbeit annehme, wobei die Interessen der Produzenten und Verbraucher zu berücksichtigen seien.

Diese Auslegung hatte zuvor schon der argentinische Delegierte[8] erkennen lassen. Er leitete die Bestimmung zwar aus dem Konzept der EG ab, sah in Art. 6 jedoch gleichzeitig einen regelmäßigen Zugang

---

[2] Ch. Tomuschat, Die Charta der wirtschaftlichen Rechte und Pflichten der Staaten, ZaöRV 1976, S. 465, spricht dem Begriff einen präzisen rechtlichen Gehalt ab und sieht darin eine eher moralische Verpflichtung.

[3] A/C. 2/L. 1407, abgedr. in Doc. A/9946, S. 7.

[4] (Rouge) A/C. 2/SR. 1650 para. 7.

[5] (Kjeldgaard-Olesen) A/C. 2/SR. 1649 para. 28.

[6] (Berlis) A/C. 2/SR. 1649 para. 51; ebenso der kanadische Vertreter (Hays) in der Generalversammlung, A/PV. 2315, S. 59—60.

[7] (Skoglund) A/C. 2/SR. 1649 para. 61; ebenso der schwedische Delegierte (Rydbeck) in der Generalversammlung, A/PV. 2315, S. 23.

[8] (Oliveri Lopez) A/C. 2/SR. 1647 para. 4.

zu den Märkten garantiert, der für die Entwicklungsländer lebenswichtig sei.

Diese Verengung auf die Bedürfnisse der Entwicklungsländer mußte die Kritik der westlichen Staaten hervorrufen, die zwar nicht für eine Negierung der Interessen der Entwicklungsländer sprachen, die Lösung ihrer Probleme aber in eine gleichgewichtige Zusammenarbeit eingebettet sehen wollten. Angesichts dieser unterschiedlichen Interessenlage war ein Einvernehmen nicht zu erreichen.

2. Die Beratungen zu Art. 7

Die Grundbestimmungen des Art. 7, daß jeder Staat die Pflicht hat, die Entwicklung seines Volkes in jeder Hinsicht zu fördern, war in den Beratungen der Arbeitsgruppe unbestritten.

Bereits während der zweiten Sitzungsperiode wandten sich die USA gegen die korrespondierende Pflicht zur Beseitigung aller Hindernisse, die einem Einsatz der in den Entwürfen der Entwicklungsländer angesprochenen, aber nicht definierten nationalen Hilfsmittel im Wege stehen. Nach Auffassung der USA wäre eine solche Bestimmung unklar gewesen und hätte als eine rechtliche Verpflichtung ausgelegt werden können, zu deren Erfüllung die USA nicht in der Lage gewesen wären[9]. Auch der Entwurf Frankreichs[10], dem sich Spanien[11] und Japan[12] weitgehend anschlossen, enthielt eine derartige Pflicht nicht. Demgegenüber gingen die Entwürfe der Entwicklungsländer von einer derartigen Pflicht aus. Während allerdings der Vorschlag der Philippinen[13] nach seinem Wortlaut diese Pflicht wohl nur dem Staat auferlegt, der seine nationalen Hilfsmittel einsetzt, gingen die Entwürfe Kenias[14], Mexikos[15] und Guatemalas[16] davon aus, daß alle Staaten, sowohl einzeln wie auch gemeinsam, dazu verpflichtet seien.

Kompromißbereitschaft in dieser Hinsicht ließ der in der dritten Sitzungsperiode vorliegende Entwurf der USA erkennen[17]. Danach sollten sich alle Staaten bemühen, Hindernisse auf dem Wege zur Entwicklung zu beseitigen. Die Entwicklungsländer blieben dagegen bei der Festschreibung der Pflicht, während im übrigen die Entwürfe identisch waren.

---

[9] TD/B/AC. 12/2/Add. 1, S. 49.
[10] Ibid., S. 60.
[11] Ibid., S. 38.
[12] Ibid., S. 61.
[13] Ibid., S. 60.
[14] Ibid., S. 61.
[15] Ibid.
[16] Ibid.
[17] TD/B/AC. 12/3, S. 9.

Ein Kompromiß zwischen den beiden Standpunkten konnte während der vierten Sitzungsperiode gefunden werden. Der gemeinsame Vorschlag aller Staatengruppen sah vor, daß alle Staaten die Pflicht zur Zusammenarbeit haben, um die genannten Hindernisse zu beseitigen[18]. Die Beseitigung der Hindernisse war damit nicht als Pflicht, sondern lediglich als Zweck der Zusammenarbeit fixiert. Diese Formulierung deckte im wesentlichen die Vorstellungen aller Staaten, so daß der einstimmigen Annahme nichts im Wege stand.

3. Die Beratungen zu Art. 25

Der Grundgedanke des Art. 25 wurde bereits während der zweiten Sitzungsperiode der Arbeitsgruppe akzeptiert. Unterschiedliche Auffassungen bestehen dagegen in der Frage, ob die Bestimmung eine Pflicht statuieren[19] oder lediglich eine Absichtserklärung[20] aussprechen sollte. Während der dritten Sitzungsperiode erlangte eine Formulierung, die eine Absichtserklärung enthielt, allgemeine Zustimmung[21].

Der Kompromiß wird erklärbar aus den unter den Entwicklungsländern nicht konformen Auffassungen hinsichtlich der besonderen Behandlung der genannten Staaten. Während der Beratungen im zweiten Ausschuß kritisierte der argentinische Delegierte[22] die Aufsplitterung der Entwicklungsländer in verschiedene Gruppen und forderte, daß die Vereinten Nationen Entwicklungsprozesse nicht unterschiedlich behandeln dürften. Keinesfalls dürften spezielle Maßnahmen zugunsten der am wenigsten entwickelten Länder anderen Entwicklungsländern schaden. Dagegen begrüßte der kuweitische Delegierte[23], daß das Bedürfnis der genannten Staatengruppe nach einer Sonderbehandlung betont worden sei. Daran anknüpfend empfahl der afghanische Delegierte[24] die Vorbereitung eines Konventionsentwurfes, um eine Vereinfachung und Standardisierung des Transits zum Nutzen der Binnenstaaten zu erreichen. Beide Stellungnahmen vermieden jedoch, aus Art. 25 Rechte und Pflichten abzuleiten. Damit werden die bestehenden Bedürfnisse der genannten Staaten zwar anerkannt, gleichzeitig eine Anerkennung eines rechtlichen Sonderstatus dieser Staaten jedoch ver-

---

[18] TD/B/AC. 12/4, S. 12.

[19] Dafür der philippinische Vorschlag, TD/B/AC. 12/2/Add. 1, S. 78.

[20] So der Vorschlag der USA, ibid., S. 51.

[21] TD/B/AC. 12/3, S. 8.

[22] (Botero) A/C. 2/SR. 1640 para. 10; P.-M. Martin, Le nouvel ordre économique international, RGDIP 1976, S. 514, bezweifelt die Realisierbarkeit der ausgesprochenen Forderungen.

[23] (Bishara) A/C. 2/SR. 1642 para. 44.

[24] (Mansoor) A/C. 2/SR. 1650 para. 54.

mieden. Im Ergebnis entsprechen die Stellungnahmen Kuweits und Afghanistans daher der argentinischen Haltung.

Insgesamt läßt sich trotz unterschiedlicher Ausgangspunkte den Stellungnahmen entnehmen, daß Art. 25 auf die Bedürfnisse und Probleme der aufgezählten Staaten lediglich hinweist, nicht jedoch zugunsten dieser Staaten bestimmte Rechtspflichten schaffen will.

II. Das Prinzip der Solidarität in Schrifttum und Praxis

1. Der Inhalt der Solidarität

Solidarität ist definiert worden[25] als eine Interessengemeinschaft der Staaten. Der Begriff der Solidarität hat im Zusammenhang der Charta, des Aktionsprogrammes über die Errichtung einer neuen weltwirtschaftlichen Ordnung[26] und der Deklaration über die Errichtung einer neuen weltwirtschaftlichen Ordnung[27] den Inhalt erhalten, daß damit die Verantwortung der entwickelten Mitglieder der Staatengemeinschaft für die weniger entwickelten gemeint ist[28]. Damit hat der Solidaritätsbegriff, der nach traditioneller Auffassung die Völkerrechtsgemeinschaft als Ganzes für das Wohl ihrer Mitglieder verpflichtete, eine nicht unerhebliche Einengung erfahren.

2. Die Stellungnahmen im Schrifttum

Während die Existenz der Solidarität im traditionellen Sinne zumindest nicht bestritten wird[29], wird im überwiegenden westlichen Schrifttum eine Pflicht zur Förderung weniger entwickelter Staaten nicht anerkannt, falls nicht Verträge dies fordern[30].

Demgegenüber vertritt ein Teil der Völkerrechtswissenschaft die Idee eines internationalen Wohlfahrtsrechtes[31]. Inhalt eines solchen Rechts

[25] Oben, E. II. 1.

[26] Res. A/3202 (S-VI), abgedr. in UNYB 1974, S. 326 ff.

[27] Res. A/3201 (S-VI), abgedr. in UNYB 1974, S. 324 ff.

[28] M. Flory, Droit international du développement, S. 49, 55; R. Kemper, Nationale Verfügung über natürliche Ressourcen und die Neue Weltwirtschaftsordnung der Vereinten Nationen, S. 58; A. Verdross / B. Simma, Universelles Völkerrecht: Theorie und Praxis, S. 252; H. Thierry / J. Combacau / S. Sur / Ch. Vallée, Droit International Public, S. 606; J. Castaneda, La Charte des droits et devoirs économiques des Etats, AFDI 1974, S. 41.

[29] Vgl. I. Brownlie, Principles of Public International Law, S. 259.

[30] Dazu Ch. Tomuschat, Die neue Weltwirtschaftsordnung, VN 1975, S. 97; Kemper, S. 91 m. w. N.

[31] W. Friedmann, The Changing Structure of International Law, S. 176; B. V. A. Röling, International Law in an Expanded World, S. 83; ders., Vor-

soll eine kollektive Verantwortung der Gemeinschaft für das soziale und wirtschaftliche Wohlergehen ihrer Mitglieder sein. Ein derartiges Recht wird unterschiedlich begründet. Soweit eine kollektive Verantwortung im Rückgriff auf eine von nahezu allen Staaten anerkannte nationale Sozialstaatlichkeit als allgemeiner Rechtsgrundsatz i. S. d. Art. 38 Abs. I lit. c IGH Statut angesehen wird[32], überzeugt dies nicht. Denn die historische und grammatikalische Auslegung des Art. 38 Abs. I lit. c ergibt, daß der IGH nur solche anerkannten Rechtsgrundsätze anwenden kann, die nicht nur übereinstimmende Grundlagen der nationalen Rechtsordnungen sind, sondern die auch auf die internationalen Beziehungen übertragbar sind[33]. Die Voraussetzung der Übertragbarkeit ist jedoch nicht gegeben[34]. Die Bürger eines Wohlfahrtsstaates haben untereinander die gleichen Rechte und Pflichten. Ein wohltätiges Verhalten gegenüber Bedürftigen ist auf dieser Ebene nicht rechtlich, sondern allenfalls moralisch begründet. Erst der Staat schafft den für notwendig gehaltenen Ausgleich auf Grund seiner Wohlfahrtsgesetze, die zugleich ein Subordinationsverhältnis begründen. Im Unterschied zu diesem Rechtsverhältnis wird das Verhalten der Staaten untereinander von einem Interessengleichgewicht bestimmt. Wenn die Idee des Sozialstaates also auf die Ebene der internationalen Beziehungen übertragbar sein soll, so müßte dort eine übergeordnete Autorität vorausgesetzt sein, an der es jedoch fehlt. Darüber können auch die Sonderorganisationen der UNO nicht hinwegtäuschen, die lediglich einen organisatorischen Rahmen bereitstellen[35].

Auch der Ansicht, die ein internationales Sozialrecht daraus ableitet, daß sich sowohl die marktwirtschaftlich orientierten wie auch die sozialistischen Industriestaaten jeweils untereinander entsprechend unterstützen[36], kann nicht gefolgt werden. Denn wenn die einzelnen Staaten dieser beiden Gruppen ihr Entwicklungsniveau und den Lebensstandard ihrer Völker untereinander anzugleichen versuchen, so geschieht dies im Rahmen einer organisatorischen Integration und einer materiellen Normendichte[37], der weltweit nicht existiert. Aber selbst

wort in W. D. Verwey, Economic Development, Peace, and International Law, S. VIII, Castaneda, La Charte, S. 40 f.; C. C. Okolie, Legal Aspects of the International Transfer of Technology to Developing Countries, S. 37 f.; S. P. Sinha, New Nations and the Law of Nations, S. 51 f.; R. Khan, The Problem of International Poverty, Studies in Politics 1971, S. 164 ff.; krit. dazu I. Brownlie, Legal Status of Natural Resources in International Law, RdC 1979 I, S. 302.

[32] Röling, Vorwort Verwey, S. VIII.

[33] Vgl. nur Verdross / Simma, S. 309 m. w. N.

[34] Zum folgenden D. Hubbard, The International Law Commission and the New International Economic Order, GYIL 1979, S. 92 ff.

[35] Vgl. W. Friedmann, General Course in Public International Law, RdC 1967 II, S. 99.

[36] So Okolie, S. 37 f.

innerhalb der EG als des am weitesten fortgeschrittenen Integrationsversuchs ist ein Automatismus zur Wirtschaftshilfe bzw. zum Finanzausgleich nicht gegeben, wie die Diskussionen um den britischen Finanzbeitrag[38] gezeigt haben. Ähnliches gilt angesichts der Türkeihilfe[39] auch für die OECD.

Eine andere Auffassung konstruiert eine Regelungsmasse ähnlich einem Wohlfahrtsrecht daraus, daß Verträge mit entwicklungspolitischem Bezug, die zwischen Entwicklungsländern und nicht staatlichen Vertragspartnern geschlossen sind, direkt weder dem internationalen Recht noch einem bestimmten nationalen Rechtssystem unterstellt seien[40]. Zahlreiche Abkommen enthielten daher eine Klausel, daß sich die Parteien einem Rechtssystem unterwerfen, „which may be called the general principles of law as the system within which the agreements were intended to operate“[41].

Eine solche Ansicht müßte zunächst erklären, warum ein wie immer geartetes „Entwicklungsvölkerrecht“ nur im Verhältnis zu nicht staatlichen Vertragspartnern hergeleitet wird, obgleich Staaten die Adressaten entwicklungspolitischer Forderungen der Entwicklungsländer sind. Zudem zeigt die Praxis der Entwicklungsländer auch, daß die Investitionsverträge mit multinationalen Unternehmen nicht einer dritten Rechtsordnung, die neben dem internationalen Recht und den nationalen Rechtssystemen bestünde, zugeordnet werden.

Damit entfällt zugleich die Grundlage, außerhalb existenter und anerkannter Rechtsmassen ein wie immer auch geartetes Wohlfahrtsrecht anzunehmen[42].

3. Die Staatenpraxis

a) Allgemeines

Die Staatenpraxis läßt eine Solidarität als Regel des Völkergewohnheitsrechts nicht erkennen. Fraglich ist jedoch, ob sich nicht eine Entwicklung zu einem Gebot der Solidarität abzeichnet, die sich aus verschiedenen Einzelaspekten ergäbe.

---

[37] Für die EG s. H. von der Groeben / H. von Boeckh / J. Thiesing, Kommentar zum EWG-Vertrag, Bd. I, S. 1576 ff., Bd. II, S. 952 f.; für den RGW vgl. N. W. Faddejew, Der Rat für Gegenseitige Wirtschaftshilfe, S. 46 f.

[38] Dazu M. Jenkins, Britain and the Community Budget: The End of a Chapter, CMLR 1980, S. 493 ff.; R. Wartenweiler, Ungleichgewichte in den EG-Finanzstrukturen, EA 1980, S. 524 ff.

[39] Vgl. die Übersicht in AdG 1980, 23453 A; ferner AdG 1981, 24544 A.

[40] Sinha, S. 51 f.; dazu Friedmann, Changing Structure, S. 176 ff.

[41] So Sinha, S. 51, unter Berufung auf McNair.

[42] Ähnlich I. Foighel, Development Aid. A Legal Analysis, S. 95.

Zwar ist die Solidarität im Völkerrecht kein unbekanntes Phänomen, sondern in Ansätzen bis in das 18. Jahrhundert nachweisbar. Diese Ansätze belegen allerdings keine Rechtspflicht, sondern nur moralische Verpflichtungen, wie etwa im Rahmen des Commonwealth auch über dessen Bestehen hinaus[43] oder im sozialistischen Block[44]. Abgesehen von derartigen Einzelerscheinungen hat die Staatenpraxis jeden Staat als selbst verantwortlich für sein wirtschaftliches und politisches Schicksal angesehen. Eine Verantwortlichkeit dritter Staaten dafür, daß ein Staat seine wirtschaftlichen und politischen Ziele erreichen kann, ist dem traditionellen Völkerrecht daher fremd[45]. Diese angesichts der Entwicklungsunterschiede nicht frei von Zynismus scheinende Feststellung ist allerdings auch vor ihrem volkswirtschaftlichen Hintergrund haltbar. Denn eine wirtschaftswissenschaftliche Untersuchung anhand von 15 Projektländern erweist, daß es Entwicklungsländer vermögen, durch Gestaltung ihrer Wirtschaftspolitik den Industrialisierungsprozeß zu beschleunigen und dabei die Vorteile einer internationalen industriellen Arbeitsteilung auch für sich zu nutzen[46]. Bislang ist jedoch offenkundig, daß das jeweilige interne Machtverhalten in Entwicklungsländern eine sinnvolle Entwicklung zu hemmen in der Lage ist[47].

b) Die Praxis der Entwicklungsländer

In ähnlicher Weise ist auch im internationalen Rahmen zu beobachten, daß die möglicherweise sich abzeichnende Tendenz zur Solidarität bei den Entwicklungsländern nicht völlig mitvollzogen wird. Erinnert sei in diesem Zusammenhang nur an die Erkenntnis, daß der Einsatz des Erdöls als politische Waffe schwere Schädigungen der Weltwirtschaft verursachen kann[48]. Gleichwohl hat das als gemäßigt angesehene Saudi-Arabien im Januar 1981 das Erdöl als politische Waffe genannt[49].

---

[43] Vgl. oben, D. II. 5. a) cc).

[44] Dazu Akademie der Wissenschaften der UdSSR, Völkerrecht, S. 12 f. und H.-J. Dubrowsky, RGW-Zusammenarbeit 1979, DA 1980, S. 26 ff.; zum ganzen U. Scheuner, 50 Jahre Völkerrecht, JIR 1965, S. 28; A. Alvarez, Le droit international nouveau, S. 315.

[45] Tomuschat, Charta, S. 457; A. Lemper, Die „alte" und die „neue" Ordnung, S. 68.

[46] J. B. Donges / L. Müller-Ohlsen, Außenwirtschaftsstrategien und Industrialisierung in Entwicklungsländern, insbes. S. 165; die Zollpolitik der Industriestaaten kann dabei zwar nicht vernachlässigt werden, erscheint jedoch subsidiär, ibid., sowie K. Glaubitt / W. Lütkenhorst, Element einer neuen Weltwirtschaftsordnung, S. 154 ff.

[47] Worauf auch W. D. Verwey, Economic Development, Peace, and International Law, S. 289, hinweist, vgl. auch E.-U. Petersmann, Internationales Recht und Neue Internationale Weltwirtschaftsordnung, AVR 1978, S. 43.

[48] Vgl. etwa Tomuschat, Charta, S. 454; U. Scheuner, Solidarität unter den Nationen als Grundsatz in der gegenwärtigen internationalen Gemeinschaft, S. 273.

Demgegenüber läßt die Politik der Ölförderländer aber auch Ansätze einer solidarischen Haltung erkennen. Der OPEC-Entwicklungsfond mit einem Umfang von 4 Mrd. Dollar wird überwiegend aus den vermehrten Einnahmen der OPEC-Staaten finanziert und zeigt mit diesem Umverteilungscharakter bestimmte Merkmale staatlicher Sozialpolitik[50]. Einen anderen Weg solidarischer Unterstützung sind Mexiko und Venezuela gegangen. Beide Staaten haben sich im August 1980 vertraglich verpflichtet, eine Reihe mittelamerikanischer Staaten zwar zu Weltmarktpreisen, aber doch zu günstigen Bedingungen, d. h. unter zinsgünstiger Kreditgewährung, mit Erdöl zu versorgen, wobei allerdings die Lieferungen Mexikos unter dem Vorbehalt des Eigenbedarfs stehen[51].

c) *Gerechte Entwicklung der Weltwirtschaft?*

Angesichts der horrenden, durch Energieimporte verursachten Verschuldung eines großen Teils der Entwicklungsländer[52] drängt sich zwangsläufig die Frage auf, ob die soeben geschilderte Praxis ausreicht, durch den regelmäßigen Fluß aller Handelsgüter, die zu stabilen, lohnenden und gerechten Preisen gehandelt werden, zur gerechten Entwicklung der Weltwirtschaft beizutragen. Als Problem stellt sich zunächst die Bestimmung des lohnenden und gerechten Preises.

Unklar ist bislang geblieben, welche Preise sich als jeweils lohnend und gerecht darstellen[53]. Ungeklärt ist vor allem auch, wie derartige Preise bestimmt werden können. Der Markt als Mittel der Preisregulierung wird durch die Entwicklungsländer abgelehnt, autoritative Entscheidungsverfahren sind nicht ersichtlich und Preiskämpfe[54] in Analogie zu den nationalen Arbeitskampfrechten würde auf internationaler Ebene eine den nationalen Rechtsordnungen vergleichbare Ordnung

---

[49] Shaikh Jamani urges West to 'correct Middle East Damage', Times, 30. 1. 1981, S. 6.

[50] I. F. I. Shihata / R. Mabro, The OPEC Aid Record, World Development 1979, S. 168, weisen daher nicht ganz zu Unrecht auf den Aspekt der Solidarität hin; zum Entwicklungsfond der OPEC siehe oben, F. I. (A) 5. bei Fn. 62; einen ähnlichen Umverteilungsmechanismus hat in begrenztem Rahmen die ECOWAS-Gipfelkonferenz im Mai 1980 beschlossen, vgl. AdG 1980, 23999 B Nr. 1.

[51] Vgl. AdG 1980, 23766 A Nr. 4; ähnlich der Beschluß der 10. Konferenz der Wirtschaftsminister der ASEAN-Staaten im Oktober 1980 (Konferenzbericht von Frau Ch. Pilz, Bangkok, unveröffentlicht); vgl. ferner AdG 1981, 24743 C.

[52] Das Zahlungsbilanzdefizit der ölimportierenden Entwicklungsländer beträgt nach Angaben des IMF 1980 72 Mrd. Dollar, 1981 schätzungsweise 80 Mrd. Dollar, Kommuniqué des Entwicklungsausschusses von IWF und Weltbank, 29. 9. 1980, EA 1980, D 644; dazu auch IMF, Report 1980, S. 28 ff.

[53] D. Kebschull / K. Fasbender / A. Naini, Entwicklungspolitik, S. 180.

[54] So hält etwa S. A. Tiewul, The United Nations Charter of Economic Rights and Duties of States, JILE 1975, S. 676, zur Erzielung eines gerechten Preises ein Ölembargo für zulässig.

voraussetzen, woran es jedoch fehlt[55]. Über diese mehr formellen Positionen hinaus lassen sich zudem keine Belege dafür finden, daß insbesondere Rohstoffe im Interesse aller Staaten gehandelt werden. Denn einerseits vermögen schon die theoretischen Konstruktionen nicht zu überzeugen, die entweder auf Gedanken des Seerechts (common heritage of mankind) oder auf den menschenrechtlichen Ansatz zurückgreifen[56]. Andererseits erheben die Förderländer nicht nur den Anspruch absoluter Souveränität über ihre Ressourcen, sondern setzen ihre Ressourcen in ihren Wirtschaftsbeziehungen auch in der ihnen richtig scheinenden Weise ein[57].

d) *Die Praxis westlicher Staaten*

Deutlich werden Ansätze einer Solidarität durch die Entwicklungsprogramme westlicher Staaten belegt. So sah der International Development and Food Assistence Act of 1977 der USA[58] vor, daß Entwicklungshilfe innerhalb des vorgegebenen Rahmens vorrangig den Ärmsten der Armen gewährt werden soll. Auch die Bundesrepublik Deutschland ließ besonders benachteiligten Entwicklungsländern im Rahmen der OECD vorrangig Hilfe zukommen[59].

Insgesamt haben sich die Industrieländer auf UNCTAD V verpflichtet, ihre Entwicklungshilfe für die am wenigsten entwickelten Staaten so schnell wie möglich zu verdoppeln, wobei sich Industriestaaten und

---

[55] Vgl. oben, B. II. 7. c) bb). Zum ganzen Ch. Tomuschat, Internationale Abhängigkeiten im Rohstoffbereich, S. 165 ff.

[56] Eingehend ders., S. 153 ff.; vgl. auch I. Seidl-Hohenveldern, International Economic „Soft Law", RdC 1979 II, S. 187.

[57] Die Solidarität zwischen den Entwicklungsländern bleibt daher noch auf ihr gemeinsames Auftreten gegenüber den Industriestaaten beschränkt. Bei Verhandlungen wird eine solidarische Haltung allerdings nur um den Preis von Maximalforderungen an die Industriestaaten erreicht. Die dahinter nur notdürftig versteckten zahlreichen divergierenden Einzelinteressen der Entwicklungsländer lassen es gerechtfertigt erscheinen, daß die während der Verhandlungen gezeigte Solidarität eher als eine, aus der Kolonialzeit und Unterentwicklung erklärbare, gemeinsame Anti-Haltung gegenüber den Industriestaaten zu charakterisieren ist. Dazu K. Seitz, Die Dritte Welt als neuer Machtfaktor der Weltpolitik, EA 1975, S. 216 f.; zum ganzen V. Matthies, Süd/Süd-Beziehungen und kollektive „self-reliance", VRÜ 1978, S. 76 ff., mit allerdings weniger weitgehender Beurteilung, sowie F. A. Freiherr von der Heydte, Großmächte und Staatenverbindungen in dem sich wandelnden Völkerrecht unserer Zeit, S. 451; s. ferner die Feststellungen zum Verhalten der Gruppe der 77 in: Bundesministerium für wirtschaftliche Zusammenarbeit, Entwicklungspolitik, Materialien Nr. 64, S. 36 f.

[58] Abgedruckt in ILM 1977, S. 1508 ff.

[59] Dritter Bericht zur Entwicklungspolitik der Bundesregierung, BT-Drucks. 8/1185, S. 9 ff., sowie Mitteilung des Bundesministers für wirtschaftliche Zusammenarbeit über die Umwandlung von Darlehen, auszugsweise abgedr. in Auswärtiges Amt (Hrsg.), Dritte Welt, S. 251 f. (Pkt. 1); zur entsprechenden Absicht der OECD vgl. Kommuniqué der Tagung des OECD-Ministerrats, EA 1980, D 351.

Entwicklungsländer gleichzeitig auf einen Katalog von Grundbedürfnissen geeinigt haben[60].

Angesichts des erstmals in der UNCTAD-Resolution ausdrücklich festgestellten Grundgedankens, daß ein Ressourcentransfer allen Staatengruppen wirtschaftlich zugute kommt[61], kann auch diesen Hilfszusagen nicht entnommen werden, daß sie auf einer anderen Motivation als der geschilderten beruhen[62].

e) *Fürsorge für besonders benachteiligte Staaten*

Anders als bei der Gruppe der am wenigsten entwickelten Staaten ist bei der Gruppe der unterentwickelten Binnen- und Inselländer nicht feststellbar, daß deren spezielle Bedürfnisse eine praktisch bedeutsame Berücksichtigung gefunden haben. Zwar sind die besonderen Probleme, insbesondere die Verkehrsfragen, wiederholt diskutiert und teilweise erneut anerkannt worden[63]. Ein besonderer Beitrag der Industrieländer zum UN-Sonderfonds für Binnenländer[64] ist jedoch ebenso abgelehnt worden wie eine Einigung über den Entwicklungsstand der Inselländer nicht erzielt werden konnte. Darüber hinaus ist dem Völkerrecht etwa ein Recht auf den Zugang zur See, das Binnenstaaten oder Staaten mit ungünstigem Küstenverlauf zustände, fremd. Transitrechte oder Hafenbenutzungsrechte werden in der Regel durch Vertrag oder aufgrund regionalen Gewohnheitsrechts eingeräumt[65]. Auch Art. 3 des Genfer Abkommens über die Hohe See[66] sieht lediglich den Abschluß entsprechender Verträge vor, ohne einen unmittelbaren Anspruch auf den Zugang zum Meer zu verschaffen.

---

[60] Doc. TD/L. 175 (Pkt. IV, 13), abgedr. in BWZ-Materialien Nr. 64, S. 131 ff., dazu ibid., S. 32 f.

[61] Doc. TD/L. 185 (Pkt. IV, 1), abgedr. in BWZ-Materialien Nr. 64, S. 113 ff.

[62] Ebenso H. Reinhard, Rechtsgleichheit und Selbstbestimmung der Völker in wirtschaftlicher Hinsicht, S. 126, der aus der Praxis keine alllgemeinen Rechtspflichten ableitet.

[63] Etwa auf UNCTAD V 1980 in Manila, dazu BWZ-Materialien Nr. 64, S. 33; vgl. ferner die in A. P. Mutharika, The International Law of Development — Basic Documents, Bd. 3, S. 1699, abgedr. Resolutionen.

[64] In Ermangelung von Einlagen wurde der Fond nicht arbeitsfähig, vgl. UN Monthly Chronicle 1979, Nr. 1, S. 53.

[65] G. Schwarzenberger, International Law, S. 237 f., P. C. Rao, Charter of Economic Rights and Duties of States, IJIL 1975, S. 357; Brownlie, Principles, S. 277; E. Menzel / K. Ipsen, Völkerrecht, S. 148 f.; a. A. wohl A. H. Tabibi, The Right of Land-Locked Countries to Free Access to the Sea, ÖZöR 1972, S. 120, unter Berufung auf Scelle.

[66] Abgedr. in M. Schweitzer / W. Rudolf, Friedensvölkerrecht, S. 222 ff.

4. Zwischenergebnis

Eine internationale Solidarität im hier definierten Sinn bleibt daher ein bloß politisches Prinzip[67]. Die Ansätze solidarischen Handelns bleiben zu dürftig, um von einer sich entwickelnden allgemeinen Praxis sprechen zu können.

III. Gesamtergebnis

Die Staatenpraxis läßt Solidarität als Regel des Völkergewohnheitsrechts nicht erkennen. Die wenigen Ansätze belegen keine Rechtspflicht, sondern nur moralische Verpflichtungen.

Die Art. 6 Satz 2, 7 und 25 sind bloße Programmsätze, die eine internationale Solidarität fordern.

---

[67] Scheuner, Solidarität, S. 274; Kemper, S. 58; ähnlich F. Berber, Lehrbuch des Völkerrechts, Bd. 1, S. 225; D. Schröder, Die Dritte Welt und das Völkerrecht, S. 58, spricht von einer „fingierten Weltgemeinschaft"; der Bundesminister des Auswärtigen, Genscher, sprach vor der 7. Sondergeneralversammlung der UNO am 2. 9. 1975 im Zusammenhang mit einer „sozialen Weltwirtschaft" von einer „Reformaufgabe", vgl. H.-D. Genscher, Außenpolitik im Dienste von Sicherheit und Freiheit, S. 94.

H. Entwicklungsländer als besondere Völkerrechtssubjekte?

Die in den vorangegangenen Abschnitten geschilderte Praxis hat in weiten Teilen die Tendenz erkennen lassen, Entwicklungsländern eine gewisse Vorzugsstellung einzuräumen. Dieses Zugeständnis an die Forderungen und Bedürfnisse der Entwicklungsländer hat sich jedoch, wie vor allem die Vorarbeiten zu der Charta und die Staatenpraxis gleichfalls deutlich gemacht haben, noch keineswegs normativ verdichtet.

I. Die Stellungnahmen im Schrifttum

In Teilen der Völkerrechtswissenschaft[1] ist dagegen eine allgemeine Anerkennung einer Sonderrechtsstellung der Entwicklungsländer gegenüber den entwickelten Staaten nachzuweisen versucht worden. Eine solche Auffassung kann sich sowohl auf die Praxis der Vereinten Nationen wie auch eine nicht unerhebliche Vertragspraxis[2] berufen. So ist eine Sonderstellung der Entwicklungsländer bereits mit UNGA Res. 304 (VI) vom 16. 11. 1949 verlangt und seither mehrfach bekräftigt worden[3]. Deutlichen Niederschlag fand die Forderung nach einer Sonderrechtsstellung im Internationalen Pakt über wirtschaftliche, soziale und kulturelle Rechte[4], der in Art. 2 para. 3 den Entwicklungsländern spezielle Rechte einräumt.

Eine ähnliche Praxis, die z. T. noch weiter zurückreicht, findet sich bei einzelnen Sonderorganisationen der UNO. Insbesondere die Internationale Arbeitsorganisation (ILO)[5] hat seit 1919 bei zahlreichen Kon-

---

1 W. D. Verwey, Economic Development, Peace, and International Law, S. 265; E.-U. Petersmann, Die Dritte Welt und das Wirtschaftsvölkerrecht, ZaöRV 1976, S. 500 f.; M. Flory, Souveraineté des Etats et coopération pour le développement, RdC 1974 I, S. 324; vgl. dens., Droit international du développement, S. 31, 325 ff.

2 Dazu E.-U. Petersmann, „Entwicklungsvölkerrecht", „Droit International Du Développement", „International Economic Development Law": Mythos oder Wirklichkeit?, JIR 1974, S. 146 f.; Flory, Droit international, S. 327 f.

3 Vgl. Verwey, S. 266 ff.

4 UN GA Res. 2200 (XXI), 16. 12. 1966, Annex, abgedr. in AJIL 1967, S. 861 ff.

5 Errichtet durch Versailler Friedensvertrag; revidierte Fassung der Charta trat am 26. 9. 1946 in Kraft; nach dem Kooperationsabkommen mit der UNO vom 14. 12. 1946 wurde die ILO Sonderorganisation.

ventionen und Empfehlungen zwar am Grundsatz der Staatengleichheit festgehalten, jedoch durch die inhaltlich flexible Ausgestaltung der Normen die Entwicklungsländer besonders berücksichtigt, d. h. universell angelegte Konventionen sind de facto nur auf Probleme von Entwicklungsländern anwendbar[6]. Ähnliches gilt für bestimmte währungsrechtliche Regelungen im Rahmen des IMF[7].

Damit begegnet die Argumentation ersten Bedenken. Bei der Behandlung des Reziprozitätselements im Völkerrecht wurde festgestellt, daß es für das Rechtserzeugungsverfahren unerheblich ist, ob die angewendete Behandlung auf alle am Schöpfungsprozeß beteiligten Seiten aktuell anwendbar ist. Es reicht aus, daß die im Werden befindliche Norm bei Vorliegen aller Umstände alle Staaten zum potentiellen Träger des Rechts werden läßt. Wenn also Staaten, die — im übrigen wenig geklärten[8] — Merkmale eines Entwicklungslandes erfüllen und damit die Umstände einer bestimmten Behandlung gegeben sind, so sind diese Staaten aktuell Träger eines Rechts, ohne daß andere Staaten, bei denen die Umstände gerade nicht vorliegen, deshalb nicht mehr potentiell Träger der Rechtsnorm sein können.

Über diese theoretischen Bedenken hinaus erscheint die These einer Anerkennung der Entwicklungsländer als spezielle Rechtssubjekte auch unter praktischen Gesichtspunkten als wenig überzeugend.

Völkerrechtssubjekt ist der Träger völkerrechtlicher Rechte und Pflichten, d. h. jene natürlichen und juristischen Personen, deren Verhalten unmittelbar von der Völkerrechtsordnung geregelt wird[9]. Die Anerkennung einer Sonderrechtsstellung einer bestimmten Staatengruppe würde daher voraussetzen, daß diese Staaten Träger anderer Rechte und Pflichten sind als sie Staaten, die nicht zu dieser Gruppe zählen, besitzen. Das Völkerrecht müßte daher eine Normendualität aufweisen, die einerseits die Beziehungen zwischen den Entwicklungsländern sowie zwischen diesen und den Industriestaaten regelt, andererseits die Beziehungen zwischen den Industriestaaten[10]. Entgegenzuhalten ist diesem Ansatz, daß schon die Beziehungen zwischen den Industriestaaten keiner einheitlichen Rechtsmasse unterstehen. Bei-

---

[6] Vgl. Petersmann, Wirtschaftsvölkerrecht, S. 538.

[7] Dazu ders., „Entwicklungsvölkerrecht", S. 147.

[8] Vgl. I. Brownlie, Legal Status of National Resources in International Law (Some Aspects), RdC 1979 I, S. 302 f.; Petersmann, Wirtschaftsvölkerrecht, S. 543 ff.; Commonwealth Secretariat (Hrsg.), Towards a New International Economic Order, S. 19; in der Praxis überwiegt das Prinzip der „Selbstauswahl", Flory, Droit international, S. 64.

[9] E. Menzel / K. Ipsen, Völkerrecht, S. 97; A. Verdross / B. Simma, Universelles Völkerrecht: Theorie und Praxis, S. 200; I. Seidl-Hohenveldern, Völkerrecht, Rz. 432.

[10] Vgl. Flory, Souveraineté, S. 320 ff.

spielhaft sei nur darauf hingewiesen, daß die Handelsbeziehungen der marktwirtschaftlich orientierten Industriestaaten zu den sozialistischen Staaten weitgehend nicht auf dem Prinzip der Meistbegünstigung beruhen[11]. Andererseits sind auch die Beziehungen der Industriestaaten zu den Entwicklungsländern keiner einheitlichen Rechtsmasse unterworfen, da das auch von den Entwicklungsländern getragene Konzept der Charta differenziert zwischen besonders benachteiligten und weniger benachteiligten Entwicklungsländern[12].

Konsequente Folge des Ansatzes wäre daher keine Normendualität, sondern eine Normenpluralität. Um aber die Gesamtheit der Regeln des Völkerrechts nicht zu zerstören, folgen die Entwicklungsländer dem Konzept der Normendualität nicht, sondern streben zu ihren Gunsten eine Fortentwicklung oder auch lediglich Ausnahmen von den bestehenden allgemeinen Regeln an[13]. Die Entwicklungsländer bleiben also nach ihrem eigenen Willen dem gleichen Recht, allerdings mit Ausnahmen, unterworfen wie andere Staaten auch[14]. Für eine Anerkennung einer Normendualität und damit einer speziellen Völkerrechtssubjektivität der Entwicklungsländer bleibt daher kein Raum.

Einer möglicherweise künftigen Anerkennung steht zudem ein nicht unerhebliches rechtsdogmatisches Hindernis entgegen. In der Völkerrechtswissenschaft[15] wird zu Recht darauf hingewiesen, daß eine derartige Anerkennung die Qualität einer Norm des ius cogens erhalten müßte, um nicht als Norm des ius dispositivum der Möglichkeit beliebiger Abänderbarkeit durch Parteivereinbarung zu unterliegen. Die Staatengemeinschaft müßte dann in ihrer Gesamtheit nicht nur einen bestimmten Inhalt der besonderen Völkerrechtssubjektivität anerkennen, sondern auch den zwingenden Charakter einer solchen Völkerrechtssubjektivität.

Die bisherige Untersuchung hat gezeigt, daß zwar die Tendenz besteht, den Entwicklungsländern eine Vorzugsbehandlung einzuräumen,

---

[11] Vgl. auch A. Mahiou, Les implications du nouvel ordre économique et le droit international, Rev. belge 1976, S. 430.

[12] Ibid.

[13] Ders., S. 432 f.; K. Hyder, Equality of Treatment and Trade Discrimination in International Law, S. 197; P.-M. Martin, Le nouvel ordre économique international, RGDIP 1976, S. 522; D. Schröder, Die Dritte Welt und das Völkerrecht, S. 41 ff.; J. J. G. Syatauw, Old and New States — A Misleading Distinction for the Future International Law and International Relations, S. 81 f.; M. Bedjaoui, Pour un nouvel ordre économique international, S. 119, 260 ff.

[14] Vgl. allerdings A. A. Mazrui, Towards a Pax Africana, A Study of Ideology and Ambition, der ein afrikanisches Völkerrechtssystem zu erarbeiten versucht hat; anders wohl auch M. Salem, Vers un nouvel ordre économique international, JDI 1975, S. 770.

[15] K. Ipsen, Entwicklungspolitik und Völkerrecht, S. 10 f.

daß dabei eine Rechtsüberzeugung jedoch nicht feststellbar ist. Wenn zudem etwa die Mitglieder des Investitionsstatuts der Andengruppe bei der praktischen Umsetzung in unterschiedlichem Maße von den Regelungen des Statuts abweichen[16], bestätigt sich, daß unter den Entwicklungsländern angesichts ihrer unterschiedlichen Interessenlage kein Konsens über Inhalt und Durchsetzbarkeit einer besonderen Völkerrechtssubjektivität besteht. Schon auf dieser ersten Ebene muß ein universaler Konsens daher utopisch erscheinen[17].

II. Ergebnis

Theorie und Praxis des Völkerrechts lassen die Anerkennung eines besonderen völkerrechtlichen Status der Entwicklungsländer als illusorisch erscheinen.

---

[16] Siehe oben, B. II. 6. b).
[17] Ipsen, S. 11.

I. Tendenzen und Wandel der völkerrechtlichen Ordnung wirtschaftlicher Beziehungen zwischen den Staaten

Zieht man aus den bisherigen Untersuchungen das Fazit, so bietet sich zunächst kein einheitliches Bild: Die Bestimmungen der Charta schreiben nicht nur geltendes Völkerrecht fest, sondern fordern auch eine Weiterentwicklung bzw. eine Umwälzung bestehenden Rechts[1].

Eine Festschreibung und Verdeutlichung geltenden Völkerrechts enthalten etwa die Art. 1 zum Teil und Art. 10. Wie bei Art. 3 und Art. 13 deutlich geworden ist, hat sich in Teilbereichen der internationalen Wirtschaftsbeziehungen auf der Grundlage der Charta Gewohnheitsrecht entwickelt; zumindest aber ist eine Entwicklung eingeleitet. Andere Bestimmungen der Charta haben dagegen nicht zu einer Entwicklung beitragen können, sondern sind eher von einer gegenläufigen Entwicklung überholt worden. Dies gilt besonders hinsichtlich der angestrebten Liberalisierung des Welthandels, aber weitgehend auch für das Prinzip der Gleichheit der Staaten. Eine weitere Gruppe von Vorschriften, zu denen besonders die Entschädigungsregelung des Art. 2 para. 2 lit. c und das Interventionsverbot des Art. 32 zählen, hat weder sichtbaren Einfluß auf die Praxis genommen noch war eine anders begründete Änderung der Staatenpraxis feststellbar.

Damit steht zunächst fest, daß die Charta zumindest keine Revolution des Völkerrechts der wirtschaftlichen Beziehungen bewirkt hat. Denn eine Revolution würde einen radikalen Bruch mit der bestehenden Rechtsordnung voraussetzen, der aber nicht nachweisbar ist.

Eine derartige Absicht kann den Stellungnahmen der Delegierten der Entwicklungsländer allerdings auch nicht sicher entnommen werden.

Einen verpflichtenden Charakter sprach vor allem der mexikanische Vorsitzende der Arbeitsgruppe der Charta zu. Denn anders als die Resolutionen A/3201 (S-VI) und A/3202 (S-VI) enthalte die Charta nicht bloße Absichtserklärungen und Empfehlungen, sondern spreche konkrete Rechte und Pflichten aus[2]. Will man den Resolutionen der Generalversammlung eine gleichwie begründete Bindungswirkung zusprechen[3], so hätte die Charta mit ihren zahlreichen, bislang nicht nachweisbaren Rechten und Pflichten natürlich einen Bruch dargestellt.

---

[1] Vgl. Castaneda (Mexiko) A/C. 2/SR. 1638 para. 14.

[2] Ders., ibid.

Demgegenüber stehen jedoch die Äußerungen, die die Charta nur als einen „code of conduct“ bezeichnen[4]. Diese Einstellung beruht offenbar auf der zutreffenden Einschätzung, daß sich die von der Charta geforderte neue Ordnung nur mit Hilfe der marktwirtschaftlich orientierten Staaten, mithin der ablehnenden, verwirklichen lasse[5]. Hinzu kommt, daß die Charta auch nicht als eine Liste von Forderungen an die Industriestaaten angesehen wurde[6], sondern eher als Beginn der Entwicklung eines rechtlichen Rahmens für eine neue wirtschaftliche Ordnung[7]. Schließlich ist auf einen Antrag Mexikos im Zweiten Ausschuß hinzuweisen, durch den im fünften Abschnitt, Buchstabe c, der Präambel die Wendung „... obligations under this Charter ...“ durch „... provisions ...“ abgeschwächt wurde[8].

Daraus kann nur der Schluß gezogen werden, daß die Charta zunächst nur als „Rahmenplan“ verstanden wurde. Da nach westlicher Auffassung[9] den Resolutionen der Generalversammlung ohnehin keine Rechtskraft zukommt, kann die Charta daher lediglich als Richtlinie für künftiges Verhalten angesehen werden.

Soweit Vertreter von Entwicklungsländern die so verstandene Charta allerdings als Schritt in Richtung auf eine Kodifikation auffaßten[10], ist dieser Gedanke skeptisch zu beurteilen. Die westlichen Staaten haben ihre Abneigung gegen eine Kodifizierung deutlich

---

[3] Vgl. zu den Konstruktionen etwa R. C. Hingorani, Modern International Law, S. 25; T. O. Elias, Modern Sources of International Law, S. 51; J. Castaneda, The Underdeveloped Nations and the Development of International Law, IntAff 1961, S. 47 f.; Bin Cheng, United Nations Resolutions on Outer Space: „Instant“ International Customary Law, IJIL 1965, S. 35 ff.; vgl. auch die Stellungnahmen zahlreicher Entwicklungsländer in der Arbeitsgruppe, TD/B/AC. 12/1 para. 18.

[4] Consalvi (Venezuela) A/C. 2/SR. 1639 para. 32; S. A. Tiewul, The United Nations Charter of Economic Rights and Duties of States, JILE 1975, S. 681.

[5] Worauf hinwiesen Shemirani (Iran) A/C. 2/SR. 1650 para. 33 und Sharaf (Jordanien) A/C. 2/SR. 1650 para. 37.

[6] Smida (Tunesien) A/C. 2/SR. 1650 para. 45.

[7] So Kandé (Senegal) A/C. 2/SR. 1650 para. 40.

[8] Vgl. Doc. A/9946, S. 7, gegenüber dem Entwurf, ibid., S. 2, dazu Garcia Robles (Mexiko) A/C. 2/SR. 1647 para. 10, zustimmend Cavaglieri (Italien) A/C. 2/SR. 1650 para. 10.

[9] Übersicht über den Meinungsstand bei Ch. Tomuschat, Die Charta der wirtschaftlichen Rechte und Pflichten der Staaten, ZaöRV 1976, S. 460 ff.; B. zu Dohna, Die Grundprinzipien des Völkerrechts über die freundschaftlichen Beziehungen und die Zusammenarbeit zwischen den Staaten, S. 241 ff.; C. N. Brower / J. B. Tepe, The Charter of Economic Rights and Duties of States, Int. Lawyer 1975, S. 300 ff.; I. Seidl-Hohenveldern, International Economic „Soft Law“, RdC 1979 II, S. 183 ff.

[10] Kandé (Senegal) A/C. 2/SR. 1650 para. 40; Rabasa (Mexiko) in der Generalversammlung, A/PV. 2315, S. 76 f.; vgl. auch Seidl-Hohenveldern, „Soft Law“, S. 176.

gemacht[11]; daß sie davon abrücken werden, kann angesichts der aufgezeigten Korrekturmöglichkeiten im Rahmen der Bildung von Gewohnheitsrecht nicht belegt werden. Neben diesem politischen Argument spricht eine Reihe dogmatischer Gründe gegen die Annahme der Entwicklungsländer. Ein Kodifizierungsvorhaben setzt eine Übereinkunft der Staaten über die Festlegung und Ausarbeitung des Inhalts des Vorhabens voraus[12]. Treten aber schon im Rahmen der Beratungen zu einem unverbindlichen Verhaltenskodex die grundlegend unterschiedlichen Positionen der Staaten deutlich zutage, so erscheint es utopisch, zwischen diesen Auffassungen für die Zwecke einer Kodifikation einen Kompromiß erzielen zu können. Denn der Erfolg eines Kodifikationsvorhabens hat in der Vergangenheit wesentlich davon abgehangen, ob die festzuschreibenden Bestimmungen eine ausreichende Grundlage im Völkerrecht hatten[13]. Fehlt es wie im Falle der Charta nicht nur weitgehend an einer derartigen Grundlage, sondern divergieren die Auffassungen der Staaten auch noch in erheblicher Weise, muß ein Kodifikationsversuch für einen längeren Zeitraum zwangsläufig erfolglos bleiben.

Gegen die Möglichkeit, die Charta in einen Kodifikationsentwurf überzuleiten, sprechen auch die bisherigen Erfahrungen mit anderen Kodifikationsentwürfen. Die Arbeit der International Law Commission, die die Weiterentwicklung und Kodifizierung des Völkerrechts zum Ziel hat, erweist, daß es mehrjähriger eingehender und sorgfältiger Arbeit bedarf, ehe ein Kodifikationsentwurf einer Staatenkonferenz vorgelegt werden kann[14]. Mit dieser Arbeitsweise kann die Entstehung der Charta nicht verglichen werden. Denn anders als in der durch eine sachliche Atmosphäre geprägten Arbeit der ILC ist die Erarbeitung der Charta durch den emotional belasteten Nord-Süd-Konflikt bestimmt worden[15]. Die Konsolidierung ungeschriebenen Rechts bedarf daher, soll sie Erfolg haben[16], anderer Voraussetzungen, als sie der Charta zugrunde liegen.

---

[11] Vgl. die Stellungnahmen in der Arbeitsgruppe, TD/B/AC. 12/1 para. 19; Berlis (Kanada) A/C. 2/SR. 1649 para. 48.

[12] Vgl. A. P. Mowtschan, Kodifizierung und Weiterentwicklung des Völkerrechts, S. 98 f.

[13] Vgl. C. de Visscher, States in the Codification of International Law, S. 22.

[14] Zur Arbeitsweise der ILC eingehend Mowtschan, S. 108 ff.; R. Thode, International Law Commission, S. 163 ff., 345 ff.; vgl. ferner C. de Visscher, S. 22 f.

[15] Vgl. etwa die Stellungnahmen der Delegierten Omar (Libyen) A/C. 2/ SR. 1649 para. 30; Gonzales Galvez (Mexiko) A/C. 2/SR. 1651 para. 5; ebenso die Kritik von Ch. Tomuschat, Die Charta der wirtschaftlichen Rechte und Pflichten der Staaten, ZaöRV 1976, S. 449.

[16] Siehe die Übersicht über die Ergebnisse der Arbeit der ICL bei E. Menzel / K. Ipsen, Völkerrecht, S. 227.

Insgesamt bleibt daher festzuhalten, daß die Charta der wirtschaftlichen Rechte und Pflichten der Staaten die Tendenzen des Rechts der internationalen Wirtschaftsbeziehungen beeinflußt hat, zu einem Wandel in geringem Umfang auch beigetragen hat, ohne daß sie allerdings mehr ist — und künftig auch sein wird — als ein unverbindlicher „code of conduct".

Zusammenfassung

1. Die 29. Generalversammlung der Vereinten Nationen beschloß am 12. 12. 1974 die „Charta der wirtschaftlichen Rechte und Pflichten der Staaten“ als Resolution 3218. Die Charta soll nach dem Willen der die Mehrheit in der Generalversammlung stellenden Entwicklungsländer eine neue, gerechte Ordnung der Weltwirtschaft schaffen.

2. Die Arbeit ist eine Untersuchung darüber, in welchen Punkten die Charta mit dem geltenden Recht übereinstimmt, inwieweit sie eine Evolutionstendenz aufweist und in welcher Hinsicht sie mit dem geltenden Recht nicht übereinstimmt und damit eine Revolutionstendenz innehat.

3. Angesichts der in der Charta enthaltenen Stoffülle und der fehlenden empirischen Untersuchung des praktizierten Wirtschaftsvölkerrechts war im Rahmen der vorliegenden Arbeit der Nachweis der allgemeinen Praxis als objektives Element des Völkergewohnheitsrechts für sämtliche Fragestellungen nicht zu leisten. Die Feststellung der allgemeinen Übung ist daher mit einer gewissen Zurückhaltung zu treffen gewesen.

4. Verschiedene Artikel der Charta treffen mehrere inhaltliche Aussagen. Die betreffenden Artikel sind insofern unter einem bestimmten Obersatz behandelt worden, wie dies unter Zugrundelegung des sich aus der Entstehungsgeschichte der einzelnen Artikel ergebenden Schwerpunktes gerechtfertigt war.

5. Die Charta enthält verschiedene völkerrechtlich relevante Komplexe: das Prinzip der Souveränität, der völkerrechtliche Eigentumsstatus, das Gleichheitsprinzip, das Prinzip der Zusammenarbeit, Prinzipien der Entwicklungsfinanzierung, das Prinzip der internationalen Solidarität und die Problematik der besonderen Völkerrechtssubjektivität der Entwicklungsländer.

6. Die Statuierung der Unveräußerlichkeit der Souveränität findet keine Stütze im geltenden Recht. Die Ausübung der Souveränität nach außen wird durch die Verpflichtungen des Völkerrechts begrenzt; der Begriff der absoluten Souveränität entspricht nicht geltendem Recht. Die Gestaltung der auswärtigen Beziehungen steht

im Ermessen des Staates; Erzeugerzusammenschlüsse sind ebenso zulässig wie Maßnahmen gegen deren Preis- und Absatzpolitik.

7. Die Ausgestaltung der inneren Ordnung der Staaten ist durch völkerrechtliche Normen nicht begrenzt. Insbesondere die Zulassung ausländischer Investitionen fällt in den vorbehaltenen Bereich des Staates. Das Eigentum des Investors ist sozialpflichtig; Eingriffe des Staates in das Management berühren dagegen das Eigentumsrecht des Investors. Multinationale Unternehmen unterstehen keinem völkerrechtlichen Sonderrecht.

8. Der Einsatz von Ressourcen in der Handelspolitik ist nicht eingeschränkt. Die permanente Souveränität, verstanden als nationale Kontrolle über Rohstoffe und (stärkere) Beteiligung an ihrer Ausbeutung, ist als Konzept anerkannt und findet zunehmend Eingang in die Praxis. Das Erfordernis der „information and prior consultation" bei der Ausbeutung grenzüberschreitender Ressourcen ist gewohnheitsrechtlich anerkannt. Eine darüber hinausgehende Zusammenarbeit ist gewohnheitsrechtlich nicht anerkannt.

9. Eine übereinstimmende Auffassung der Staaten zur Reichweite eines Interventionsverbotes und über dessen Rechtscharakter ist nicht nachweisbar. Maßnahmen wirtschaftlichen Druckes sind Praxis und durch das Völkerrecht nicht verboten.

10. Völkergewohnheitsrechtlich ist anerkannt, daß der Heimatstaat des Investors im Falle von Streitigkeiten bei Vermögensentziehungen diplomatischen Schutz gewähren darf. Eine obligatorische Gerichtsbarkeit besteht nicht. Hinsichtlich der Enteignungsvoraussetzungen ist ein Minimalkonsens ebensowenig nachweisbar wie bezüglich eines Entschädigungsstandards. Die Erstreckung der Entschädigungspflicht auf zukünftige Gewinne sowie der Abzug behaupteter Übergewinne sind gewohnheitsrechtlich nicht anerkannt.

11. Das Prinzip der Nichtdiskriminierung hat in der Staatenpraxis aller Staatengruppen nur einen geringen Niederschlag gefunden. Eine Sonderstellung nehmen die Präferenzabkommen ein, die von den Entwicklungsländern als Beitrag zur Überwindung ihrer materiellen Ungleichheit gefordert werden. Eine Rechtsüberzeugung der Beteiligten ist allerdings nicht nachweisbar; vielmehr sind wirtschaftspolitische Gründe maßgeblich, die auch Diskriminierungen nicht ausschließen. Organisationen mit ausschließlich wirtschaftlicher Zielsetzung kennen das Prinzip der formellen Gleichheit nicht.

12. Für eine internationale Zusammenarbeit stellt das Völkerrecht lediglich den organisatorischen Rahmen zur Verfügung. Die Zu-

sammenarbeit zwischen den Staaten beruht nicht auf einer völkergewohnheitsrechtlichen Pflicht, sondern auf vertraglichen Vereinbarungen. Jeder Staat hat das Recht, vorbehaltlich der Zustimmung der Beteiligten, an überregionaler, regionaler und interregionaler Zusammenarbeit teilzunehmen.

13. Ein Anspruch auf Entwicklungshilfe ist völkergewohnheitsrechtlich nicht anerkannt. Nachweisbar ist lediglich eine Tendenz zum „soft law". Die Herkunft der Mittel für die Entwicklungshilfe unterliegt keinen Bindungen des Gewohnheitsrechtes. Eine Entwicklungsfinanzierung durch eine Begünstigung der Entwicklungsländer im internationalen Handel ist Praxis; bestimmte Pflichten und Mittel sind dagegen nicht anerkannt. Eine weltweite Handelsliberalisierung ist nicht nachweisbar. Hinsichtlich des Technologietransfers weist die Praxis eine Tendenz auf, den Transfer zugunsten der Entwicklungsländer zu fördern; insoweit kann von „soft law" gesprochen werden.

14. Der traditionell mit Interessengemeinschaft gleichgesetzte Begriff der Solidarität hat im Rahmen der Generalversammlung den Inhalt erhalten, daß damit die Verantwortung der entwickelten Mitglieder der Staatengemeinschaft für die weniger entwickelten gemeint ist. Die Staatenpraxis läßt eine so verstandene Solidarität als Regel des Völkergewohnheitsrechts nicht erkennen. Die wenigen Ansätze belegen lediglich moralische Verpflichtungen.

15. Entwicklungsländern wird in der Praxis eine gewisse Vorrangstellung eingeräumt. Dieses Zugeständnis an die Forderungen und Bedürfnisse der Entwicklungsländer hat sich nicht normativ verdichtet. Vielmehr lassen Theorie und Praxis des Völkerrechts die Anerkennung eines besonderen völkerrechtlichen Status der Entwicklungsländer als illusorisch erscheinen.

16. Die Charta der wirtschaftlichen Rechte und Pflichten der Staaten hat in Teilbereichen des Völkerrechts die Bildung von Gewohnheitsrecht beeinflussen können und ist zum Teil auch von einer gegenläufigen Entwicklung überholt worden. Sie stellt daher zumindest keine Revolution des Völkerrechts dar. Die Charta kann damit zwar als Verhaltenskodex angesehen werden, ohne daß allerdings Chancen ersichtlich wären, die Charta in einen Kodifikationsentwurf überzuleiten.

Anhang

Ergebnisse der Einzelabstimmung im Zweiten Ausschuß

(Quelle: Doc. A/9946, S. 19 ff.)

Art. 1:	131/0/0
Art. 2 para. 1:	119/9/3
Art. 2 para. 2 lit. a:	113/10/4
Art. 2 para. 2 lit. b:	119/4/6
Art. 2 para. 2 lit. c:	104/16/6
Art. 3:	97/7/25
Art. 4:	115/8/7
Art. 5:	Alternative abgelehnt mit 87/19/11
Art. 6:	119/8/2
Art. 7:	129/0/0
Art. 8:	131/0/0
Art. 9:	129/0/0
Art. 10:	129/0/0
Art. 11:	129/0/0
Art. 12:	128/0/0
Art. 13:	129/0/0
Art. 14:	128/0/0
Art. 15:	Alternative abgelehnt mit 76/22/24
Art. 16:	Alternative abgelehnt mit 98/17/8
Art. 17:	130/0/0
Art. 18:	131/0/0
Art. 19:	Alternative abgelehnt mit 102/17/5
Art. 20:	110/1/12
Art. 21:	131/0/0
Art. 22:	131/0/0
Art. 23:	131/0/0
Art. 24:	131/0/0
Art. 25:	131/0/0
Art. 26:	105/14/10
Art. 27:	131/0/0
Art. 28:	Alternative abgelehnt mit 101/12/11
Art. 32:	119/0/11

(Ja-Stimmen/Gegenstimmen/Enthaltungen)

Literaturverzeichnis

Abrell, M. / *Theurer*, M.: Investitionskontrollen in Kanada, RIW/AWD 1977, 150—153

Akademie der Wissenschaften der UdSSR: Völkerrecht, Hamburg 1960, übersetzt aus dem Russischen

Alenfeld, J.: Die Investitionsförderungsverträge der Bundesrepublik Deutschland, Frankfurt a. M. 1971

Alfaro, R. J.: The Rights and Duties of States, RdC 1959 II, 91—202

Alvarez, A.: Le droit international nouveau, Paris 1959

Amerasinghe, C. F.: L'expropriation des compagnies pétrolières de Ceylan et le droit international, RGDIP 1965, 395—428

— The Ceylon Oil Expropriations, AJIL 1964, 445—450
(zit.: Expropriations)

Ammann, U.: Der Schutz ausländischer Privatinvestitionen in Entwicklungsländern aus völkerrechtlicher, volkswirtschaftlicher und betriebswirtschaftlicher Sicht, Zürich, St. Gallen 1967

Anand, R. P.: Role of the „New" Asian-African Countries in the Present International Legal Order, AJIL 1962, 383—406

— Sovereign Equality of States in International Law, Int. Aff. 1967, 213—241, 387—421
(zit.: Sovereign Equality)

Andrews, S. C.: The Legitimacy of the United States Embargo of Uganda, JILE 1979, 651—673

Antal, E.: Die Beteiligung der RGW-Länder am Welthandel unter besonderer Berücksichtigung ihres Agraraußenhandels, Berlin 1979

Arangio-Ruiz, G.: The Normative Role of the General Assembly of the United Nations and the Declaration of Principles of Friendly Relations, RdC 1972 III, 418—742

Arbeitsgemeinschaft für Völkerrecht beim Institut für internationale Beziehungen der Akademie für Staats- und Rechtswissenschaft der DDR (Hrsg.): Völkerrecht, Bd. 1, Berlin (Ost) 1973

Aréchaga, E. J. de: International Law in the Past Third of a Century, RdC 1978 I, 1—344
(zit.: International Law)

— International Reponsibility, in: Sørensen, M. (Hrsg.), Manual of Public International Law, London/New York 1968, 531—603
(zit.: International Responsibility)

Arnold, V. L. / *Hamilton*, J.: The Greene Settlement: A Study of the Resolution of Investment Disputes in Peru, TexILJ 1978, 263—287

Arzinger, R.: Das Selbstbestimmungsrecht im allgemeinen Völkerrecht der Gegenwart, Berlin (Ost) 1966

Baade, H. W.: Indonesian Nationalization Measures Before Foreign Courts — A Reply, AJIL 1960, 801—835
(zit.: Nationalization Measures)

— Permanent Sovereignty over Natural Wealth and Resources, in: Miller, R. S. / Stanger, R. J. (Hrsg.), Essays on Expropriation, Ohio 1967, 3—40
(zit.: Permanent Sovereignty)

— The Legal Effects of Codes of Conduct for Multinational Enterprises, GYIL 1979, 11—52

Babović, B.: The Duty of States to Cooperate with One Another in Accordance with the Charter, in: Sahovic, M. (Hrsg.), Principles of International Law Concerning Friendly Relations and Cooperation, New York 1972, 277—321

Balassa, B. / *Stoutjesdijk,* A.: Economic Integration among Developing Countries, JCMS 1976, 37—55

Banerjee, S. K.: The Concept of Permanent Sovereignty Over Natural Resources: An Analysis, IJIL 1968, 515—546

Barberis, J. A.: Los recurcos naturales compartidos entre estados y el derecho international, Madrid 1979

Baxter, R. R.: Treaties and Custom, RdC 1970 I, 25—106

Bedjaoui, M.: Pour un nouvel ordre économique international, UNESCO, Paris 1978

— Problèmes récents du succession d'Etats dans les Etats nouveaux, RdC 1970 II, 455—586

Behrens, P.: Rechtsfragen im chilenischen Kupferstreit, RabelsZ 1973, 394—434

Berber, F.: Lehrbuch des Völkerrechts, Bd. 1, 2. Aufl., München 1975; Bd. 3, 2. Aufl., München 1977

Bergsten, C. F.: Access to Supplies and the New International Economic Order, in: Bhagwati, J. N., The New International Economic Order: The North-South Debate, Cambridge Mass., London 1977, 199—218

Betz, J.: Die Internationalisierung der Entwicklungshilfe, Baden-Baden 1978

Bin Cheng: General Principles of Law as Applied by International Courts and Tribunals, London 1953
(zit.: Principles)

— United Nations Resolutions on Outer Space: „Instant" International Customary Law, IJIL 1965, 23—48

— The Rationale of Compensation for Expropriation, in: Transactions of The Grotius Society 1959, 267—310
(zit.: Compensation)

Bindschedler, R. L.: Verstaatlichungsmaßnahmen und Entschädigungspflicht nach Völkerrecht, Zürich 1950

Bishop, W.: International Law: Cases and Materials, 2. Aufl., Boston, Toronto 1962

Bleckmann, A.: Die Aufgaben einer Methodenlehre des Völkerrechts, Karlsruhe 1978

— Zur Feststellung und Auslegung von Völkergewohnheitsrecht, ZaöRV 1977, 504—529

Blumenwitz, D.: Die Menschenrechtspakte der Vereinten Nationen und das Selbstbestimmungsrecht der Völker, in: Kulturstiftung der deutschen Vertriebenen (Hrsg.), Menschenrechte und Selbstbestimmung unter Berücksichtigung der Ostdeutschen, Bonn 1980

Böckstiegel, K.-H.: Der Staat als Vertragspartner ausländischer Privatunternehmen, Frankfurt a. M. 1971

— Die allgemeinen Grundsätze des Völkerrechts über Eigentumsentziehung. Eine Untersuchung zu Art. 1 des Zusatzprotokolls zur Europäischen Menschenrechtskonvention, Berlin 1963
(zit.: allgemeine Grundsätze)

— Enteignungs- oder Nationalisierungsmaßnahmen gegen ausländische Kapitalgesellschaften, BDGV 1974, 7—63
(zit.: Enteignungsmaßnahmen)

Bogaert, E. van: Considération sur la théorie de l'égalité des Etats, RGDIP 1955, 85—98

Boguslavsky, M. M.: Legal Questions of Soviet Economic and Technical Assistence to the Countries of Asia, Africa and Latin America (Summary), SYIL 1961, 130—132

Bosch, U.: Meistbegünstigung und Staatshandel, Berlin 1971

Bothe, M.: Die Behandlung ausländischer Investitionen in Lateinamerika, ZaöRV 1968, 731—854

Bowett, D. W.: International Law and Economic Coercion, VirgJIL 1976, 245—259
(zit.: International Law)

— Libyan Nationalisation of American Oil Companies' Assets, CLJ 1978
(zit.: Libyan Nationalisation)

Brehme, G.: Souveränität der jungen Nationalstaaten über Naturreichtümer, Berlin (Ost) 1967

Briggs, H. W.: The Settlement of Mexican Claims Act of 1942, AJIL 1943, 222—232

Brinkmann, M.: Majoritätsprinzip und Einstimmigkeit in den Vereinten Nationen, Frankfurt a. M. 1978

Broms, B.: The Doctrine of Equality of States as Applied in International Organizations, Vammala 1959

Brower, C. N.: The Charter of Economic Rights and Duties and the American Constitutional Tradition: A Bicentennial Perspective on the „New International Economic Order", Int. Lawyer 1976, 701—709

Brower, C. N. / *Tepe*, J. B.: The Charter of Economic Rights and Duties of States: A Reflection or Rejection of International Law?, Int. Lawyer 1975, 295—318

Brownlie, I.: Legal Status of Natural Resources in International Law (Some Aspects), RdC 1979 I, 245—318
(zit.: Legal Status)

— Principles of Public International Law, 3. Aufl., Oxford 1979
(zit.: Principles)

Brüggemann, G. / *Cortez Rosa*, M.: Garantien des ausländischen Investors im neuen portugiesischen Investitionsrecht, RIW/AWD 1978, 424—429

Bryde, B.-O.: Die Intervention mit wirtschaftlichen Mitteln, in: von Münch, I. (Hrsg.), Staatsrecht — Völkerrecht — Europarecht, Festschrift für Hans-Jürgen Schlochauer, Berlin, New York 1981, 227—245

Buchheit, L. C.: Secession — The Legitimacy of Self-Determination, New Haven, London 1978

Buckhardt, W.: Völkerrechtliche Aspekte der lateinamerikanischen Nationalisierungen, VRÜ 1971, 283—300

Calvo, C.: Le droit international, Théorique et pratique, Bd. 1, 2, 3. Aufl., Paris 1880

Carreau, D.: Le nouvel ordre économique international, JDI 1977, 595—605

Carreau, D. / *Flory*, Th. / *Rochère*, J. de la / *Juilliard*, P.: Chronique dc Droit international économique, AFDI 1975, 647—700

Castaneda, J.: La Charte des droits et devoirs économique des Etats, AFDI 1974, 31—56
(zit.: La Charte)

— The Underdeveloped Nations and the Development of International Law, Int. Aff. 1961, 38—48

Chowdhury, S. R.: The Status and Norms of Self-Determination in Contemporary International Law, NILR 1977, 72—84

Christenson, G. A.: The United States — Rumanian Claims Settlement Agreement of March 30, 1960, AJIL 1961, 617—636

Coerper, M. G.: The Foreign Claims Settlement Commission and Judicial Review, AJIL 1956, 868—879

Curry, R. L.: U.S. — Developing Country Trade and Restrictive Business Practice Policies, JIAff 1974, 67—80

Däubler, W. / *Wohlmuth*, K. (Hrsg.): Transnationale Konzerne und Weltwirtschaftsordnung, Baden-Baden 1978

Dahm, G.: Völkerrecht, Bd. 1, Stuttgart 1958

D'Amato, A.: Manifest Intent and the Generation by Treaty of Customary Rules of International Law, AJIL 1970, 892—902

Darby, J. J.: Juristische Kontrollen über Auslandsinvestitionen in den Vereinigten Staaten, RIW/AWD 1977, 320—330

David, E.: Quelques réflexions sur l'égalité économique des Etats, Rev. belge 1974, 399—424

Dawson, F. G. / *Weston*, B. H.: „Prompt, Adequate and Effective": A Universal Standard of Compensation?, FordhamLR 1962, 727—758

Debus, L.: Voraussetzungen für die Wirksamkeit internationaler Rohstoffabkommen, abgeleitet aus den Erfahrungen mit den Weltzuckerabkommen, Hannover 1976

Dicke, D. C.: Die Intervention mit wirtschaftlichen Mitteln im Völkerrecht, Baden-Baden 1978

Dickinson, E. W.: The Equality of States, Cambridge 1920

Doehring, K.: Das Selbstbestimmungsrecht der Völker als Grundsatz des Völkerrechts, in: BDGV, Heft 14, Karlsruhe 1974

— Die Pflicht des Staates zur Gewährung diplomatischen Schutzes, Köln, Berlin 1959

— Gewohnheitsrecht aus Verträgen, ZaöRV 1976, 77—95
(zit.: Gewohnheitsrecht)

Dölle, H. / *Reichert-Facilides,* F. / *Zweigert,* K.: Internationalrechtliche Betrachtungen zur Dekolonisierung — Ein Rechtsgutachten, Tübingen 1964

Dohna, B. Graf zu: Die Grundprinzipien des Völkerrechts über die freundschaftlichen Beziehungen und die Zusammenarbeit zwischen den Staaten, Berlin 1973

Dolzer, R.: New Foundations of the Law of Expropriation of Alien Property, AJIL 1981, 553—589

Doman, N. R.: Postwar Nationalization of Foreign Property in Europe, ColLR 1948, 1125—1161

Domke, M.: Foreign Nationalizations, AJIL 1961, 585—616

Donges, J. B.: Die Welthandelsordnung am Scheidewege, EA 1978, 197—204

Donges, J. B. / *Müller-Ohlsen,* L.: Außenwirtschaftsstrategien und Industrialisierung in Entwicklungsländern, Tübingen 1978

Dorsey, J. F.: Preferential Treatment: A New Standard for International Economic Relations, HarvILJ 1977, 109—135

Drucker, A.: Compensation for Nationalized Property: The British Practice, AJIL 1955, 477—486
(zit.: British Practice)

— Compensation Treaties between Communist States, ICLQ 1961, 238—254

Dubrowsky, H.-J.: RGW-Zusammenarbeit 1979, DA 1979, 26—36

Dupuy, R. J.: Sentence arbitrale au fond (19 janvier 1977), JDI 1977, 350—389

Elias, T. O.: Modern Sources of International Law, in: Friedmann, W. / Henkin, L. / Lissitzyn, O. (Hrsg.), Transnational Law in a Changing Society, New York, London 1972

Erler, G.: Boykott, wirtschaftlicher, in: Strupp-Schlochauer, Wörterbuch, Bd. 1, Berlin 1960, 238—240

Ewing, A. F.: UNCTAD and the Transfer of Technology, JWTL 1976, 197—214

Fachiri, A. P.: Expropriation and International Law, BYIL 1925, 159—171
(zit.: Expropriation)

— International Law and the Property of Aliens, BYIL 1929, 32—55

Faddejew, N. W.: Der Rat für Gegenseitige Wirtschaftshilfe, Berlin (Ost) 1975

Fatouros, A. A.: Legal Security for International Investment, in: Friedmann, W. G. / Pugh, R. C. (Hrsg.), Legal Aspects of Foreign Investment, London 1959, 699—733

Fauchille, P.: Traité de Droit, Bd. 1, 1. Teil, Paris 1922

Favre, A.: Principes du droit des gens, Fribourg 1974

Fawcett, J. E. S.: The Legal Nations, 2. Aufl., Harmondsworth 1971

Feuer, G.: Les Nations Unies et le nouvel ordre économique international, JDI 1977, 606—629

— Réflexions sur la charte des droits et devoirs économiques des Etats, RGDIP 1975, 273—320
(zit.: Réflexions)

Fikentscher, W. / *Kunz-Hallstein*, H. P.: Technologietransfer an Entwicklungsländer und Kartellrecht, GRUR 1979, 437—444

Fischer, P.: Bemerkungen zur Lehre von Alfred Verdross über den „quasivölkerrechtlichen" Vertrag im Lichte der neuesten Entwicklung, in: Miehsler, H. / Mock, E. / Simma, B. / Tammelo, I. (Hrsg.), Jus humanitas, Festschrift zum 90. Geburtstag von Alfred Verdross, Berlin 1980, 379—401
(zit.: Bemerkungen)

— Das internationale Wirtschaftsrecht — Versuch einer Systematik, GYIL 1976, 143—176
(zit.: Systematik)

— Die internationale Konzession. Theorie und Praxis der Rechtsinstitute in den internationalen Wirtschaftsbeziehungen, Wien/New York 1974

— Diskussionsbeitrag, in: Kewenig, W. A. (Hrsg.), Völkerrecht und internationale wirtschaftliche Zusammenarbeit, Veröffentlichungen des Instituts für Internationales Recht an der Universität Kiel, Bd. 79, Berlin 1978, 47—48

— Rohstofflenkung und Monopolisierungstendenzen im internationalen Wirtschaftsrecht, ÖZW 1976, 65—75
(zit.: Rohstofflenkung)

Fischer, Per: Technologie als Vehikel der Entwicklung, EA 1979, 633—642

Fischer Williams, J.: International Law and the Property of Aliens, BYIL 1928, 1—30

Flory, M.: Droit international du développement, Paris 1977
(zit.: Droit international)

— Souveraineté des Etats et coopération pour le développement, RdC 1974 I, 255—329
(zit.: Souveraineté)

Foeth, G.: Mexikanisches Technologierecht in der Praxis, RIW/AWD 1977, 461—467

Foeth, G. / *Zieger*, G.: Investitionen in Lateinamerika, Frankfurt a. M. 1979

Foighel, I.: Development Aid. A Legal Analysis, Kopenhagen 1971

— Diskussionsbeitrag, in: Kewenig, W. A. (Hrsg.), Völkerrecht und internationale wirtschaftliche Zusammenarbeit, Veröffentlichungen des Instituts für Internationales Recht an der Universität Kiel, Bd. 79, Berlin 1978, 40—42

— Nationalization. A Study in the Protection of Alien Property in International Law, Nordisk Tidsskrift For International Ret Og Gentium, 1956, 89—152; 1957, 143—204

Foulliouх, G.: La nationalisation et le droit international public, Paris 1962

Francioni, F.: Compensation for Nationalisation of Foreign Property: The Borderland Between Law and Equity, ICLQ 1975, 255—283

Frantz, U.: 25 Jahre Welthandelspolitik, Berlin 1975

Frick, H.: Bilateraler Investitionsschutz in Entwicklungsländern, Berlin 1975

Friedmann, W.: General Course in Public International Law, RdC 1969 II, 39—246
(zit.: General Course)

— Some Impacts of Social Organization on International Law, AJIL 1956, 475—513

— The Changing Structure of International Law, London 1964
(zit.: Changing Structure)

Funk and *Wagnalls*: New Standard Dictionary of the English Language, New York 1963

Garreau de Loubresse, C.: De quelques éléments de la législation de la République de Cuba en matiere d'intervention économique et de nationalisation, Rev. int. dr. comparé 1961, 773—796

Garzón Clariana, G.: Sobre la noción de cooperación en el Derecho international, Rev. esp. 1976, 51—69

Genscher, H.-D.: Außenpolitik im Dienste von Sicherheit und Freiheit, Stuttgart 1976

Gerber, J.-D.: Der Gemeinsame Rohstoff-Fonds, Außenwirtschaft 1980, 355—371

Gerlach, A.: Die Intervention — Versuch einer Definition, Hamburg 1967

Gess, K. N.: Permanent Sovereignty over Natural Resources, ICLQ 1964, 398—449

Ginman, P. J. / *Murray*, T.: The Generalized System of Preferences: Review and Appraisal, in: Sauvant, K. P. / Hasenpflug, H. (Hrsg.), The New International Economic Order, Frankfurt a. M. 1977, 190—209

Glahn, G. von: Law Among Nations, 2. Aufl., New York 1970

Glaubitt, K. / *Lütkenhorst*, W.: Elemente einer neuen Weltwirtschaftsordnung, Tübingen, Basel 1979

Gnewuschew, N.: Entwicklungsländer und Abrüstung, DA 1979, 113—116

Goldman, M. I.: Soviet Foreign Aid, New York, Washington, London 1967

Goltz, H.: Förderung privater Kapitalanlagen (Direktinvestitionen) in Entwicklungsländern, Köln 1975

Goodrich, L. M. / *Hambro*, E. / *Simons*, A. P.: Charter of the United Nations, 3. Aufl., New York, London 1969

Graham, T. R.: The U.S. Generalized System of Preferences for Developing Countries: International Innovation and the Art of the Possible, AJIL 1978, 513—541

Green, L. C.: International Law Through The Cases, 2. Aufl., London 1970

Greig, D. W.: International Law, 2. Aufl., London 1976

Groeben, H. von der / *Boeckh*, H. von / *Thiesing*, J.: Kommentar zum EWG-Vertrag, Bd. I, II, 2. Aufl., Baden-Baden 1974

Grossfeld, B.: Praxis des Internationalen Privat- und Wirtschaftsrechts. Rechtsprobleme multinationaler Unternehmen, Hamburg 1975

Grünärml, F.: Multinationale Unternehmen und staatliche Wirtschaftspolitik, Göttingen 1975

Gruss, H. J.: Enteignung und Aufhebung von Erdölkonzessionen: Der Schiedsspruch im libyschen Erdölstreit, ZaöRV 1979, 782—806

Günther, H.: Zur Entstehung von Völkergewohnheitsrecht, Berlin 1970

Guggenheim, P.: Traité de droit international public, Bd. 1, 2. Aufl., Genf 1967

Hager, W.: Angst vor der Dritten Welt, EA 1975, 471—476

Haight, W. W.: The New International Economic Order and the Charter of Economic Rights and Duties of States, Int. Lawyer 1975, 591—604

Halajczuk, B. T. / *Moya Dominguez*, M. T. del R.: Derecho international publico, 2. Aufl., Buenos Aires 1978

Handl, G.: The Principle of „Equitable Use“ as Applied to Internationally Shared Natural Resources: Its Role in Resolving Potential International Disputes over Transfrontier Pollution, Rev. belge 1978/79, 40—64

Hartmann, G.: Nationalisierung und Enteignung im Völkerrecht, Berlin 1977

Hasenpflug, H.: Beurteilung der Forderung nach Schaffung einer neuen Weltwirtschaftsordnung, in: Wissenschaftlicher Beirat beim Bundesministerium für wirtschaftliche Zusammenarbeit, Auf dem Wege zu einer neuen Weltwirtschaftsordnung, Stuttgart 1978, 134—141

Hasse, R. / *Weitz*, R.: Das Abkommen von Lomé — Übergang oder Alternative zu einer neuen Weltwirtschaftsordnung?, Köln 1977

Hauser, H.: Joint Ventures: Sonderlösung für Einzelfälle oder allgemein verwendbare Instrumente der internationalen Kooperation?, Außenwirtschaft 1981, 176—194

Heiduk, G.: Die weltwirtschaftlichen Ordnungsprinzipien von GATT und UNCTAD, Baden-Baden 1973

Herz, J. K.: Expropriation of Foreign Property, AJIL 1941, 243—262

Heydte, F. A. Freiherr von der: Großmächte und Staatenverbindungen in dem sich wandelnden Völkerrecht unserer Zeit, in: Miehsler, H. / Mock, E. / Simma, B. / Tammelo, I. (Hrsg.), Jus humanitas, Festschrift zum 90. Geburtstag von Alfred Verdross, Berlin 1980, 445—458

Hingorani, R. C.: Modern International Law, New York 1979

Hubbard, D.: The International Law Commission and the New International Economic Order, GYIL 1979, 80—99

Hyde, J. N.: Permanent Sovereignty over Natural Wealth and Resources, AJIL 1956, 854—867

Hyder, K.: Equality of Treatment and Trade Discrimination in International Law, Den Haag 1968

Ipsen, K.: Diskussionsbeitrag, in: Kewenig, W. A. (Hrsg.), Völkerrecht und internationale Zusammenarbeit, Veröffentlichungen des Instituts für Internationales Recht an der Universität Kiel, Bd. 79, Berlin 1978, 44—47

— Entwicklung zur „collective economic security“ im Rahmen der Vereinten Nationen?, in: Kewenig, W. A. (Hrsg.), Die Vereinten Nationen im Wandel, Veröffentlichungen des Instituts für Internationales Recht an der Universität Kiel, Bd. 73, S. 11—33
(zit.: Entwicklung)

— Entwicklungspolitik und Völkerrecht, hrsg. vom Institut für Entwicklungsforschung und Entwicklungspolitik, Ruhr-Universität Bochum, Bochum 1981

Jackson, J. M.: Legal Problems of International Economic Relations — Cases, Materials and Text, St. Paul 1977

Jaenicke, G.: Diskriminierung, in: Strupp / Schlochauer, Wörterbuch des Völkerrechts, Bd. 1, Berlin 1960, 387—392

— Gleichbehandlung, in: Strupp / Schlochauer, Wörterbuch des Völkerrechts, Bd. 1, Berlin 1960, 690—694

Jeffries, P.: Regulation of Transfer of Technology: An Evaluation of the UNCTAD Code of Conduct, HarvILJ 1977, 309—342

Jenkins, M.: Britain and the Community Budget: The End of a Chapter, CMLR 1980, 493—507

Kaeckenbeeck, G.: La protection internationale des droits acquis, RdC 1937 I, 317—419

Kahn, Ph.: Transfert de technologie et division international du travail pour une politique juridique, Rev. belge 1976, 451—465

— Typologie des contrats de transfert de la technologie, in: Judet, P. / Kahn, Ph. / Kiss., A.-C. / Touscoz, J. (Hrsg.), Transfert de technologie et développement, Paris 1977, 435—465

Kahnert, F.: Economic Integration Among Developing Countries, Paris 1969

Kaminski, G.: Neue Tendenzen der chinesischen Haltung zur Intervention, in: Miehsler, H. / Mock, E. / Simma, B. / Tammelo, I. (Hrsg.), Jus humanitas, Festschrift zum 90. Geburtstag von Alfred Verdross, Berlin 1980, 487—497

Kaplan, G. G.: Equality and Discrimination in International Economic Law (II): The UNCTAD Scheme for Generalised Preferences, YBWA 1972, 267—285
(zit.: Equality)

Kaplan, J. J.: The Challenge of Foreign Aid, New York, Washington, London 1967

Kapteyn, P. J. G.: De grondslagen van de „Nieuwe Internationale Economische Orde“ in: Mededeling van de Nederlandse Vereniging voor International Recht, Nr. 75, September 1977, De Nieuwe Internationale Economische Orde, 7—61

Katzarov, K.: The Theory of Nationalisation, Den Haag 1964

Kebschull, D. / *Fasbender*, K. / *Naini*, A.: Entwicklungspolitik, 2. Aufl., Opladen 1975

Kebschull, D. / *Künne*, W.: Probleme einer neuen Weltwirtschaftsordnung, in: Wissenschaftlicher Beirat beim Bundesministerium für wirtschaftliche Zusammenarbeit, Auf dem Wege zu einer neuen Weltwirtschaftsordnung, Stuttgart 1978, 37—58

Keferstein, K.: Förderung des Außenhandels unter Entwicklungsländern — eine entwicklungspolitische Alternative, Frankfurt a. M. 1978

Kelsen, H.: The Principle of Sovereign Equality as a Basis for International Organizations, YaleLJ 1943/44, 207—220

Kelsen, H. / *Tucker*, R. W.: Principles of International Law, 2. Aufl., New York 1966

Kemper, R.: Nationale Verfügung über natürliche Ressourcen und die Neue Weltwirtschaftsordnung der Vereinten Nationen, Berlin 1976

Kewenig, W.: Der Grundsatz der Nichtdiskriminierung im Völkerrecht der internationalen Handelsbeziehungen, Frankfurt a. M. 1972
(zit.: Nichtdiskriminierung)

— Technologietransfer aus völkerrechtlicher Sicht, in: Kewenig, W. A. (Hrsg.), Völkerrecht und internationale wirtschaftliche Zusammenarbeit, Berlin 1978, 71—119
(zit.: Technologietransfer)

Khan, R.: The Problem of International Poverty: Is There a Legal Obligation on the Rich countries to help the Poor?, Studies in Politics 1971, 164—187

Kipp, H.: Das Verbot der Diskriminierung im modernen Friedensvölkerrecht, AVR 1961/62, 137—161

Klein, E.: Umweltschutz im völkerrechtlichen Nachbarrecht, Berlin 1976

Knapp, V.: Diskussionsbeitrag zu „Nationalization", in: The International Law Association, Report of the Forty-Eight Conference 176—179

Knote, J.: Internationale Rohstoffabkommen aus der Nachkriegszeit, Bonn 1965

Kooijmans, P. M.: The Doctrine of the Legal Equality of States, Leiden 1964

Korowicz, M. S.: Introduction to International Law, Den Haag 1953

— Some Present Aspects of Sovereignty in International Law, RdC 1961 I, 1—120
(zit.: Aspects of Sovereignty)

Krämer, H. R.: Das Meistbegünstigungsprinzip und die Entwicklungsländer, JIR 1974, 125—144
(zit.: Meistbegünstigungsprinzip)

— Versuche mit gemeinsamen Investitionsregelungen in Zentralafrika und Südamerika, GYIL 1977, 196—216

Krakau, K.: Lateinamerikanische Doktrinen zur Realisierung staatlicher Unabhängigkeit und Integrität, VRÜ 1975, 117—144

Kröger, H. / *Seidel*, F.: Freundschaftsverträge — Verträge des Sozialismus, Berlin (Ost) 1979

Kronfol, Z. A.: Protection of Foreign Investment, Leiden 1972

Kruse, A.: Außenwirtschaft — Die internationalen Wirtschaftsbeziehungen, 4. Aufl., Berlin 1978

Kukat, K.: Verhaltenscodices für multinationale Unternehmen, RIW/AWD 1979, 293—297

Kunz-Hallstein, H. P.: Die Reform des internationalen Patentschutzes im Interesse der Entwicklungsländer, GRUR 1979, 369—378

— Konventionsrechtliche Probleme eines „Präferenzstatuts" für Entwicklungsländer, GRUR 1977, 293—298

— Revision der Pariser Verbandsübereinkunft zugunsten der Entwicklungsländer — neuere Entwicklungen und Vorschläge, GRUR 1976, 64—75

Lacey, F. M.: Protection of Foreigners' Rights in Mexico, Int. Lawyer 1979, 83—100

Lagoni, R.: Oil and Gas Deposits Across National Frontiers, AJIL 1979, 215—243

Lalive, J.-F.: Un grand arbitrage pétrolier entre un Gouvernement et deux sociétés privées étrangères, JDI 1977, 319—349

Lall, K. B.: Economic Inequality and International Law, IJIL 1974, 7—12

Lang, W.: Haftung und Verantwortlichkeit im internationalen Umweltschutz, in: Miehsler, H. / Mock, E. / Simma, B. / Tammelo, I. (Hrsg.), Jus humanitas, Festschrift zum 90. Geburtstag von Alfred Verdross, Berlin 1980, 517—532

Lapres, D. A.: Principles of Compensation for Nationalised Property, ICLQ 1977, 97—109

Lauff, W.: Der Schutz bürgerlicher und politischer Rechte durch die Vereinten Nationen, NJW 1981, 2611—2614

Leitolf, A.: Völkerrechtliche Aspekte der Echeverria Doktrin. Zur Diskussion um eine neue Weltwirtschaftsordnung, Blätter f. dt. u. int. Pol. 1976, 162—172

Lemper, A.: Die „alte" und die „neue" Ordnung, in: Jonas, R. / Tietzel, M., Die Neuordnung der Weltwirtschaft, Bonn-Bad Godesberg 1976, 65—71

Lewin, D. B.: Grundprobleme des modernen Völkerrechts, in: Tunkin, G. I. / Lewin, D. B. / Tunkin, G. I., Drei sowjetische Beiträge zur Völkerrechtslehre, Veröffentlichungen des Instituts für Internationales Recht an der Universität Kiel, Hamburg 1969

Liebich, F. K.: Das GATT als Zentrum der internationalen Handelspolitik, Baden-Baden 1971

Lillich, R. B.: Commentaries, VirgJIL 1976, 290—291

— International Claims: Their Settlement by Lump Sum Agreements, in: Sanders, P. (Hrsg.), International Arbitration — Liber Amicorum for Martin Domke, Den Haag 1967, 143—156
(zit.: Liber Amicorum)

— The Diplomatic Protection of Nationals Abroad: An Elementary Principle of International Law under Attack, AJIL 1975, 359—365

— The United States — Hungarian Claims Agreement of 1973, AJIL 1975, 534—559
(zit.: Hungarian Claims)

— The Valuation of Nationalized Property by the Foreign Claims Settlement Commission, in: Lillich, R. B. (Hrsg.), The Calculation of Nationalized Property in International Law, University Press of Virginia 1972, 95—116

— The Valuation of the Copper Companies in the Chilean Nationalizations, ASIL Proc. 1972, 213—216

— Two Perspectives on the Barcelona Traction Case, AJIL 1971, 522—532

Lillich, R. B. / *Neff*, S. C.: The Treatment of Aliens and International Human Rights Norms: Overlooked Developments at the UN, GYIL 1978, 97—118

Lillich, R. B. / *Weston*, B. H.: International Claims: Their Settlement by Lump Sum Agreements, Part. I: The Commentary, Part. II: The Agreements, Charlottesville, The University Press of Virginia 1975

Lindemeyer, B.: Das Handelsembargo als wirtschaftliches Zwangsmittel der staatlichen Außenpolitik, RIW/AWD 1981, 10—23
(zit.: Handelsembargo)

— Schiffsembargo und Handelsembargo — Völkerrechtliche Praxis und Zulässigkeit, Baden-Baden 1975
(zit.: Schiffsembargo)

Loch, T. M. / *Hasenpflug*, H.: Die Assoziierungs- und Präferenzpolitik der EG, Bonn 1974

Loewenstein, K.: Sovereignty and International Cooperation, AJIL 1954, 222—244

Loumiet, C.: Toward an International. Commodity Agreement on Petroleum, DenverJILP 1975, 485—523

Lukashuk, I. I.: Parties to Treaties — the Right of Participation, RdC 1972, 97—230

Mahajan, V. D.: Public International Law, 5. Aufl., Lucknow 1974

Mahiou, A.: Les implications du nouvel ordre économique et le droit international, Rev. belge 1976, 421—449

Mangalo, N.: Patentschutz und Technologietransfer im Nord-Süd-Konflikt, GRUR 1977, 349—356

Mann, F. A.: Diskussionsbeitrag, in: BDGV, Heft 18, Internationalrechtliche Probleme multinationaler Korporationen, Karlsruhe 1978, 389—390

— Völkerrechtswidrige Enteignungen vor nationalen Gerichten, NJW 1961, 705—710
(zit.: Enteignungen)

Marburg, E.: Der rumänisch-ungarische Optantenstreit vor dem Gemischten Schiedsgericht und dem Völkerbund, Leipzig 1928

Marek, K.: Le problème des sources du droit international dans l'arrêt sur le plateau continental de la mer du nord, Rev. belge 1970, 44—78

Martin, P.-M.: Le nouvel ordre économique international, RGDIP 1976, 502—545

Matthies, V.: Süd/Süd-Beziehungen und kollektive „self-reliance", VRÜ 1978, 59—87

Mazrui, A. A.: Towards a Pax Africana, A Study of Ideology and Ambition, London 1967

McDougal, M. S.: The Hydrogen Bomb Tests and the International Law of the Sea, AJIL 1955, 356—361

McNair, Lord A.: International Opinions, Bd. II, Peace, Cambridge 1956

— The Law of Treaties, Oxford 1961

— The Seizure of Property and Enterprises in Indonesia, NILR 1959, 218—259
(zit.: Seizure)

Meerhaeghe, M. A. G. van: International Economics, London 1972

Meessen, K. M.: Internationale Verhaltenskodizes und Sittenwidrigkeitsklauseln, NJW 1981, 1131—1132

— Völkerrechtliches Enteignungsrecht im Nord-Süd-Konflikt, in: Kewenig, W. A. (Hrsg.), Völkerrecht und internationale wirtschaftliche Zusammenarbeit, Veröffentlichungen des Instituts für Internationales Recht an der Universität Kiel, Bd. 79, Berlin 1978, 11—34
(zit.: Völkerrechtliches Enteignungsrecht)

Meißner, B.: Die „Breshnew-Doktrin", Dokumentation, Köln 1969

Mentz, A.: Probleme des mexikanischen Gesetzes über ausländische Investitionen, RIW/AWD 1978, 155—160

Menzel, E.: Die Vereinten Nationen und das Selbstbestimmungsrecht der Völker, JIR 1962, 270—302

Menzel, E. / *Ipsen*, K.: Völkerrecht, 2. Aufl., München 1979

Mervis, C. D.: The United Nations Seventh Special Session: Proposals for a New World Economic Order, VandJTL 1976, 601—641

Metzger, S. D.: Property in International Law, VirgLR 1964, 594—627

Meyer, J.-U. / *Seul*, D. / *Klingner*, K. H.: Die zweite Entwicklungsdekade der Vereinten Nationen, Düsseldorf 1971

Mikdashi, Z.: The International Politics of Natural Resources, Cornell University Press 1976

Miller, D. L.: An Economic Appraisal of the Proposed Code of Conduct for Technology Transfer, Außenwirtschaft 1981, 121—142

Möbius, U.: Die Entwicklungspolitik der EG, in: Wissenschaftlicher Beirat beim Bundesministerium für wirtschaftliche Zusammenarbeit, Auf dem Wege zu einer neuen Weltwirtschaftsordnung, Stuttgart 1978, 58—67

Mösler, H.: Jus cogens im Völkerrecht, SchwJIR 1968, 9—40

Mössner, J. M.: Einführung in das Völkerrecht, München 1977

Mowtschan, A. P.: Kodifizierung und Weiterentwicklung des Völkerrechts, Berlin (Ost) 1974

Müller, J. P. / *Wildhaber*, L.: Praxis des Völkerrechts, Bern 1977

Mughraby, M. A.: Permanent Sovereignty over Oil Resources, Beirut 1966

Muir, J. D.: The Boycott in International Law, JILE 1974, 187—204

Mulack, G.: Rechtsprobleme der Erdölkonzessionsabkommen im Nahen Osten, Göttingen 1972

Murphy, E. E.: Oil Operations in Latin America: The Future of Private Enterprise, VandJTL 1976, 489—507

Mutharika, A. P.: The International Law of Development — Basic Documents, Bd. 2, New York 1978, Bd. 3, Bd. 4, New York 1979

Neuhold, H.: Die Pflicht zur Zusammenarbeit zwischen den Staaten: moralisches Postulat oder völkerrechtliche Norm?, in: Miehsler, H. / Mock, E. / Simma, B. / Tammelo, I. (Hrsg.), Ius humanitas, Festschrift zum 90. Geburtstag von Alfred Verdross, Berlin 1980, 575—606

Nguyen Quoc Dinh / *Daillier*, P. / *Pellet*, A.: Droit International Public, 2. Aufl., Paris 1980

Nova, R. de: Völkerrechtliche Betrachtungen über Konfiskation und Enteignung, FW 1954, 116—141

O'Connell, D. P.: International Law, Bd. 2, 2. Aufl., London 1970

Oda, S.: The Individual in International Law, in: Sørensen, M. (Hrsg.), Manual of Public International Law, London, New York 1968, 469—530

O'Keefe, P. J.: The United Nations and Permanent Sovereignty over Natural Resources, JWTL 1974, 239—282

Okolie, C. C.: Legal Aspects of the International Transfer of Technology to Developing Countries, New York 1975

Okoye, F. C.: International Law and the New African States, London 1972

Oppenheim, L. / *Lauterpacht,* H.: International Law, Bd. 1, 8. Aufl., London 1955

Osman, A. S.: The Attitude of Newly Independent States towards International Law: The Need for Progressive Development, Nordisk Tidsskrift for International Ret 1979, 15—26

o. V.: Note: Nationalization of the Suez Canal Company, HarvLR 1957, 480—490

Paust, J. J. / *Blaustein,* A. P.: The Arab Oil Weapon — A Reply and Reaffirmation of Illegality, ColJTL 1976, 57—73

— The Arab Oil Weapon — A Threat to International Peace, AJIL 1974, 410—439

Pavithran, A. K.: Substance of Public International Law Western and Eastern, Bombay 1965

Petersmann, E.-U.: Die Dritte Welt und das Wirtschaftsvölkerrecht, ZaöRV 1976, 492—550
(zit.: Wirtschaftsvölkerrecht)

— „Entwicklungsvölkerrecht", „Droit International Du Développement", „International Economic Development Law": Mythos oder Wirklichkeit?, JIR 1974, 145—176
(zit.: „Entwicklungsvölkerrecht")

— Internationales Recht und Neue Internationale Weltwirtschaftsordnung, AVR 1978, 17—44

— Völkerrecht und „neue" Weltwirtschaftsordnung, RIW/AWD 1976, 521—526

— Zur Inkongruenz zwischen völkerrechtlicher und tatsächlicher Weltwirtschaftsordnung, FW 1976, 5—50
(zit.: Inkongruenz)

Polter, D.-M.: Auslandenteignungen und Investitionsschutz, Berlin 1975

Przetacznik, F.: Responsibility of the State for Nationalization of a Foreign Property, RDI 1973, 161—183

Ramcharan, B. G.: Equality and Discrimination in International Economic Law (III): The Commonwealth Preferential System, YBWA 1972, 286—313

Randelzhofer, A. / *Simma,* B.: Das Kernkraftwerk an der Grenze. Eine „ultrahazardous activity" im Schnittpunkt von internationalem Nachbarrecht und Umweltschutz, in: Blumenwitz, D. / Randelzhofer, A. (Hrsg.), Festschrift für Friedrich Berber zum 75. Geburtstag, München 1973, 389—432

Rao, P. C.: Charter of Economic Rights and Duties of States, IJIL 1975, 351—370

Reinhard, H.: Rechtsgleichheit und Selbstbestimmung der Völker in wirtschaftlicher Hinsicht, Berlin, Heidelberg, New York 1980

Rest, A.: Convention on Compensation for Transfrontier Environmental Injuries, Berlin 1976

Rode, Z. R.: The American-Polish Claims Agreement of 1960, AJIL 1961, 452—459
(zit.: Polish Claims Agreement)

— The International Claims Commission of the United States, AJIL 1953, 615—637
(zit.: Claims Commission)

Röling, B. V. A.: International Law in an Expanded World, Amsterdam 1960

Rolin, H.: Avis sur la validité des mesures des nationalisations décrétees par le gouvernement indonésien, NILR 1959, 260—277

Romer, J.-C. / *de Solere*, M.: Accords conclus par les pays socialistes européens avec les pays en voie de développement, in: Judet, P. / Kahn, Ph. / Kiss, A.-C. / Touscoz, J. (Hrsg.), Transfert de technologie et développement, Paris 1977, 341—379

Rousseau, Ch.: Chronique des faits internationaux, RGDIP 1976, 211—323

Roy, S. N. G.: Is the Law of Responsibility of States for Injuries to Aliens a Part of Universal International Law?, AJIL 1961, 863—891

Rozakis, C. L.: The Concept of ius cogens in the Law of Treaties, Amsterdam, New York, Oxford 1976

Rudolf, W.: Neue Staaten und das Völkerrecht, AVR 1976/78, 1—45

Salem, M.: Vers un nouvel ordre économique international. A propos des travaux de la 6e session extraordinaire des Nations Unies, JDI 1975, 753—800

Sandrock, O.: Die Multinationalen Korporationen im Internationalen Privatrecht, in: BDGV Heft 18, Internationalrechtliche Probleme multinationaler Korporationen, Karlsruhe 1978, 169—261

Schachter, O.: The Evolving International Law of Development, ColJTL 1976, 1—16

Schapira, J.: Les contracts internationaux de transfert technologique, JDI 1978, 5—37

Schaumann, W.: Die Gleichheit der Staaten, Wien 1957

Scheuner, U.: 50 Jahre Völkerrecht, JIR 1965, 11—41

— Solidarität unter den Nationen als Grundsatz in der gegenwärtigen internationalen Gemeinschaft, in: Delbrück, J. / Ipsen, K. / Rauschning, D., Recht im Dienst des Friedens, Berlin 1975, 251—277
(zit.: Solidarität)

Schmidt, J. T.: Arbitration Under the Auspices of the International Centre for Settlement of Investment Disputes (ICSID): Implications of the Decision on Jurisdiction in Alcoa Minerals of Jamaica, Inc. v. Government of Jamaica, HarvILJ 1976, 90—109

Schmitt, J.-P.: Portugiesischer Kodex für ausländische Investitionen, RIW/AWD 1976, 682—687

Schnitzer, A. F.: Mindeststandard, in: Strupp-Schlochauer, Wörterbuch, Bd. 2, Berlin 1961, 537—538

Schröder, D.: Die Dritte Welt und das Völkerrecht, Hamburg 1970

Schwarzenberger, G.: Equality and Discrimination in International Economic Law (I), YBWA 1971, 163—181
(zit.: Equality)

— Foreign Investments and International Law, London 1969
(zit.: Foreign Investments)

— International Law, Bd. 1, 3. Aufl., London 1957

— International Law and Order, London 1971

— The Fundamental Principles of International Law, RdC 1955 I, 191—386

— The Misery and Grandeur of International Law, London 1964

— The Principles and Standards of International Economic Law, RdC 1966 I, 1—98
(zit.: Principles)

Schwarzenberger, G. / *Brown*, E. D.: A Manual of International Law, 6. Aufl., Milton 1976

Schweisfurth, T.: Breschnjew-Doktrin als Norm des Völkerrechts?, AP 1970, 523—538

— Sozialistisches Völkerrecht?, Berlin, Heidelberg, New York 1979

Schweitzer, M.: Erleidet das Gewaltverbot Modifikationen im Bereich von Einflußzonen?, in: Schaumann, W. (Hrsg.), Völkerrechtliches Gewaltverbot und Friedenssicherung, Baden-Baden 1971, 210—244

Seidl-Hohenveldern, I.: Austrian Practice on Lump Sum Compensation by Treaty, AJIL 1976, 763—777
(zit.: Austrian Practice)

— Chilean Copper Nationalization Cases before German Courts, AJIL 1975, 110—119

— Communist Theories on Confiscation and Expropriation. Critical Comments, AJCL 1958, 541—571

— Das Recht auf wirtschaftliche Selbstbestimmung, RIW/AWD 1974, 9—13
(zit.: Selbstbestimmung)

— Das Recht der Internationalen Organisationen einschließlich der Supranationalen Gemeinschaften, 3. Aufl., Köln, Berlin, Bonn, München 1979

— Der Barcelona-Traction-Fall, ÖZÖR 1971, 255—309

— Die „Charta" der wirtschaftlichen Rechte und Pflichten der Staaten, RIW/AWD 1975, 237—239
(zit.: „Charta")

— Diskussionsbeitrag, in: Kewenig, W. A. (Hrsg.), Völkerrecht und internationale wirtschaftliche Zusammenarbeit, Veröffentlichungen des Instituts für Internationales Recht an der Universität Kiel, Bd. 79, Berlin 1978, 35—39

— International Economic „Soft Law", RdC 1979 II, 165—246

— Internationales Enteignungsrecht, in: Lüderitz, A. / Schröder, J. (Hrsg.), Internationales Privatrecht und Rechtsvergleichung im Ausgang des 20. Jahrhunderts — Bewahrung oder Wende?, Frankfurt a. M. 1977, 265—284

— Internationales Konfiskations- und Enteignungsrecht, Berlin, Tübingen 1952

— Investitionen in Entwicklungsländern und das Völkerrecht, Köln, Berlin, Bonn, München 1963
(zit.: Investitionen)

— Modernes Völkerrecht und der Schutz ausländischen Eigentums, in: Miehsler, H. / Mock, E. / Simma, B. / Tammelo, I. (Hrsg.), Ius humanitas, Festschrift zum 90. Geburtstag von Alfred Verdross, Berlin 1980, 653—659
(zit.: Modernes Völkerrecht)

— Multinational Enterprises and the International Law of the Future, YBWA 1975, 301—312

— The United Nations and Transnational Corporations, in: Simmonds, K. P. (Hrsg.), Legal Problems of Multinational Corporations, London 1977, 43—70

— Vermögensrechtliche Auswirkungen der politischen Umwälzung im Iran auf die Bundesrepublik Deutschland, RIW/AWD 1979, 149—156

— Völkerrecht, 4. Aufl., Köln, Berlin, Bonn, München 1980

Seitz, K.: Die Dritte Welt als neuer Machtfaktor der Weltpolitik, EA 1975, 213—226

Sellien, R. (Hrsg.): Gablers Wirtschafts-Lexikon, Bd. 1, 10. Aufl., Wiesbaden 1979

Seurat, S.: Réalités du transfert de technologie, Paris 1976

Sharma, B. M.: International Law, Lucknow 1973

Shawrocss, H. W.: The Problems of Foreign Investment, RdC 1961 I., 336—363

Shihata, I. F. I.: Arab Oil Policies and the New International Economic Order, VirgJIL 1976, 261—288
(zit.: Arab Oil Policies)

— Destination Embargo of Arab Oil: Its Legality under International Law, AJIL 1974, 591—627

— Diskussionsbeitrag, VirgJIL 1976, 294—295

Shihata, I. F. I. / *Mabro,* R.: The OPEC Aid Record, World Development 1979, 161—173

Shonfield, A.: International Economic Relations, The Washington Papers, vol. I, no. 42, Beverly Hills, London 1976

Silverstein, D.: Sharing United States Energy Technology with Less-Developed Countries: A Model for International Technology Transfer, JILE 1978, 363—419

Simma, B.: Das Reziprozitätselement in der Entstehung des Völkergewohnheitsrechts, München, Salzburg 1970

Simmonds, K. R.: Foreign Investment, The International Law Standard And the Multinational Corporation — An Overview, in: Simmonds, K. R. (Hrsg.), Legal Problems of Multinational Corporations, London 1977, 1—19

— The Second Lomé Convention: the Innovative Features, CMLR 1980, 415—436

Sinha, S. P.: New Nations and the Law of Nations, Leiden 1967

SIPRI (Hrsg.): Rüstung und Abrüstung im Atomzeitalter, Reinbeck 1977

Smith, R. J.: The United States Government Perspective on Expropriation and Investment in Developing Countries, VandJTL 1976, 517—522

Sohn, L. B. / *Baxter,* R. R.: Responsibility of States for Injuries to the Economic Interests of Aliens, AJIL 1961, 545—584

Stecher, B.: Der „Gemeinsame Rohstoff-Fonds", EA 1981, 57—64

Sumberg, T. A.: Foreign Aid as Moral Obligation, The Washington Papers, vol. I, no. 10, Beverly Hills, London 1973

Swift, R. N.: International Law: Current and Classic, New York, London, Sidney, Toronto 1969

Syatauw, J. J. G.: Old and New States — A Misleading Distinction for the Future International Law and International Relations, in: Rousseau, C. u. a. (Hrsg.), Le droit international demain — International Law Tomorrow, Neuchatel 1974, 67—83

Tabibi, A. H.: The Right of Land-Locked Countries to Free Access to the Sea, ÖZÖR 1972, 117—146

Takano, Y.: Einführung in das Völkerrecht, Bd. 1, Köln, Berlin, Bonn, München 1979

Tansky, L.: U.S. and U.S.S.R. Aid to Developing Countries, New York, Washington, London 1967

Thierry, H. / *Combacau*, J. / *Sur*, S. / *Vallée*, Ch.: Droit International Public, 2. Aufl., Paris 1979

Thode, R.: International Law Commission — Entstehungsgeschichte, Organisation, Arbeitsweise und Tätigkeit, Diss. Kiel 1972

Tiewul, S. A.: The United Nations charter of economic rights and duties of states, JILE 1975, 645—689

Tomuschat, Ch.: Die Charta der wirtschaftlichen Rechte und Pflichten der Staaten, ZaöRV 1976, 444—491
(zit.: Charta)

— Die neue Weltwirtschaftsordnung, VN 1975, 93—100
(zit.: Weltwirtschaftsordnung)

— Internationale Abhängigkeiten im Rohstoffbereich, in: Kewenig, W. A. (Hrsg.), Völkerrecht und internationale wirtschaftliche Zusammenarbeit, Veröffentlichungen des Instituts für Internationales Recht an der Universität Kiel, Berlin 1978, 149—177
(zit.: Abhängigkeiten)

Touscoz, J.: Le code international de conduite pour le transfert des techniques, in: Judet, P. / Kahn, Ph. / Kiss, A.-C. / Touscoz, J. (Hrsg.), Transfert de technologie et développement, Paris 1977, 197—225

Treydte, K.-P.: Das Abkommen von Lomé — Vorläufer oder Alternative einer neuen Weltwirtschaftsordnung, in: Jonas, R. / Tietzel, M., Die Neuordnung der Weltwirtschaft, Bonn-Bad Godesberg 1976, 122—144

Unchegbu, A.: The Legal Framework of Trade Relations between EEC and ACP Countries, IJIL 1976, 1—42

Unger, R.-F.: Völkergewohnheitsrecht — objektives Recht oder Geflecht bilateraler Beziehungen: Seine Bedeutung für einen „persistent objector", München 1978

Vagts, D. F.: Coercion and Foreign Investment Rearrangements, AJIL 1978, 17—36

Veith, W. / *Böckstiegel*, K. H.: Der Schutz von ausländischem Vermögen im Völkerrecht, Baden-Baden 1962

Vellas, P.: Droit international économique et social, Bd. I, Paris 1965

Verdross, A.: Die Nationalisierung niederländischer Unternehmungen in Indonesien im Lichte des Völkerrechts, NILR 1959, 278—290

— Die Quellen des universellen Völkerrechts, Freiburg i. Br. 1973

— Die Sicherung von ausländischen Privatrechten aus Abkommen zur wirtschaftlichen Entwicklung mit Schiedsklauseln, ZaöRV 1957/58, 635—651

— Die Völkerrechtswidrigkeit der Enteignung ausländischer Grundstücke ohne volle Entschädigung, JW 1924, 1318—1322

— Entstehungsweise und Geltungsgrund des universellen völkerrechtlichen Gewohnheitsrechts, ZaöRV 1969, 635—653

— Règles internationales concernant le traitement des étrangères, RdC 1931 III, 323—409

Verdross, A. / *Simma*, B.: Universelles Völkerrecht: Theorie und Praxis, Berlin 1976

VerLoren van Themaat, P.: Some Basic Legal Issues of a New International Economic Order: A Western Point of View, NILR 1977, 509—528

Verwey, W. D.: Economic Development, Peace, and International Law, Assen 1972

Verzijl, J. H. W.: International Law in Historical Perspective, Bd. I, General Subjects, Leiden 1972

— International Law in Historical Perspective, Bd. V, Nationality and other Matters Relating to Individuals, Leiden 1972

Vicuna, F. O.: Some International Law Problems Posed by the Nationalization of the Copper Industry by Chile, AJIL 1973, 711—727

Vignes, D.: La clause de la nation la plus favorisée et sa pratique contemporaine. Problèmes posés par la Communauté Economique Européenne, RdC 1970 II, 207—349

Virally, M.: La charte des droits et devoirs économiques des Etats, AFDI 1974, 57—77

— Le principe de réciprocité en droit international contemporain, RdC 1967 III, 1—105

Visscher, C. de: Stages in the Codification of International Law, in: Friedmann, W. / Henkin, L. / Lissitzyn, O. (Hrsg.), Transnational Law in a Changing Society, New York, London 1972

Visscher, P. de: Les aspects juridiques fondamentaux de la question de Suez, RGDIP 1958, 400—443

Vitta, E.: Espropriazione e nazionalizzazione nel diritto internazionale, Rivista di diritto internazionale 1953, 120—142

Waart, P. J. I. M. de: Permanent Sovereignty over Natural Resources as a Corner-Stone for International Economic Rights and Duties, NILR 1977, 304—321

Wartenweiler, R.: Ungleichgewichte in den EG-Finanzstrukturen, EA 1980, 521—528

Weber, A.: Neuere Tendenzen im Integrationsrecht Lateinamerikas, VRÜ 1978, 89—101

Weber, H.: Der Anspruch auf Entwicklungshilfe und die Veränderungen des internationalen Wirtschaftsrechts, VRÜ 1978, 5—25

Wees, G. N. J. van: Compensation for Dutch Property nationalized in Eastern European Countries, NYIL 1972, 62—96

Wegener, H.: Technologietransfer von Industriestaaten in Entwicklungsländer, EA 1976, 527—533

Wehser, E.: Die Intervention nach gegenwärtigem Völkerrecht, in: Simma, B. / Blenk-Knocke, E. (Hrsg.), Zwischen Intervention und Zusammenarbeit, Berlin 1979, 23—54

— Völkerrechtswidrige Verstaatlichung der Kupferminen in Chile?, JZ 1974, 117—123

Weinschel, H.: The Doctrine of Equality of States and its Recent Modifications, AJIL 1951, 417—442

Wellens, K.: Enkele problemen in verband met de uitoefening van het recht op nationalisatie, Rev. belge 1977, 30—110

Wengler, W.: Völkerrecht, Bd. 1, 2, Berlin 1964

Wenzel, M.: Das Recht der internationalen Rohstoffabkommen, Göttingen 1961

Weston, B. H.: Community Regulations of Foreign — Wealth Depriviations: A Tentative Framework for Inquiry, in: Miller, R.S. / Stanger, R.J. (Hrsg.), Essays on Expropriations, Ohio 1967, 117—165

— The Charter of Economic Rights and Duties of States and the Deprivation of Foreign-Owned Wealth, AJIL 1981, 437—475
(zit.: Charter)

White, G.: Nationalisation of Foreign Property, London 1961

White, R. C. A.: A New International Economic Order, ICLQ 1975, 542—552

Wiedensohler, G.: Neues Investitionsrecht in Madagaskar, RIW/AWD 1975, 87—88

Wildhaber, L.: Die Öldestillieranlage Sennwald und das Völkerrecht der grenzüberschreitenden Luftverschmutzung, SchwJIR 1975, 97—120
(zit.: Grenzüberschreitende Luftverschmutzung)

— Multinationale Unternehmen und Völkerrecht, in: Berichte der Deutschen Gesellschaft für Völkerrecht, Heft 18, Internationalrechtliche Probleme multinationaler Korporationen, Karlsruhe 1978, 7—71
(zit.: Multinationale Unternehmen)

Woolsey, L. H.: The United States — Mexican Settlement, AJIL 1942, 117—118

Wortley, B. A.: Observations on the Public and Private International Law Relating to Expropriation, AJIL 1956, 577—594

Wynen Thomas, A. van / *Thomas*, A. J.: Equality of States in International Law — Fact or Fiction, VirgJIL 1951, 791—823

Yiannopoulos, D.: Premiers efforts pour une Charte des droits et des devoirs économiques des Etats, Rev. belge 1974, 508—538

Zaphiriou, G. A.: An International Code of Conduct on Transfers of Technology, ICLQ 1977, 210—218

Materialien

Bremer Ausschuß für Wirtschaftsforschung: Auswertung der Dokumentation der dritten Welthandels- und Entwicklungskonferenz Santiago de Chile 1972, Heft 1, 2, Stuttgart 1974 (Wissenschaftliche Schriftenreihe des Bundesministeriums für wirtschaftliche Zusammenarbeit)

BT-Drucksache 8/1185: Dritter Bericht zur Entwicklungspolitik der Bundesregierung

Bundesministerium für wirtschaftliche Zusammenarbeit: Entwicklungspolitik, Materialien Nr. 64: UNCTAD V, Neue Weltwirtschaftsordnung

Commonwealth Secretariat (Hrsg.): Towards a New International Economic Order, A final report by a Commonwealth Experts' Group, London o. J.

International Law Association: Report of the Thirty-Sixth Conference, London 1931

International Monetary Fund: Annual Report of the Executive Board for the Financial Year Ended April 30, 1980

Kommuniqué der Tagung des OECD-Ministerrates, 3./4. 6. 1980, EA 1980, D 345 — D 354

Kommuniqué des Entwicklungsausschusses von IWF und Weltbank, 29. 9. 1980, EA 1980, D 644 — D 647

Kommuniqué des IWF-Interimsausschusses, 28. 9. 1980, EA 1980, D 640 — D 644

United Nations, Office of Public Information: The United Nations and Disarmament 1945—1965, New York 1967

UN-Dokumente

Doc. A/31/10 — Report of the International Law Commission on the work of its twenty-eigth session, 3 May — 23 July 1976 — The Most-Favoured-Nation Clause, YBILC 1976 II part 2

Doc. A/33/10 — Report of the International Law Commission on the work of its thirtieth session, 8 May — 28 July 1978, YBILC 1978 II part 2

Doc. A/9615/Rev. 1 — United Nations Conference on Trade and Development, Report of the Trade and Development Board, 12 September 1973 — 13 September 1974

Doc. A/9900 — Report of the First Committee on agenda item 24, GAOR 29 th session, Annexes

Doc. A/9946 — Report of the Second Committee, GAOR 29 th session, Annexes

Doc. A/CN. 4/106 — International responsibility, Second report by F. V. Garcia Amador, Special Rapporteur, YBILC 1957 II, 104—130

Doc. A/CN. 4/119 — International responsibility, Fourth report by F. V. Garcia Amador, Special Rapporteur, YBILC 59 II, 1—36

Doc. A/CN. 4/152 — App. II, The duty to compensate for the nationalization of foreign property, by Mr. Eduardo Jiménez de Aréchaga, YBILC 1963, 237—244

Doc. A/CN. 4/293 and Add. 1 — Seventh report on the most-favoured-nation clause, by Mr. Endre Ustor, Special Rapporteur — draft articles, with commentaries, YBILC 1976 II part 1 111—134

Doc. E/C. 10/8 National Legislation and Regulations Relating to Transnational Corporations, Report of the Secretariat, UN Economic and Special Council Commission on Transnational Corporations, 2nd Session, zit. nach: Simmonds, K. R. (Hrsg.), Legal Problems of Multinational Corporations, London 1977, 173—209

Doc. TD/104/Rev. 1 United Nations Conference on Trade and Development, Report by the UNCTAD secretariat: The regulation of liner conferences (a code of conduct for the liner conference system)

Doc. TD/B/829 United Nations Conference on Trade and Development, Trade and Development Board, Report of the Trade and Development Board on its twenty-first session

Doc. TD/B/AC. 5/3/Rev. 1
United Nations Conference on Trade and Development, Report by the secretariat of UNCTAD: Rules of origin in the general scheme of preferences in favour of the developing countries

Doc. TD/B/AC. 11/9 United Nations Conference on Trade and Development, A study by the UNCTAD secretariat: Guidelines for the study of the transfer of technology to developing countries

Doc. TD/B/AC. 12/1
12/2 and Add. 1
12/3
12/4 Report of the Working Group on the Charter of the Economic Rights and Duties of States on its 1 st — 4 th session

Doc. TD/B/C. 7/36 United Nations Conference on Trade and Development, Trade and Development Board, A Global System of Trade Preferences Among Developing Countries

Doc. TD/B/GSP United Nations Conference on Trade and Development, Trade and Development Board, Generalized System of Preferences, 1980

Kolibri 360 GmbH
Ferdinand-Jühlke-Straße 7
99095 Erfurt, Deutschland
produktsicherheit@kolibri360.de

Druck:
CPI Druckdienstleistungen GmbH
im Auftrag der
Kolibri 360 GmbH
Ferdinand-Jühlke-Str. 7
99095 Erfurt